鴨志田祐美

再審弁護人のベレー帽日記

激動の3年間

創出版

はじめに

本書は、『創』２０２１年６月号から連載を開始したコラム「再審弁護人のベレー帽日記」の第１回から第42回までを、若干の加筆修正を行ってまとめたものです。

連載開始から３年あまりの間、日本の再審や刑事司法に関する話題は、まさに「汲《く》めども尽きぬ」状況にあり、その変化のスピードも劇的でした。そこで、執筆当時の事実について、その後の状況の変化を反映した加筆修正は、一部を除き、あえて行いませんでした。本文中の肩書表記も基本的に当時のままとしました。むしろその方が、この間の変化のスピードを感じていただけるのではないかと思った次第です。

連載を開始したのは、17年間所属していた鹿児島県弁護士会から京都弁護士会に移籍し、公私ともに人生のリスタートを切ったタイミングでした。未だ新天地での立ち位置も定まらぬ状況でしたが、２００４年、鹿児島での弁護士登録と同時に再審弁護人として活動を始めた大崎事件、京都に移籍後すぐに弁護団に加入させていただいた湖東記念病院事件の国家賠償請求訴訟を実況しつつ、22年以降急速に盛り上がった再審法改正を目指す活動についても折に触れ詳報しました。

さらに、名張事件、日野町事件など、再審法の不備により救済に膨大な年月を要している事件の実情、再審だけでなく、リアルタイムで話題となった多くの刑事事件にも言及し、「適正手続」「バイアス」「破棄差戻しと破棄自判」などについても考察しました。また、この間話題となったリーガルドラマ「エルピス―希望、あるいは災い―」「虎に翼」についても思うところを書きました。

そして、袴田事件の再審無罪判決という、歴史的瞬間の現場で書いた第42回をもって本書のラストとしました。

このように、本書は「激動の3年間」を駆け抜けた私自身の生々しいドキュメンタリーであると同時に、日本の刑事司法の最前線をさまざまな形で切り取り解説した「刑事時事問題の入門書」でもあります。「時事問題」と言っても、その問題の背景にある、日本の刑事司法の歴史的展開や、刑事手続の根幹にある考え方にも可能な限り触れました。何かとわかりにくい専門用語が次々と登場する刑事裁判の話も、できるだけわかりやすく解説したつもりです。日頃は刑事司法のことを「遠い別世界の話」と感じている一般市民の方々にも、本書を「読みもの」としてお手に取っていただけると幸いです。

一方、ここ数年、冤罪や再審の話題でマスコミの関係者から取材を受ける機会が格段に増えました。「控訴と抗告の違いって何ですか?」「なぜ袴田事件の再審請求は地裁に申し立てているのに、名張事件の再審請求は高裁に申し立てるのですか?」「再審請求の場合、証人尋問はなぜ非公開で行われるのですか?」――。司法担当には比較的若手の記者が配属され、この業界独特の世界や専門用語に慣れたころに別の部署に転勤していくことが多いように思います。前述のような取材を受けるたびに、若手の記者さんが司法担当に配属された際に、日本の刑事司法の抱える様々な問題の入門書として、おそらく本書は役に立つだろうと自負しています。

最近になって、本書でも取り上げた数々の事件や、「虎に翼」をはじめとするリーガルドラマ、そして検察官の不祥事などが大きく報じられたことで、国民世論にも変化の兆しが出てきたことを実感しています。2024年10月27日の衆議院議員選挙の際に行われた最高裁判所の国民審査では、審査の対象となった6人の裁判官のうち、実に4人の裁判官について、罷免を求める「×」を付けられた割合（罷免率）が10％を超え、この制度の開始以来の高さとなりました。本書の第8回「裁かれるべき裁判官たち」で、形骸化が指摘されていた国民審査に対し、メディアも特設サイトを作るなどして情報提供し、これを受けた一般市民も、どの裁判官がどのような判決をしたかを「下調べ」して「×」を付ける姿勢が見られるようになったことに言及しましたが、これが確実に浸透してきたと言えるでしょう。

また、11月2日付朝日新聞土曜版「ｂｅ」が実施した「検察を信用できますか？」という読者アンケートに対して回答を寄せた2298人のうち、69％が「いいえ」と答え、その理由として「冤罪を生み出している」「自らの過ちや非を認めない」「証拠を捏造している」「組織を優先している」といった項目が選択されていました（複数回答）。これまで、国民から漠然とした信頼を寄せられていた検察でしたが、今後は、袴田事件や福井女子中学生事件での「証拠隠し」や、プレサンス元社長冤罪事件、大川原化工機事件での過酷な取調べの実情を知った一般市民から厳しい眼差しが注がれるようになったことを自覚しなければならないでしょう。

最後に、筆の遅い私のために、毎回校了ぎりぎりまで対応して下さる『創』の篠田博之編集長に、心からの謝辞を申し上げます。そして、もし許されるのであれば、この3年の間に相次いで他界した夫・鴨志田安博と、母・隅谷祐子への感謝の気持ちとともに、本書を二人に捧げたいと存じます。

２０２４年11月　　鴨志田　祐美

もくじ

第1章 大崎事件と再審の闘い

第2章

再審法改正への取り組み

第3章 袴田事件 再審無罪

第1章 大崎事件と再審の闘い

大崎事件の再審取消最高裁決定に抗議する集会

第1回

「手負い鴨」京都へ

『創』2021年6月号

活動拠点となる早稲田リーガルコモンズ法律事務所京都オフィス（現・Kollect京都法律事務所）の同僚たちと

２０２１年は全国的に桜の開花が早かった。桜といえば、４月からの入学式を彩る花だったはずだが、あちこちで満開の桜が卒業の門出を祝っていた。

散りゆく桜を追いかけるように、私はこの４月から活動の拠点を鹿児島から京都に移した。京都には地縁も血縁もない。58歳にして見ず知らずの土地で人生のリスタートを切る。いったいどうして、と何人の人に問われただろう。

私は10歳までを神奈川県横浜市、その後、人生でもっとも多感な10代のほぼすべてを鎌倉市で過ごした。バンドと演劇に明け暮れた高校時代の最終盤で父親が急逝し、音楽を断念してたどり着いた先が法学部だった。アルバイトと奨学金で何とか大学を出たあと、紆余曲折《うよきょくせつ》を経て東京で会社員となったが、職場結婚した夫とともに会社を辞めて私の母と弟の住む鹿児島に「Ｉターン」し、息子を出産。子育てをしながら公務員試験の予備校講師を８年務め、２００２年に40歳で司法試験に合格した。

司法修習生（法曹になる前の研修生）となった私は、その年の３月に鹿児島で再審開始決定が出された大崎事件の弁護団長の事務所に配属され、大崎事件を知った。運命の出会いだった。

それから17年間、「あたいはやっちょらん」と無実を訴え続ける原口アヤ子さんの弁護人として、彼女の雪冤《せつえん》を目標に粉骨砕身してきた。第3次再審で地裁、高裁と再審開始を重ね、いよいよゴールテープ目前と思った瞬間、最高裁第一小法廷が再審開始を取り消して「強制終了」し、私は地の底に叩き落とされた。その直後、同居の母が転倒事故による大腿骨骨折で入院・手術、さらに夫がステージ4の大腸がんで入院・手術、とそれまで普通の生活を営んでいることが当たり前だった我が家に、次々と禍が襲いかかった。夫は、大崎事件の第2次再審申立ての年に独立開業した私の事務所の事務長として、再審をめぐる活動にのめり込み、留守にしがちな主にかわって事務所を守り続けてくれていたが、もはや職場への完全復帰は無理だった。夫とともに事務所を支え、その仕事ぶりから私が「スーパー事務職員」と呼んでいた女性も事務所を退職することになった。赤字を抱え、私の「両腕」だった優秀な事務職に去られ、私は開業11年で自分の事務所を閉じる決断をした。

闇の底でのたうちながら、私は人生の次の一歩をどう踏み出そうか思案していた。アヤ子さんの弁護人として、すでに第4次再審が佳境を迎えている大崎事件で再審無罪を勝ち取ることは、私の弁護士活動の1丁目1番地である。一方で、アヤ子さんの命あるうちに再審無罪を獲得するためには、再審開始決定に対して繰り返される検察官の不服申立て（抗告・異議申立）を立法で禁止する必要がある。そもそも大崎事件は累次の再審を担当した裁判官の「やる気」によって証拠開示や鑑定人尋問がされたりされなかったりする「再審格差」を如実に体現した事件であり、再審法改正の必要性を叫ぶ旗印のような存在であったため、私は気づいたときには日弁連の「再審法改正に関する特別部会」の部会長を務めていた。法改正の実現のためには、日弁連内だけでなく、立法府に直接働きかけるロビー活動も当然必要になるし、在京メディアに対する広報戦略も重要だ。となればコロナ禍のさなかにあっても頻繁《ひんぱん》に上京することが求められる。これまでも鹿児島から月に2〜3回のペースで上京していたが、南の果ての地から空路で往復するのは物理的にも経済的にも負担が大きすぎた。

そこで、鹿児島と東京の中間地点となる関西に拠点を移すことを思いついた。とはいえ、これまで育ったことも住んだこともない土地でどうやって再出発すればよいのだろうか……。しかし、救いの手はすぐに差し伸べられた。日弁連や再審弁護団での活動、さらには京都弁護士会主催の大崎事件をテーマにした研修や講演を通じて得られた、かけがえのない人脈が鎖のように繋《つな》がって、私の京都での所属事務所が決まっていった。何より嬉しかったのは、私が「京都で活動したい」と相談した京都の弁護士たちが皆、諸手を挙げての大歓迎を表明してくれたことだった。

また、研究会や講演にお招きいただいたことのある立命館大学、龍谷大学をはじめとする関西の大学に所属する研究者の方々も、実務家と研究者の協働による新たなプロジェクトを立ち上げようという私の提案に、すぐに賛意を表明してくださった。

大崎事件第3次再審が最高裁の壁に阻まれてから、刀折れ矢尽きて羽根も抜け落ちた「手負い鴨」は、かくして鴨川を擁する京都の地に温かく迎えられた。京都新聞は3月3日付で、私の京都移籍を『再審弁護人』鴨志田弁護士、京都に拠点移す」という見出しで大きく報じてくれた。周囲の同業者からは、プロスポーツ選手ならいざ知らず、「移籍」だけで記事になった弁護士は珍しい、と冷やかされた。

京都での初仕事として、私は２０２０年の３月31日に再審無罪判決がされた（４月２日確定）湖東記念病院事件の西山美香さんが、検察（国）と警察（滋賀県）を相手どって提起した国家賠償請求事件の弁護団に志願して加入させていただいた。

１年前、大津地裁前の満開の桜に祝福されて再審無罪の勝利報告をした西山さんは、ネイル、ネックレス、ピアス、髪留めゴムに至るまで、すべて桜のモチーフで統一していた。彼女はその理由を、「私は桜が満開の中、無罪の判決をもらいました。桜の花びらが全国に散り、各地で冤罪に苦しむ人に希望を与えられるようにとの思いを込めました」と記者会見で打ち明けた。続いて西山さんは「青木惠子さん（東住吉事件で存命の女性として我が国で初めて再審無罪を獲得）が第１号、私が第２号って鴨志田先生が名前を付けてくれはったから、これからは第３号の原口アヤ子さんを救出するために活動します」と宣言したのだった。

普通の生活に戻りたいと逡巡《しゅんじゅん》しつつ、反省も謝罪もしない検察や警察の違法を糾弾することが、全国にいる冤罪被害者の救済に繋《つな》がる、と覚悟を決めて立ち上がった西山さんの、とりわけアヤ子さんへの思いに対するささやかなお返しとして、少しでもお手伝いができれば、と思っている。

そして、再審無罪判決後の説諭《せつゆ》で大西直樹裁判長が「本件は、刑事司法全体に大きな問題を提起しました。警察、検察、弁護士、裁判官、全ての関係者が、今回の事件を人ごとと考えず、自分のこととして考え、改善に結びつけなければなりません。本件は、よりよい刑事司法を実現する大きな原動力となる可能性を秘めています」と述べ、これを受けた井戸謙一・湖東記念病院事件弁護団長が「大西裁判長の付託に応える闘い」と位置づけたように、湖東記念病院事件の国家賠償請求は、誤判冤罪原因の検証、ひいては、よりよい再審制度に向けた法改正に結実させるための闘いでもある。「再審法改正に関する特別部会」の部会長の肩書きを背負っている私は、まさに「自分のこと」としてこの闘いに加わらなければならないのだ。

関西では、湖東記念病院事件だけでなく、前述の、存命中に再審無罪となった女性第1号の青木恵子さんが国賠訴訟を闘っている東住吉事件、2018年7月に大津地裁で再審開始決定がされたにもかかわらず、検察官の即時抗告により、すでに3年近く大阪高裁で審理が続いている日野町事件第2次再審請求（この間、第1次再審のときに大津地裁で請求棄却決定をした長井秀典裁判長が、20年6月、大阪高裁で同事件が係属している部に異動になり、弁護団と再審請求人らの猛反発を受け、結局同事件は別の部に「配点替え」となるという事態も生じた）など、裁判所で「現在進行中」の著名事件が複数あり、再審や誤判冤罪に対するマスコミの関心も高い。私はこれまでも日本の南の端っこから、声の限りにアヤ子さんの救済と再審法改正の必要性を叫んできたが、距離にも邪魔をされ、なかなか在京メディアにはこの問題を取り上げてもらえなかった。

これからは、関西メディアを巻き込んでより大きなムーブメントを作っていきたい。そのためには個々の事件報道で終わるのではなく、複数の事件に共通する普遍的なテーマをアピールする戦略も必要になる。例えば青木さん、西山さん、そして大崎事件のアヤ子さんは「女性冤罪被害者」であるが、男性刑事による女性被疑者の取調べがもたらす問題をジェンダーの視点であぶり出すといった切り口は、これまであまりなかったのではないだろうか。また、湖東、日野町、大崎に共通する「供述弱者」の自白や、その自白を補強すると位置づけられた当初の法医学者のずさんな鑑定（ジャンクサイエンス）の問題、東住吉と大崎に共通する、捜査機関がひとたび犯行ストーリー（いずれの事件も「親族による保険金目的の殺人」と見立てられた）を固めてしまうと、そのストーリーと矛盾する証拠があっても、立ち止まったり引き返したりすることなく、単なる事故を事件に仕立て上げてしまうという「冤罪の作られ方」の問題など、取り上げるべき普遍的なテーマはいくらでも思い浮かぶ。現在関西に吹き荒れているコロナの嵐が収まったら、複数の再審弁護団、研究者、マスコミ関係者との継続した学習会なども企画したいところである。

「手負い鴨」は、酒どころ伏見に住まいを定め、夜な夜な銘酒を浴びながら、羽根繕《つくろ》いを終え、次なる飛翔に向けて力を蓄え始めている。

京都移籍の直前に、私は初めての単著本となる『大崎事件と私～アヤ子と祐美の40年』（ＬＡＢＯ、２０２１）を刊行した。本稿の冒頭でも少し紹介した、私の波瀾万丈《はらんばんじょう》の人生と、大崎事件再審弁護人としての死闘を綴ったノンフィクションである。「挫折と再生」というサブタイトルを付した最終章の、最後のページにはこのように記している。

「私は、アヤ子さんの再審無罪と再審法改正を『車の両輪』として活動するため、東京と鹿児島の中間地点となる京都で、弁護士としての再スタートを切る決断をした」

本はここで終わっているが、もちろん私の人生はまだ完結していない。古都・京都を舞台に、これから先も連綿と続く再審弁護人の物語を、綴っていきたい。

第2回
「音楽の力」

『創』21年7月号

周防義和さん（左）、周防正行監督（右）、tomo the tomoさんとスタジオで

２０２１年4月11日、私は京都コンサートホールの客席にいた。事務所の同僚である辻井圭太朗弁護士が、京都市交響楽団のコンサートに誘ってくれたのである。演目はラフマニノフの「ヴォカリーズ」とピアノ協奏曲第二番、チャイコフスキーの交響曲第六番「悲愴」だった。ピアノ独奏は、なんとジャズピアニストの小曽根真。ラフマニノフの「ロマンチシズムの極致」ともいうべき甘美なフレーズを、ときにほんの少しジャズテイストのアドリブを忍び込ませながらの演奏に惹《ひ》きつけられた。

しかし、何より心揺さぶられたのは、コロナ禍で久しく聴くことができなかったオーケストラの生演奏である。指揮者の息づかいに呼応した弦が幾重にも重なり、空気を震わす。木管の柔らかい響きがその外縁を優しく撫《な》で、金管がその空気を大胆に切り裂く。そして地の底を揺るがしながら湧き上がる打楽器の連打。リモートとかオンラインとかでは決して代替できない貴重な空間。この空間に身を置かなければ味わうことのできない感動が、そこにはあった。

音楽の力。それは、冤罪に苦しむ人間にも一筋の光をもたらす。布川事件で無実の罪を着せられ、

29年間にわたり自由を奪われた後に再審無罪を勝ち取った桜井昌司さんは、無期懲役で服役中の千葉刑務所で音楽クラブに所属し、そこで自ら作詞作曲した歌に想いを込めた。拘束される前に交際していた女性を歌った「キンモクセイ」、闇に包まれた刑務所から、外の世界や幼い頃の自分を夢想する「闇の中に」、息子の無実を信じ続け、しかし獄中の息子と再会することなくこの世を去った母親に捧げた「かあちゃん」……。桜井さんが獄中でつむいだ数々のメロディは、やがて塀の外に流れ出し、多くの支援の輪を生んだ。自由の身となってからの桜井さんは、全国の冤罪被害者を励ます旅の途上でコンサートを開き、自らの美声で自作の歌を披露した。

一方、17歳のときに父親の急逝《きゅうせい》により音楽の道を断念した私は、その後も学生時代にアルバイトで酒場のピアノ弾きをやったり、知人の子どもたちにピアノを教えたりして細々と音楽と関わっていたが、司法試験に合格してからは忙しさに拍車がかかり、鍵盤《けんばん》に触れる機会は皆無だった。ところが、弁護士登録5年を経て勤務先事務所を独立し、自らの事務所を設立したタイミングで転機が訪れた。

事務所設立の半年ほど前の夏、博多は親不幸通りのミュージックバー「B.B. Kenchan」で、大崎事件弁護団の八尋光秀弁護士が、息子たちとともにブルースバンドを結成してライブコンサートを行った。鹿児島から花籠をもって駆けつけた私だったが、客席からステージ上の八尋弁護士の勇姿を観るにつけ、高校時代にバンド活動に明け暮れていた「脛《すね》の傷」が疼《うず》き始めていた。

年が明け、鹿児島を訪れた八尋弁護士の「こないだケンチャンズバーにピアノが入ったけん、これで鴨ちゃんも一緒にできるっちゃね〜」という博多弁の甘い囁《ささや》きに矢も盾もたまらず、私は事務所にピアノを購入した。鍵盤に触るのは5年ぶり、指はすっかり錆《さ》び付いていたが、仕事の合間に少しずつリハビリを重ね、そして迎えた二度目の夏の「博多ライブ」で、私自身もステージデビューを果たした。

このとき、ゲストとして桜井昌司さんも駆けつけた。このとき以来、博多ライブで桜井さんが歌うときは、私が伴奏を務めることになった。

2018年の夏、国立台湾大学で行われた台湾イノセンス・プロジェクト（イノセンス・プロジェクト＝IPは、DNA鑑定などを用いて冤罪被害者を救出する民間の支援団体。アメリカで始まり、その活動は世界各国に拡がりを見せている。アジアでは台湾IPの活動が目覚ましい）の大会で記念講演に桜井さんが招かれ、講演後に自作の歌も披露することになった。当初は現地でピアノ伴奏者を依頼する話になっていたらしいが、この大会に急遽私が参加する運びとなったことを知った桜井さんから「だったら慣れている鴨志田先生のピアノがいい」と指名され、初めて博多以外の場所で桜井さんの伴奏を務めることになった。ちなみに台湾IPの大会公式プログラムには、私の名前も掲載されたが、その肩書きは「弁護士」ではなく「伴奏者」だった（笑）。

19年春には、当時なかなか最高裁が決定を出さずにいた大崎事件を支援する「首都圏の会」が、早期の再審開始確定を求める「春を呼ぶ支援のつどい」を東京・原宿で開催した。私はここでも桜井さんとステージに立ち、アヤ子さんに「春よ、来い！」と声を合わせた。

無実の罪を着せられ、獄に繋がれ、一度しかない人生のかけがえのない時間を奪われた冤罪被害者本人と、その本人に寄り添い、汚名を晴らすべく再審無罪を目指して闘う再審弁護人。立ち位置が似ているように思われるこの二者の間には、実際には大きな壁がある。弁護士はどれほど努力しても、

「当事者」にはなれない。だから冤罪被害者本人の思いを完全に汲むことはできない。失った多くの時間を肩代わりすることもできない。

けれども、桜井さんと同じステージで、歌声とピアノの音色が溶け込むとき、私たちは壁を乗り越え、一つになって冤罪の理不尽や再審法改正の必要性を聴衆に伝えることができたように思えた。

時を少し遡《さかのぼ》らせる。大崎事件第３次再審の申立て直後の２０１５年夏、私は35年ぶりに曲を作った。タイトルは「アヤ子のうた」。しかしこの曲は原口アヤ子さんの心情を吐露した歌ではない。大崎事件では今も無実を訴え続け、この6月15日に94歳になるアヤ子さんのほかに、３人の「共犯者」たちが処罰された。彼らはいずれも知的障がいを抱えた「供述弱者」で、そのうちの一人はアヤ子さんの当時の夫・一郎さん(仮名)だった。警察の過酷な取調べでやってもいない罪を認め、自己を防御するすべを持たないまま、法廷でも否認に転ずることなく、控訴もせずに服役した。しかし彼らも全員が冤罪被害者である。

アヤ子さんは服役後、一郎さんに「一緒に再審をやろう」と持ちかけたが、一郎さんは「俺はもう裁判はしたくない」と断った。知的ハンデを抱えていた彼は、再び過酷な裁判に巻き込まれることに耐えられなかったのだろう。アヤ子さんはそんな夫を許せず、離婚して一人で再審を申し立てた。

冤罪に巻き込まれなかったら、この二人は離婚などしなかっただろう。冤罪が二人の絆を引き裂いたのだ。いま、一郎さんが天国からアヤ子さんの姿を見ていたら、どのような言葉をかけるだろう…私は一郎さんの思いを想像し、歌にした。

３月に刊行した拙著『大崎事件と私～アヤ子と祐美の40年』(ＬＡＢＯ)では、「アヤ子のうた」を聴いた大久保真紀・朝日新聞編集委員の記事を引用する形で、この曲を「エピローグ」として紹介している。はじめは文字だけの紹介のつもりだった。しかし、歌なのだから、読者には「音」として聴いてほしい。編集者と相談し、最終ページに刷り込んだQRコードをスキャンするとYouTubeにアップされている音源を聴けるようにしよう、と計画した。YouTubeにアップする以上、事務所ピアノの弾き語りをスマホで録画、というわけにはいかない。私は図々しくも周防正行監督に「それなりの音質で収録できて、リーズナブルなスタジオを紹介いただけませんか」とメールでお願いした。すると周防監督は、彼の全作品で映画音楽を担当し、「Shall We ダンス?」と「舞妓はレディ」で日本アカデミー最優秀音楽賞を2度も受賞している従兄弟の周防義和さんを紹介してくれた。最初はスタジオの選定などを引き受けてくれた義和さんから、「せっかくだからどんな曲か聴かせてほしい」と言われ、「事務所ピアノの弾き語りをスマホで録画」という劣悪な音源を恐る恐るお送りしたところ、そこから夢のような展開になった。義和さんが自らギターとキーボードを弾いたアレンジバージョンが送り返されてきた。何度か音源のやりとりを重ね、結局東京のスタジオで収録したピアノ、歌、ギターの音源を義和さんが軽井沢の自宅兼スタジオに持ち帰り、シンセサイザーで弦や打楽器の音を重ね、ミキシングからトラックダウンまで行って音源を完成させてくれた。ピアノ収録の際は、私の代わりに、周防監督の映画「それでもボクはやってない」のエンディングテーマを歌った歌手のtomo the tomoさんが「仮歌」(伴奏収録がしやすいように仮の歌を付けてくれること)を歌ってくれた。

YouTubeは動画サイトである。周防監督が、アヤ子さんたちの古い写真や、自ら現地を訪れて撮影した大崎町の風景、そして事件当時から今日までの新聞記事を、できあがった音源に乗せて絶妙のタイミングでコラージュしたスライドショー動画を作ってくれた。

プロの手によって生まれ変わった「アヤ子のうた」を、私は鹿児島を離れる少し前に、病院でアヤ子さんに面会し、YouTubeの動画を直接視聴してもらった。最高裁が再審開始を取り消した新聞記事のあと、「弁護団、第4次請求へ」という記事が画面に映し出されたところで、アヤ子さんは体を起こし、もの言えぬ口を大きく開けて、必死で私に何かを伝えようとした。「私は無罪になるまで闘う」というアヤ子さんの声が聞こえたように思った。

京都でオーケストラの生演奏に心が震えた4日後の4月15日、日比谷のプレスセンターで桜井昌司さんの新著『俺の上には空がある 広い空が』(マガジンハウス刊) の出版レセプションが行われた。獄中だけでなく、社会復帰した後の人生での出会いや感謝を歌にしたものも含め、たくさんの自作の歌を、マイクがいらないほどの声量と張りのあるハスキーヴォイスで歌い続ける桜井さんの姿は圧巻だった。夫とちょうど同じ頃に、同じステージ4の大腸がんと診断され、余命宣告をされている桜井さんは、今も国家賠償請求の闘いのさなかにある。しかし、音楽という人生の相棒を得て、その姿はますますエネルギッシュに光り輝いていた。

このレセプションに、私もゲスト出演させていただき、義和さん(ギター)、tomo the tomoさん(ヴォーカル)と3人で「アヤ子のうた」、そして「それでもボクはやってない」のエンディングテーマ「静けさの中で」を演奏した。

冤罪を耐え、乗り越え、心の平穏を取り戻すために、また、冤罪という究極の理不尽を訴え、法を変え、制度を変えていくために、これからもさまざまな場面で「音楽の力」を活用していきたい。

第3回
「さすらい鴨」とコロナ

『創』21年8月号

大崎事件第4次再審で実施したクラウドファンディング
（WEBサイトのトップページより）

私が再審弁護人として大切にしている仕事の一つは、大崎事件を切り口として、冤罪被害の深刻さや、再審をめぐる法制度の不備を、多くの人びとに「伝える」ことである。

このため、17年間の弁護士稼業のなかで、数え切れないほどの集会やシンポジウム、全国各地の大学、弁護士会、学会や研究会で講師を務め、パネリストとして登壇してきた。これまでに大崎事件や刑事司法をテーマに講師としてお招きいただいた大学は、國學院、成城、白鷗、青山学院、早稲田、東京（駒場）、一橋、龍谷、立命館、近畿、朝日、九州、熊本、鹿児島、志學館の15大学（大学院含む）に上る。大崎事件に関連する講演を行った弁護士会は神奈川県、京都（2回）、兵庫県（2回）、岡山の4会、支援団体主催の集会では神戸、札幌、秋田、松江、そしてつい最近では袴田事件の本拠地である浜松にも足を運んだ。講演や集会の様子がマスコミによって報じられることも多く、こうした活動を地道に行うことで、司法・法律関係者はもとより、少しずつ若い人たちや一般の市民にも、冤罪や再審の問題が浸透してきたと思っている。

講演やパネルディスカッションの醍醐味《だいごみ》は、聴衆の反応がダイレクトに伝わってくるところである。私が話す内容を、面白い、興味深いと感じてくれる聴衆は、無意識に頷《うなず》きながら体が徐々に前のめりになってくる。そのリアクションが、私をさらに饒舌《じょうぜつ》にさせ、事前の準備以上のパフォーマンスを引き出してくれる。

反対に、ああ、ちょっとこれは表現が難しかったかなあ、聴衆がついて来ていないなあ、というのもたちどころに肌で感じる。そういうときは、話のスピード（もともと私はかなり早口である）を意図的に落とし、比喩《ひゆ》や言い換えを多用して聴衆が話の流れに追いつくのを確認してから先に進む。

「さすらい鴨」が全国を飛び回っていると、周囲は「大変ですね～」「移動だけでもお疲れでしょう」などと気遣ってくださるのだが、実は私は講演や集会に赴くことは全く苦にならない。苦学生だった大学時代は塾講師のアルバイトで生計を立てていたし、結婚・出産後、司法試験合格までの８年３カ月間、公務員試験の受験予備校で法律科目の講師を生業としてきたので、「人前でしゃべる」ことは日常茶飯事だったのだ。いやむしろ、壇上で聴衆を前にして話をするというシチュエーションに、中学・高校時代に演劇部に在籍していた血が騒ぐと言ったほうが正直かもしれない。

そして、講演行脚《あんぎゃ》の何よりの楽しみは、行った先々で主催団体の関係者の皆さんや、大学の教員・学生さんたちと、ご当地の美酒美食を堪能しながら話に花を咲かせ、そこから人と人との繋がりが拡がっていくことである。

ところが、新型コロナウイルスの世界的流行により、状況は一変した。

私が講師やパネリストとして関わるイベントの数自体はそれほど減っていないが、そのほとんどがオンライン開催になってしまった。読み上げ原稿などは作らず、会場の聴衆とのあうんの呼吸による、一期一会のような、ライブ感溢《あふ》れる講演パフォーマンスを信条としている私にとって、パソコンのディスプレイに向かって一方的にひたすらしゃべる、というのは何ともやりにくい。参加者がディスプレイに顔を出してくれている場合はまだしも、顔を出さず音声を聞くだけの参加者が大多数のオンラインセミナーで講演していると、砂を噛《か》むような味気なさを感じてしまう。

しかし一方で、対面による集会や講演ができなくなったことで、再審事件や冤罪被害者への支援のあり方や、再審法改正の必要性を広く一般市民に伝える方法に変化が生じていることもまた事実である。

大崎事件では、第3次再審で地裁・高裁が重ねた再審開始決定を最高裁が「強制終了」した後、弁護団が第4次再審に向けて立ち上がったそのタイミングで、大阪の辣腕《らつわん》刑事弁護人・亀石倫子《みちこ》弁護士が弁護団に加入した。亀石弁護士は、大崎事件をいっそう世に広めること、弁護団の強力な立証活動を可能にするための資金調達に取り組むことを、弁護団加入時に宣言し、それを言葉どおり実践してみせた。それは「大崎新時代」ともいうべき新たな弁護活動の幕開けだった。

亀石弁護士はまず、若い世代に事件のことを知ってもらうためには、活字メディアやテレビニュースではなく、インターネット上に短い動画を配信する方法が効果的だとして「6分でわかる『大崎事件』――40年前の殺人事件の真相が、いま明らかになる」というタイトルの広報動画を自作し、これをYouTubeにアップした。この「6分動画」は瞬《また》く間に拡散し、再生回数は6万回を超えた。これまでに開催した集会で1回に集めることのできた聴衆は多くても数百人なので、ケタが2つ違う。

さらに、亀石弁護士自身が手がけた事件でも実施したクラウドファンディング（CF）を活用し、周防正行監督に呼びかけ人（実行者）となってもらうことで、800人を超える方々から、実に1240万円ものご支援をいただいた。CFの成功は、3月から6月までの実施期間中、切れ目のない注目を集めるため、著名刑事弁護人、冤罪被害者本人、若者に影響力のある芸人などを擁したオンラインによるイベントを次から次へとくり出した亀石弁護士の企画力のたまものだった。弁護団はこの資金を用いて、第4次再審の主戦場となる「被害者の自宅までの搬送状況」を現場で忠実に再現した実写再現映像と、すでに建物が取り壊されて当時の状況をとどめていない被害者方周辺を復元し、関係者の供述の矛盾を視覚化した3DCG画像を新たに証拠として制作し、裁判所に提出することができた。

豪華ゲストを一堂に集めた市民集会や、議員会館で国会議員に直接訴える院内集会を活動の中心にしていた「再審法改正をめざす市民の会（RAIN）」も、活動戦略の見直しを迫られた。同会のWEBサイトにアクセスすると、トップページには2019年5月20日の設立集会に結集した運営委員たちの集合写真がアップされているが、「こんなに密でマスクもしていなくて大丈夫か?」と感じるほど、この2年の間で世界は大きく変わってしまったのだ。

しかし、RAINは新たな市民向け広報戦略として、オンライン上のWEBセミナーを6回にわたり開催し、これらすべてをYouTube上でアーカイブできるようにしている。湖東記念病院事件、大崎事件、日野町事件、袴田事件といった個別事件からあぶり出される再審法制の問題点、元検事の視点から見た再審法改正の必要性、そして台湾、韓国の再審法改正をめぐる動きなど、バラエティに富む内容で、自宅にいながらにして再審法をめぐる論点の理解を深めることができる。試聴回数の多いものは1400回を超えており、リアルタイムでセミナーを受講できなかった人々があとで視聴できるメリットが活かされている。最近では、個々の事件の冤罪被害者本人のロングインタビューに、その事件の資料や写真をビジュアルに盛り込んだ動画配信企画もスタートしている。

そして、2021年5月20日、RAIN結成2周年の集会が開催された。前年は1周年記念集会を大々的に開催すべく準備を進めていたところ、緊急事態宣言発令で中止を余儀なくされた。このため2周年となる今回は久々に議員会館での開催を目指したが、直前になって三たびコロナ緊急事態宣言が発令されたことで、やむなくオンラインでの開催となった。

冤罪被害を受けた本人たち（青木惠子さん×西山美香さん×桜井昌司さん）による鼎談《ていだん》「もう泣く人を作らない」と、周防正行監督をコーディネーターとして、元裁判官の木谷明弁護士、元検事の市川寛弁護士、そして現役再審弁護人の鴨志田がそれぞれの立場で再審法改正の必要性を語る「再審法改正、なぜ必要か」を2大コンテンツとして、さらに冤罪被害者の家族（袴田事件の袴田巖さんの姉のひで子さん、日野町事件の阪原弘さんの息子の弘次さん）からのメッセージなど盛りだくさんの内容で、視聴回数も1000回に迫る勢いである。

とりわけ素晴らしかったのは、2019年に再審法改正を成し遂げた台湾で、立法の立役者となった元国会議員の尤美女《ユウメイヌ》弁護士からのビデオメッセージだった。国会が必ずしも再審法改正に積極的ではない状況のもとで、尤弁護士が、NGO団体の提案する再審法改正案と、司法院（日本の最高裁）や法務部（日本の法務省）の意見とをすり合せる「架け橋」となることで、再審請求審における記録閲覧権や審理の公開といった、再審請求人のための手続保障規定を加える改正を実現させたという政治過程を生々しく語ってくれた。その言葉の一つひとつが再審法改正をめざす私たちに託されたバトンのようだった。

国際的な往来が著しく制限されるなか、国境を越えて届けられたメッセージを、タイムラグなく容易に拡散できるようになったのも、コロナの「ケガの功名」かもしれない。日時を選ばず、遠くまで出かけなくても、見たいときに見たい部分を繰り返しおさらいできる手軽さから、ＷＥＢセミナーやオンライン集会は、これからの再審法改正運動にうまく採り入れる必要があることは言うまでもない。

でも、しかし、けれども、だが……。

伝えたい相手と直接対峙《たいじ》し、相手の表情や目線、体の動きなどを全身で受け止めつつ、自分の伝えるべきことを、瞬時の判断でオーダーメイドの言葉を選んで語りかけてこそ思いが通じるという場面は、やはり厳然と存在するのではないだろうか。新たな歴史のページが開くような局面は、パソコンのディスプレイで遮《さえぎ》られたオンライン空間では実現できないと思うのは、私が昭和生まれのアラカン(around還暦)だからだろうか。

大崎事件の再審無罪と再審法改正の必要性を語る「伝道師」として、私はいま、ポストコロナ下での「伝え方」のバリエーション拡大と場面に応じた選択という課題に直面し、再検討を迫られているように思う。緊急事態宣言解除後の京の街で、飲み屋の売上げに貢献すべく、グラスを片手にあれこれ模索せねば……。

第4回
「飲んだくれ鴨」と裁判官

『創』21年9月号

筆者愛用の"RBG"グッズ

『創』8月号の読者欄に、「再審弁護人のベレー帽日記」に期待するという「匿名裁判官」の投書が掲載されていた。「若手の現役裁判官の読者です。初めてお便りします」と始まるその投書には「裁判所も再審の審理を積極的に進め、先輩裁判官の過ちを糺《ただ》すのにはばからない。もし運用でそれが無理であれば、速やかに立法的措置をとるのが民主国家として最善の方法である」と踏み込んだ言及があった。驚くとともに私へのエールをありがたく思ったが、彼または彼女がここまで書けるのは「匿名」だから、という事実も厳然と存在する。

裁判官が法廷で黒い法服を着るのは、何ものにも染《そ》まらない公正中立な立場であることを体現しているというが、裁判官とて職務を離れた市民としての発信であれば憲法の保障する表現の自由を享受できるはずである。しかし、市井にあっても裁判官たちの声はなかなか聞こえてこない。とりわけ政治や立法について発言することは公私いずれの立場であってもタブー視されているようである。

一連の刑事司法改革の中で、刑事裁判の審理手続を定めた多くの条文が改正されたときも、「現場の最前線」にいる現役刑事裁判官たちの生の声が報じられることはほとんどなかった。少年法の適用年齢引下げ問題では、猛反対した弁護士たちが、少年事件における家裁の調査・調整機能がいかに有効に機能してきたかを力説しているのに、肝心の家裁が声を上げてくれないと、ため息をついていた。

私が手がけている再審法改正に向けた活動の局面でも、法改正の必要性を実名で表明してくれる裁判官といえば、木谷明氏、門野博氏、水野智幸氏など、いずれも「元」が付く方々である。現役裁判官とそのサポーターで構成されているという「日本裁判官ネットワーク」の近著、『裁判官だから書けるイマドキの裁判』(岩波ブックレット）の再審の項（Q24）では、現役裁判官と思われる執筆者が、再審に関する刑事訴訟法の規定がまったく改正されていないことを問題視したうえで、「とりわけ、再審の審理においては、捜査機関の手持ち証拠の開示が極めて重要ですが、これに関する法規制がなく、裁判所の裁量による訴訟指揮に任されています。担当裁判官の考え方の違いにより、大きな『再審格差』が生まれている、と批判されています」との現状認識を率直に述べている（96頁）が、残念ながらこれも「匿名」なのである。

前回書いたとおり、台湾では２０１９年に再審請求人による証拠情報獲得権、意見陳述権、証拠調べ請求権、さらには再審の審理手続を原則公開とすることなどが盛り込まれた再審法改正が実現した。この法案を立法院（国会）に提出したのは司法院（最高裁）と行政院（法務省）である。他方、三権分立の考え方や統治システムの違いを措くとしても、日本の最高裁が再審法改正に向けて積極的な提言を行ったことは絶無である。もはや現役裁判官が実名で再審法改正の必要性に言及することを期待するのはナンセンスなのではないかとさえ思える。

では、「沈黙の裁判所」の構成員である裁判官たちは本当に寡黙なのだろうか。決してそうではない、というのが私の偽らざる実感である。再審弁護人として、「開かずの扉」をこじ開けようと、裁判所を相手に長く熾烈な闘いを展開しているので、鴨志田は裁判官と敵対していると思われているかもしれない。しかし、コロナで飲み会自体が害悪のように言われるようになってしまったここ1年半ほどは別として、民事・刑事を問わず、私ほど多くの裁判官たちと一緒に飲んだくれたことのある弁護士はいないだろうと自負している。断っておくが、裁判官と同じ場所で飲む機会があった、というようなレベルではない。私にとって「法曹三者の○○懇談会」というようなオフィシャルな懇親会は飲み会のうちに入らない。プライベートでお互いが本音をぶちまけられるようなディープな飲み会を、鹿児島で、東京で、大阪で、広島で、福岡で展開してきた。

そんなとき、彼ら彼女らは「証拠によって判断するのが裁判なのだから、証拠をすべて見たいに決まっている」「法に従って（裁判せよ）と言われても、その法律がスカスカで具体的に書いていないと不安になる」「任官するとすぐ、ほぼ書記官しか出入りしない裁判官室で仕事し、法廷以外で直接当事者と接することはほとんどない。法律事務所や企業に出されても、期間限定だから完全な戦力として扱われるわけではない。そんな自分に世の中の争いごとをジャッジできるのか。やはり法曹一元がベストなのではないかと思う」といった率直な意見を口にする。組織のあり方や実務の運用の改善、法改正の必要性も感じている。

飲みの席だけではない。とある裁判所のロビーで私を呼び止め、「『大崎事件と私』を読ませていただきました。本当に感動しました。恥ずかしながら日本の再審がこんなことになっているということを知りませんでした」と告白した若い裁判官、「大崎事件の最新情報を得るためには鴨志田先生のTwitterをフォローするのが一番早いと思い、フォロワーになりました」という要職にあるベテラン裁判官もいる。

ところが、私が「なぜ個々の裁判官は意見を持っているのに、それが表に出てこないのか」と尋ねると、皆顔を見合わせて首を横に振るのだ。「そんなことを公言したら『奥の院』（最高裁事務総局）に潰される」「自分の理想とする裁判を実現するためには、組織の中で責任のある地位に就かなければならない。上（最高裁）からちょっとでも『異端だ』と認識された瞬間、裁判長になる道は閉ざされ、理想と考える裁判を実現することもできなくなってしまう」……。

憲法の保障する司法の独立とは、組織としての裁判所が他の機関から独立しているだけでなく、個々の裁判官の職権行使が他の裁判官からも独立していることを意味する、と習ってきたが、現実はそうではない。裁判官は人事を握っている最高裁事務総局（の「司法官僚」と呼ばれる裁判官たち）、さらにはその背後で予算を握っている時の内閣の影響を受けざるを得ない立場に置かれているのだ。「所詮《しょせん》はヒラメ裁判官（上ばかり向いて、上からのお達しに従順に従う裁判官のこと）」「結局裁判所は内部から改革なんかできない」と批判する前に、ならば私たち組織の外の者が裁判所を変えるために何ができるか、何をやるべきかを考えたい。

まず、一括《ひとくく》りに「裁判官は……」と批判するのをやめるところから始めよう。裁判官の中には当事者の心情や人生に思いをいたすことなど微塵《みじん》もせず、先例に縛られ、体制におもねる判断を量産する者もいれば、法律以外の専門分野、例えば科学的証拠を盲信したり逆に軽視したりして、結局は「検察が起訴した事件は99・9％有罪」に引きずられ、直感的印象的判断で誤った判断に陥る者もいる。

一方で、当事者の言葉に真摯《しんし》に耳を傾け、ひとつひとつの証拠を虚心坦懐に吟味し、クリエイティブな法解釈を駆使して、当事者に心の平穏をもたらす真の意味の「解決」を模索する裁判官、自分の無罪判決が上訴審で破棄されるのはともかく、有罪判決が上訴審で無罪になったり、まして再審で無罪となるようなことがあれば、即刻裁判官を辞める覚悟で刑事裁判に臨んでいる者もいる。

私たちが個々の裁判官の立ち位置や価値観を把握することは難しいが、判決や審理のプロセスからそれをうかがい知ることはできる。私が拙著『大崎事件と私～アヤ子と祐美の40年』（ＬＡＢＯ）で、大崎事件の累次の再審にかかわった裁判官の実名表記を徹底しているのは、素晴らしい審理や判断をした裁判官、逆に証拠開示勧告もせず早々に再審請求を棄却した裁判官、地裁高裁の重ねた再審開始決定をたった5ページ半の一方的な決めつけで取り消した最高裁第一小法廷の5人の裁判官を、きちんと区別して読者に覚えてほしいと思ったからだ。良き判決、良き訴訟指揮をした裁判官は実名を挙げて高く評価し、逆の場合も実名を出して徹底的に批判する。その世論が無視できないほどにならなければ、いまの裁判所の官僚体質を改めることはできないだろう。そもそも私たちが個々の裁判官の名前と、その裁判官がした主要な判決とを一致させることができなければ、最高裁判所裁判官の国民審査が機能するわけがない。

その意味で、7月2日付朝日新聞の阿部峻介記者による記事「最高裁判事のせめぎ合い見えた　夫婦同姓『合憲』の内幕」は良かった。最高裁の15人の裁判官が選択的夫婦別姓を認めない現行民法の規定の合憲性をどう判断したか、そのプロセスを深掘りし、合憲派、違憲派それぞれを実名と顔写真付きで図示したのだ。そこでは、大崎事件第3次再審を全員一致で「強制終了」させた第一小法廷の

5人の裁判官（小池裕、池上政幸、木澤克之、山口厚、深山卓也）が全員「合憲」と判断し、他方、収容中の受刑者にもカルテ開示を認め、袴田事件の差戻し決定で直ちに再審開始をとの少数意見を書いた宇賀克也裁判官は「違憲」判断だったことが一目瞭然となっていた。一般市民が個々の裁判官の顔・名前と判決を結びつけて認識できる手立てとして、このような報じ方は有効である。

そして、裁判官たちにも言いたい。市民に身近な存在となることを恐れるなかれ、と。ともすると市井から距離を置き、人間味を押し殺すことが裁判官に求められる公正中立であると誤解している向きもあるのではないか。人間味溢れる立ち居振る舞いや発言によって国民の司法に対する信頼が揺らぐことはない。アメリカでは故ルース・ベイダー・ギンズバーグさんが現職の最高裁判事であったときに彼女を主人公とする2本の実名映画が制作され、彼女の愛称である〝ＲＢＧ〟のキャラクターグッズも販売されたが、そのことを当局が問題視したという話は伝わってこない。法廷で突然立ち上がって「職権発動します」と宣言し、自ら裁判所を飛び出して捜査を始めるという奇想天外な刑事裁判官が主人公のドラマ「イチケイのカラス」が、「現実離れし過ぎ」との批判をよそに大ヒットしたのは、人間味あふれる等身大の裁判官を、この国の市民も望んでいることの表れではないだろうか。

現実世界ではいま、ＳＮＳ上でさまざまな情報や意見を実名で発信し続けた岡口基一判事が、裁判官を罷免《ひめん》する「弾劾裁判」にかけられようとしている。彼の言動のすべてに賛同するものではないが、その発信が罷免される理由にあたらないことは明らかだ。現役裁判官たちをこれ以上「寡黙で遠い存在」にさせないためにも、この動きは断固阻止しなければならない。

［追記］岡口判事は2024年4月3日、弾劾裁判により罷免された。

第5回 科学と冤罪

『創』21年10月号

鹿児島地裁での証人尋問後、記者会見する澤野誠教授

刑事裁判と科学との関係、と聞いて読者諸氏はどのようなものをイメージするだろうか。人間の曖《あい》昧《まい》な記憶や意図的なウソに左右されずに真実を発見するために、科学的証拠は、現代の刑事裁判に不可欠のものである、と一般的には考えられているだろう。

実際、現場に遺留された犯人の指紋や血痕を科学的に分析することにより、犯人特定に結びつくケースは多い。とりわけ、近年飛躍的に進歩したDNA鑑定の威力は絶大で、犯人特定の切り札として使われている。

科学的証拠が冤罪《えんざい》を救済する場面もある。アメリカのロースクールで始まったイノセンス・プロジェクト（IP）は、主としてDNA鑑定によって、死刑囚を含む多くの冤罪被害者を救出してきた。IPの活動（イノセンス運動）は全世界に広がり、アジアでは台湾IP（台湾冤獄平反協会）がめざましい活躍を見せている。イノセンス運動は科学によって真相を究明し、冤罪被害者を救出するとともに、無実を訴える者にDNA鑑定の機会を保障するため、捜査機関に生体証拠（DNA鑑定の資料となる体液や毛髪など）の保存を義務づけ、その資料へのアクセス権を保障するという法整備にまで結びつくという成果も上げている。

他方で、科学が、否、科学の姿を身にまとった「えせ科学」（ジャンク・サイエンス）がしばしば冤罪を作り出してきた黒歴史も厳然と存在する。ＡＢＯ式血液型研究で知られる法医学者で、科学警察研究所（科警研）の初代所長であった古畑種基は、その功績をたたえられ、文化勲章を授与されている。しかし、古畑は、１９８０年代に４人の冤罪死刑囚が死刑台から生還した、いわゆる「死刑４再審」のうち、実に3件で、後に再審無罪となった元被告人たちを死刑判決に導いた鑑定書を作成している。その中には再審無罪判決の中で、ねつ造の可能性を指摘されたものまである。

ジャンク・サイエンスの恐ろしさは、無実の者を追い詰め、自白を獲得する手段として使われるところにも表れる。

２００８年にＤＮＡ再鑑定により「完全無実」が証明された足利事件の菅家《すがや》利和さんを、女児誘拐殺人の「犯人」に仕立て上げたのもまた、ＤＮＡ鑑定だった。当時（１９９１年）科警研が実施していたＭＣＴ１１８型という手法のＤＮＡ鑑定は精度が低いものであったが、捜査官は「ＤＮＡ鑑定が一致したからお前が犯人に間違いない」と菅家さんに自白を迫ったのである。知的障がいとの境界域にあり、他人に抗《あらが》えず迎合する傾向がある「供述弱者」の菅家さんは、もう逃げられないと絶望し、身に覚えのない女児誘拐殺人を「自白」したのだ。

再審無罪が確定し、現在国家賠償請求訴訟が係属中の湖東記念病院事件でもジャンク・サイエンスが誤判を招いた。人工呼吸器をつけた重篤な高齢患者が入院先で寿命をまっとうしただけなのに、捜査機関が「供述弱者」の西山美香さんから自白を搾《しぼ》り取って殺人事件に仕立て上げたこの事件で、美香さんの自白を裏付ける重要証拠と考えられたのが、被害者の遺体を解剖した法医学者の鑑定書だった。この鑑定は「異常発見時に人工呼吸器のチューブが外れていた」ことを前提としたものだったが、確定一審判決は「チューブは外れていなかった」と認定しておきながら、この鑑定書を信用してしまった。以後、第2次再審の即時抗告審（大阪高裁）で再審開始決定が出るまで、実に24人の裁判官が前提を誤った鑑定書の信用性を認めていたのである。

被害者の遺体を解剖した所見から、死因や死亡時期を鑑定する法医学鑑定は、多くの事件で有罪を裏付ける科学的証拠として使われている。しかし、法医学者の誤った見立てが冤罪の元凶となった事件も少なくない。私が弁護団事務局長を務める大崎事件も、まさにそれである。

大崎事件では、被害者・四郎さん（仮名）が3日間牛小屋の堆肥《たいひ》の中に埋められた状態で発見されたため、遺体は腐敗し、体表から死因が判別しにくい状態だった。遺体発見当日に解剖を行った鹿児島大学医学部法医学教室の城哲男教授は、ほかに目立った外傷がなく、頸椎《けいつい》（首の骨）前面に縦長の著しい出血が認められたことから、「頸部に外力が加わったことによる窒息死と推定する」「他殺と想像する」と鑑定した。主犯とされた原口アヤ子さんは一貫して犯行を否認していたが、「タオルによる絞殺」という「共犯者」たちの自白が城鑑定によって補強され、アヤ子さんに対する有罪判決が確定した。しかし、頸椎は首の奥のほうにあり、その前にある筋肉等に出血が見られないのに、タオルによる絞殺でそこだけ出血するというのは不自然である。頸椎前面の出血は、交通事故のむち打ちのように頸部が過伸展（過度に後ろに反り返ること）したときに起こることが知られており、四郎さんは遺体で発見される３日前に酔って道路脇にある高さ約１メートルの側溝に転落していた。しかし城教授は捜査機関からこの転落事故を知らされていなかった。

そして、後にこの転落事故を知った城教授が、頸椎前面の出血は転落事故の際のものであり、絞殺の所見ではない、と自らの鑑定の誤りを認めた「城新鑑定」が、大崎事件第１次再審の新証拠である。２００２年３月、鹿児島地裁は城新鑑定を再審を開始すべき明白な新証拠の一つと認め、再審開始決定をした。過去に自分が行った鑑定の誤りを認めた鑑定が再審の新証拠となったのは、後にも先にも大崎事件だけであろう。

ところが、この決定は検察官の不服申立により福岡高裁宮崎支部で取り消されてしまった。城教授は、頸椎前面の出血が絞殺の所見であることは否定したが、四郎さんの死因については「不明」としたことが、新証拠の「明白性」が否定された理由の一つである。以後、大崎事件の再審請求では、四郎さんの死因をめぐる鑑定が重ねられていくこととなった。

第３次再審で法医学鑑定を行ったのは吉田謙一・東京医科大学教授（当時）だった。吉田教授は四郎さんの遺体写真を見るなり「白っぽいご遺体」と指摘し、「絞殺、いやそもそも窒息死ではありえない」と明言した。絞殺の場合、全身の血液は体の中にとどまっているため、死亡により循環しなくなった血液は重力に従って体の低い部分に集まってくる。これが皮膚から透けて見える状態が「死斑」であり、同じ現象が内臓内で起こるのが「血液就下」である。つまり死斑も血液就下も見られない四郎さんの遺体は絞殺体ではないというのだ。そして吉田教授は四郎さんの死因を「出血性ショック」と結論づけた。四郎さんには大きな外傷はない。しかし、高さ約１メートルの側溝に自転車ごと転落したことにより、骨盤や大腿骨を骨折し、体内で大出血を起こしていた可能性が高いと鑑定したのである。この吉田鑑定を、鹿児島地裁も福岡高裁宮崎支部も、再審を開始すべき明白な新証拠と認めた。とりわけ高裁の決定は吉田鑑定を高く評価し、四郎が転落事故により死亡または瀕死の重傷を負っていたとすれば、道路に2時間半横たわっていた四郎を軽トラックで搬送し、「酔った四郎を四郎宅の玄関土間に置いて帰った」という、近隣住民IとTの供述の信用性にも疑いが生じるとした。そうすると、アヤ子さんが、泥酔しているが「生きて」土間に放置されていた四郎さんを見て殺意が募ったことから始まる犯行ストーリーが入口から崩れるだけでなく、また事故死ならば誰が四郎さんを埋めたのか、という大崎事件の謎にも暗に答えが出たことになる。

ところが特別抗告審の最高裁は、吉田鑑定が死因を「出血性ショック」としたことは「尊重すべき」としながら、①解剖写真には大出血した箇所が写っていない、②四郎の死亡時期が特定されていないと難癖を付けて、吉田鑑定の明白性を否定し、再審開始を取り消してしまった。再審請求にも「疑わしいときは被告人の利益に」という刑事裁判の鉄則が適用される。ならば死因は出血性ショックだと認めた時点で「タオルで力一杯首を締めて殺した」という自白の信用性は揺らぎ、有罪判決には合理的疑いが生じるはずである。それなのに最高裁は、再審を開始させる科学的証拠は、それ自体で無罪を証明できるほどの強力なものでなくてはならないと言うに等しい決定をしたのだ。

このような最高裁の態度に対し、吉田教授は新著『法医学者の使命～「人の死を生かす」ために』（岩波新書）で、城教授が自らの鑑定所見を改めたことに触れて、「裁判官は、鑑定人本人が、真実を暴露して、良心の呵責《かしゃく》から逃れることさえ許さないのである」と皮肉を込めて述べている。

そして現在進行中の第４次再審で、私たちは「出血箇所」と「死亡時期」という最高裁の突きつけた疑問に答える鑑定を新証拠として提出した。鑑定人は法医学者ではなく、死に瀕した重傷者を日々治療している救命救急医・澤野誠教授（埼玉医科大学高度救命救急医療センター長）である。澤野教授は解剖写真を見て腸壁に広汎な壊死《えし》による大出血が写り込んでいることを初めて指摘した。そして、頸椎前面の出血は首を支えている靱帯の損傷によるものであり、救命救急の常識として、靱帯損傷でぐらぐらになっている重傷者の頸部は絶対に固定しなければならないのに、そうとは知らず酔っ払いと勘違いし、親切心で四郎さんを迎えに行ったＩとＴの不適切な救護によって、不運にも四郎さんは自宅到着前にこと切れてしまった、と死に至るプロセスを明確に示してみせた。

２０２１年６月９日に鹿児島地裁で行われた証人尋問後、澤野教授は記者会見の席で「35年間の医師としての人生で得た知識と経験のすべてを大崎事件の鑑定に注ぎ込んだことで、事件当初の鑑定をした城教授の投げかけた謎にすべて答えることができた」と述べた。遡《さかのぼ》ること24年前の１９９７年７月18日、82歳の城教授は第１次再審で証言台に立ち、ほどなくこの世を去った。彼の遺言ともいえる証言の中に、まるで澤野教授の出現を予言するかのようなくだりがある。

「むしろ、臨床官のほうが詳しいでしょうね。我々は死体だけ見ておりますから分かりません」「救急医療の、救急センターの医者が、かつぎ込まれた患者から診て分かるんでね」

長い時の経過を経て、澤野教授がようやく解き明かした「大崎事件の真実」。しかし、死刑４再審から大崎、足利、湖東と続く冤罪の歴史は、刑事司法に携わるすべての者に、刑事裁判は科学とどう向き合うべきかについて、繰り返し重い問いを突きつけている。

第6回

滋賀県警の暴走を許すな

『創』21年11月号

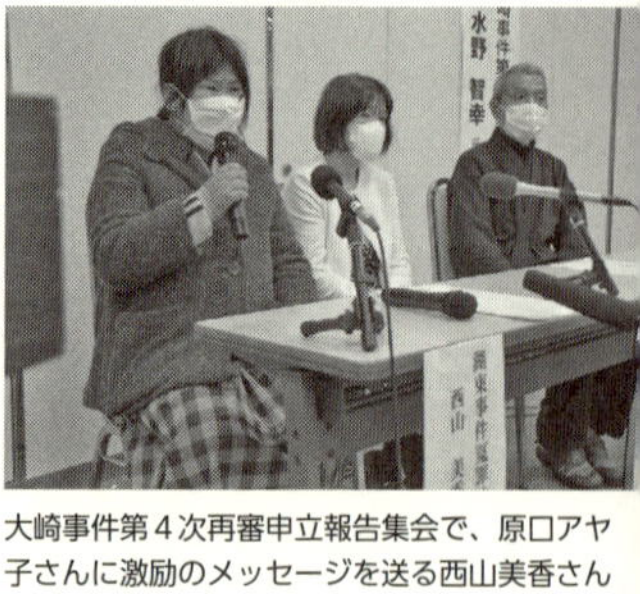

大崎事件第４次再審申立報告集会で、原口アヤ子さんに激励のメッセージを送る西山美香さん

私が弁護団事務局長を務める大崎事件の第3次再審請求が、地裁に続き高裁でも再審開始が認められた2018年3月、私の事務所にひとりの女性から祝福の電話が入った。大崎事件が発生した1979年生まれだというその女性は、湖東記念病院事件（以下、湖東事件と表記）の冤罪被害者、西山美香さんだった。美香さんは「私、原口さんのこと知ってるんです」と切り出した。和歌山刑務所で受刑中、美香さんは無実の罪で収監されたことに絶望し、刑務所内で荒れていた。すると、再犯で服役していたある女性受刑者が、「私が以前入っていた鳥栖《とす》の麓刑務所に、原口アヤ子さんという人がいた。刑務官から『あなたは模範囚だから、罪を認めて反省文を書けば、仮出獄で出してあげる』と三度も持ちかけられたのに『やっていないものは反省できません』と突っぱねて満期服役していた。だからあなたも自暴自棄にならずに頑張りなさい」と美香さんを諭《さと》したという。アヤ子さんの姿勢に感銘を受けた美香さんは、同じ和歌山刑務所で服役し、先に雪冤を果たした東住吉事件の冤罪被害者、青木恵子さんにも励まされ、以後は真面目に刑期を務めたのだそうだ。

美香さんが私に電話をくれた当時、湖東事件は、大阪高裁の再審開始決定を不服とした検察官の抗告により、最高裁に特別抗告審が係属中だった。美香さんは、高齢のアヤ子さんを気遣い、「青木さんに次いで、原口さんに、女性で生きて再審無罪となった第2号となってほしいです。私は第３号になります」と言って通話を終えた。自分だって一刻も早く無罪になりたいだろうに、と私は美香さんの優しさに心打たれた。

その後、湖東事件は再審開始決定が確定したが、大崎事件は最高裁第一小法廷で地裁・高裁の再審開始決定が取り消され、再審請求が棄却された。２０２０年３月31日に再審無罪判決が下された美香さんは、その前日に第４次再審を申し立てた大崎事件の原口アヤ子さんを激励するために鹿児島を訪れ、「青木さんが1号、私が2号となった再審無罪のバトンを、第３号のアヤ子さんに繋げたい」とマスコミに向けてメッセージを発した。

再審無罪となった美香さんは、「普通の女の子」に戻って平穏な日々を過ごしたいと願っていた。しかし、無罪判決の中で捜査、取調べの違法を厳しく批判された警察と検察が、冤罪を招いた自らの捜査のあり方を検証しようともせず、「捜査は適正に行われた」などと公言して憚《はばか》らないことに憤り、「このままでは第2、第３の冤罪を招きかねない」と立ち上がり、自らを冤罪に陥れた警察（滋賀県）と検察（国）を相手取って、20年12月25日に国家賠償請求訴訟（以下、国賠訴訟と表記）を提起した。鹿児島から京都に移籍した私が、この国賠訴訟の弁護団に加入した経緯については本書の第１回で述べたとおりである。

国賠訴訟とは、公務員の違法な公権力の行使によって損害を被った者が、国や地方公共団体に対して、その損害を金銭で賠償するよう求める民事訴訟である。無実の者が誤って有罪とされたのだから、警察官や検察官、はたまた裁判官のしたことは当然違法と評価されるだろう、と思われるかもしれないが、実際はそうではない。国賠訴訟において公権力の行使の違法性が認められるハードルはきわめて高く、再審無罪となっても国賠訴訟を見送るケースも少なくない。また、刑事補償で数千万円が支払われているのに、さらに金を請求するのか、という心ない誹謗中傷に晒《さら》されることもある。

それでもなお、冤罪被害者が国賠訴訟に踏み切らざるを得ない背景には、無罪判決が確定しても、誤判原因を究明・検証し、冤罪を生まない法制度への改革に繋げるという仕組みがこの国にはまったく存在せず、なお捜査機関には隠された証拠が眠ったまま放置されているという現状がある。冤罪被害者が、自分はなぜこんな目に遭わされたのか、その真相を知りたい、捜査の実態と収集された証拠のすべてを明らかにして警察・検察の仕打ちを白日の下に晒し、しかるべき責任を取らせたい、と思っても、その手立てが存在しないから、国賠訴訟の中でそれを試みるしかないのだ。もとより国賠訴訟をやったからといって、すべてが判明するわけではないが、国賠訴訟の過程で、刑事裁判では開示されなかった証拠が明らかになったケースもある。

21年8月27日に、布川事件の桜井昌司さんが国と県を相手に闘っていた国賠訴訟の控訴審判決が出た。東京高裁の村上正敏裁判長は、地裁が認めていた警察官の取調べの違法のみならず、否認していた桜井さんに虚偽の事実を告げて自白を強要した検察官にも違法があると認定し、「自白がなければ逮捕・起訴されることはなく、刑の執行を受けることもなかった」として、国と県の賠償責任を認めた。国も県も上告を断念し、9月13日、桜井さんの勝訴が確定した。この朗報に、同じ国賠を闘う青木さんも美香さんも大いに励まされただろう。

ところが、布川国賠勝訴確定からわずか2日後の9月15日、湖東国賠では原告の主張に反論する被告滋賀県の準備書面が提出された。その書面の内容に、弁護団は驚愕した。6頁目に「被害者を心肺停止に陥らせたのは、原告である」と、美香さんを殺人犯呼ばわりする主張が堂々と書かれていたからである。

それだけではない。この事件の再審請求において、専門家である精神科医は、美香さんには軽度の知的障害や発達障害などが認められると鑑定し、他者の影響を受け、迎合しやすい特性から取調官の山本誠刑事に恋心を抱いた美香さんが、その歓心を買うためにやってもいない殺人の自白をすることがありうることを指摘していた。そして、これを受けた再審無罪判決は、捜査機関が美香さんの特性や感情を認識しつつ、これを自白獲得に利用し、山本刑事が他者を排除して美香さんを自らの独占的影響下に置いたことで、美香さんから意のままに自白を引き出していた状況に照らし、その自白には任意性がないとして、証拠から排除していた。にもかかわらず、滋賀県は、美香さんは知的障害などではなく、呼び出されていないのに警察署に出向いたり、深夜に警察署を訪ねて山本刑事宛の手紙を託したり、リストカットを偽装したりしたのは、美香さんの「捜査撹乱《かくらん》を図る生来的ないし戦術的意図から生じた奇異な行動」であると主張したのである。

さらに、再審無罪判決後の「説諭」で大西直樹裁判長が、山本刑事は美香さんの迎合的な態度に気づいていたのだから、供述の誘導がないよう、慎重の上にも慎重を重ねるべきであったのに、捜査資料に沿った供述をさせ、美香さんから真実を引きだそうとする態度が窺《うかが》われないなどと批判した点について、「大西裁判長の説諭に対しては、滋賀県警としては、承服し難い」と切り捨てていた。

このように、滋賀県の主張は、美香さんを無罪とした刑事確定判決の判断を真っ向から否定するとともに、無実の罪で12年も刑務所に服役した後、ようやく雪冤を果たした美香さんを愚弄《ぐろう》し、その名誉を甚だしく毀損《きそん》する、いわば「セカンドレイプ」ともいえるものだった。

滋賀県は、再審開始が最高裁で確定し、再審公判では検察官が有罪立証を放棄し、控訴も断念して真っ白な無罪が確定したという経緯をどう受け止めたのか。そもそも、滋賀県警の滝澤依子本部長は、2020年6月29日の滋賀県議会において、美香さんの再審無罪が確定したことについて「結果として大きなご負担をおかけし、大変申し訳ない気持ちであり、心中をお察しすると言葉もありません」と謝罪していたではないか。

弁護団は、ただちに抗議の意見書を作成し、翌16日に大津地裁で行われた湖東国賠訴訟の進行協議期日において、その意見書を提出するとともに、滋賀県に対し、準備書面記載の主張を撤回するよう求めた。しかし、滋賀県の代理人弁護士は口頭で「主張を撤回するつもりはない」と言い放った。この日に結審した東住吉事件の国賠訴訟を傍聴するつもりだった美香さんは、自らの国賠訴訟でこのような書面が提出されたことで急遽予定を変更し、弁護団とともに怒りの記者会見に臨んだ。美香さんはかつて、再審無罪となった後にもしばしば寄せられる一般市民からの心ないコメントや、度々メディアで報じられることによる私生活との軋轢《あつれき》から、もう国賠訴訟をやめたい、とこぼしたこともあった。しかし、この日の会見では、「当事者じゃないと気持ちはわからない部分が多々あると思うので、弁護団と一緒に闘っていきたい」と、自分の言葉できっぱりと決意表明した。

この記者会見をマスコミ各社は大きく報じ、滋賀県の姿勢に疑問を呈した。すると翌17日の午後５時過ぎ、井戸謙一弁護団長の事務所に、三日月大造滋賀県知事から直接、「自分は知らなかった。大変申し訳ない。西山さんに謝罪の意を伝えておいて欲しい」との電話があった。その直後に行われた記者会見でも、三日月知事は、県警が作成した準備書面の内容を事前に把握していなかったとした上で、「西山さんを深く傷つける表現があり、極めて不適切。心からおわび申し上げます」と謝罪した。

この会見で三日月知事は、県警が提出した準備書面の内容を修正するよう県警と県の担当者に指示した、と報じられている。しかし、「県警が提出した」とはどういうことだろうか。国賠訴訟の被告は「滋賀県」である。確かに県警は、独善的な運営や政治的偏向を防ぐため、知事から独立した県公安委員会の監督のもとにある。しかし、滋賀県では「県」が被告となる国賠訴訟において提出する書面は、内規により、県警本部長の決裁を経た後、県の総務課長が決済することになっている。しかし今回、書面は県警から県に回付されていなかったという。県のトップである知事の知らないところで「被告滋賀県」の書面が作成、提出されていたとすれば、それは別の意味で問題ではないか。

滋賀県警の暴走がどのようにして起こったのか。現在弁護団は滋賀県と滋賀県警に情報公開請求を行うなどして内部決済の実情を調査中である。一方、当初だんまりを決め込んでいた県警も、９月22日になってようやく本部長が謝罪する方針を明らかにしたと報じられた。

この件は、知事の謝罪会見で幕引きすべき問題ではない。書面作成の経緯、県警本部長の謝罪内容、そして修正されるという準備書面がどのようなものになるか、今後の動向を衆人環視のもとに置く必要がある。次回、続報をお伝えしたい。

第7回 暴走から迷走へ～その後の滋賀県警～

『創』21年12月号

この春に鹿児島から京都に移籍した私の、京都での最初の仕事は、2020年3月31日に大津地裁で再審無罪判決が言い渡された湖東記念病院事件の国賠訴訟弁護団の一員（原告である西山美香さんの代理人）となることだった。弁護団に加入早々、21年3月4日に開かれた第1回口頭弁論期日に出頭したが、実は半年以上経った現在、未だ第2回口頭弁論期日は開かれていない。この間に開かれたのは、審理の段取りを決める非公開の「進行協議」のみである。なぜそのような状況になっているのか、不思議に思われる読者もいるだろう。

再審無罪を勝ち取った者が、こんどは民事訴訟の原告となって国賠請求を行う大きな目的の一つは、冤罪が作られた原因を究明すべく、再審を経てもなお刑事裁判では明らかとならなかった、捜査機関の手の内に眠る「隠された証拠」を提出させることにある。確定審や再審公判の訴訟記録は検察庁（国）に保管されているが、検察庁にはこれに加え、今までの刑事裁判に提出されていなかった証拠も保管されている可能性がある。しかし、これらの記録や証拠を出すことについて、国の対応は極め

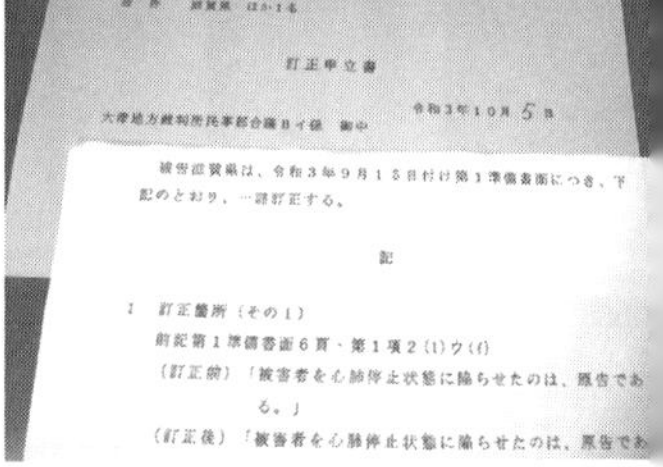

滋賀県が提出した「訂正申立書」

て消極的である。我々原告側のみならず、被告である県も、国から記録や証拠の提供を受けなければ県としての主張や反論ができない、と国に迫ったほどである。一方で、滋賀県警が無罪方向の重要な証拠を検察官に送致せずにいたことが、再審公判段階になって判明したという経緯から、私たちは検察に送致していない証拠が県警にまだあるはずであると確信しており、それらを提出するよう県に求めている。仮に国や県が任意に提出しないのであれば、裁判所が国や県に記録を提出するよう命令せよ、との申立て（文書提出命令申立）も行っている。

このような記録や証拠の提出をめぐる三つ巴の攻防を経ないと、それぞれの当事者の主張や立証のスケジュールが固まらないため、延々と進行協議を続けているのである。これでは判決が出されるまでに何年かかるのか見当もつかない。

そもそも最初の刑事裁判の段階で、捜査機関が集めたすべての証拠が提出されていたら、この事件は一審で無罪となり、再審などする必要はなかっただろう。すでに再審無罪判決が確定しているのに、自らが保有する記録や証拠を出し渋るという捜査機関の態度がまかり通っているのも、刑事裁判や再審において、すべての証拠の開示を義務づける規定がないことの弊害といえよう。

さて、国賠訴訟でこのような進行協議が重ねられている最中に、滋賀県警が西山美香さんを犯人視する「トンデモ準備書面」を提出し、弁護団の抗議を受けて三日月大造滋賀県知事が謝罪したこと、当初はだんまりを決め込んでいた県警も、準備書面の表現について本部長が謝罪する方針を明らかにした、と報じられたところまでを前回、紹介した。

はたして、９月28日の滋賀県議会本会議場で滝澤依子本部長が行った「謝罪」は、「書面の表現に不十分な点があり、西山さんをはじめ関係者の心情を害したことについて、県警を代表しておわび申し上げる」というものだった。「内容」ではなく「表現」に、「不適切」ではなく「不十分」な点があったというのは、書きぶりに舌足らずな点があったが内容には問題ないと認識していることの表れではないか。この「謝罪」は、松本利寛県議会議員の一般質問に対する答弁の中で表明されたものだが、翌29日付毎日新聞朝刊に掲載された一問一答によれば、滝澤本部長は、松本議員が何を訊いても正面からは答えず、「再審公判において、無罪判決が確定したことについては県警として重く受け止めている」「今回の訴訟に関しては準備書面の表現に不十分な点があったことから、今後は改めて丁寧に主張してまいりたい」「係争中の案件なので詳細についてはお答えを控えさせていただく」といった答弁の繰り返しで、西山さんを堂々と犯人扱いするようなトンデモ準備書面を提出するに至った具体的な経緯や、今後どのように訂正していくつもりなのかについては、一切言及していなかった。あたかも、傷ついたレコードが針飛びして、同じ箇所をエンドレスで再生しているような答弁ではないか（比喩が古すぎたかもしれないが）。

肝心の準備書面の訂正についても、9月30日付読売新聞が、県警が準備書面の表現のうち、「被害者を心肺停止に陥らせたのは、原告である」という部分など2箇所のみの訂正を提案したのに対し、県側が他にも4箇所の修正を要求したと報じ、内部での混乱ぶりを窺わせた。

再審無罪確定後も西山さんを犯人扱いする滋賀県警を、各紙は社説で痛烈に批判した。9月22日付京都新聞の社説は「無罪判決の重みに向き合おうとしない傲慢《ごうまん》さと人権感覚の鈍さに憤りを禁じ得ない」と激しく糾弾する一方、県警を事前にコントロールできなかった滋賀県に対しても「大きな権力を持った県警の『暴走』を防ぐよう、内部統制を徹底すべきだ」と注文を付けた。同じ日に中日新聞も「再審無罪を否定　西山さんを苦しめるな」と題する社説で「再審公判で、検察側は『新たな有罪立証は行わない。裁判所に適切な判断を求める』と論告し、求刑もしなかった。有罪立証を放棄したに等しいのに、捜査をした県警が今になって西山さんを犯人視する書面を作成、裁判所に出すのは、不可解と言うほかない」と指摘し、「県警には、なぜ『犯人視』の書面が提出され、どんな意図があったのかきちんと調査、説明する責任がある。文書修正だけで済む話ではない」と結んだ。

全国紙も黙っていなかった。10月2日付朝日新聞の社説は「無罪が確定した人について、警察が改めて犯人だと名指しする書面を作成し、裁判所に提出する。信じがたい行為であり、通り一遍の謝罪で済まされる話ではない。経緯のしっかりした検証と説明が必要だ」と切り出し、「そもそも、冤罪《えんざい》を生んだことを反省し、なぜ間違いを犯してしまったかを、無罪判決後にきっちり検証・共有してこなかったことが、今回の事態を招いたといえる。滋賀県警、ひいては警察組織全体のガバナンス能力に、大きな疑問が突きつけられていることを、関係者は自覚して行動しなければならない」と、この問題の本質が誤判冤罪に学ばない警察組織全体の体質にあることを鋭く突いた。

このような経緯を経て、10月5日付で被告滋賀県から大津地裁に「訂正申立書」が提出された。たった4頁（本文は3頁）の薄っぺらい書面で訂正されていたのは、わずか7箇所だった。何よりもまず、西山さんを犯人視した「被害者を心肺停止状態にさせたのは、原告である」という許し難い一文は、「被害者を心配停止状態にさせたのは、原告であると判断する相当な理由があった」と、現時点での犯人視ではなく、あくまで当時の県警がそのように考えていた、という書きぶりになっていた。

また、（美香さんが呼び出されていないのに警察署に出向いたり、深夜に警察署を訪ねて山本刑事宛の手紙を託したり、リストカットを偽装したりしたことについて）「捜査攪乱を図る生来的ないし戦術的意図から生じた奇異な行動に過ぎない」「取り調べ担当官に好意と信頼を寄せて虚偽の殺害行為を自白することなど、根本的にあり得ない」などという、西山さんの人格と尊厳を大きく傷つける表現や、（県警の捜査の在り方を厳しく批判した大西裁判長の説諭について）「滋賀県警としては、承服しがたい」と述べていた部分は、いずれも削除されていた。

要するに、弁護団やマスコミが批判していた箇所を微修正したり削除しただけである。準備書面全体に貫かれている「県警の捜査には何ら問題がなかった」という主張は全く変わっておらず、そこには、この期に及んでもなお、犯人は美香さんだと思っている滋賀県警の本音が透けて見える。美香さんは、マスコミの取材に対し、「批判を受けた部分の表現を訂正しただけで　県警の認識は何ら変わっていないとしか受け止められない。余計に傷つけられた思いだ」とコメントした。

迷走はさらに続いた。訂正申立書を提出した同じ10月5日、滋賀県警は滝澤本部長が出席して15日に予定されていた定例会見で、同問題をテーマにした代表質問を拒否する方針を県警記者クラブに通知した。滝澤本部長の県議会での答弁やその後の囲み取材への回答では不十分として、記者クラブが書面の作成経緯や決裁の過程など計4問の代表質問案を提出していたことに対する通知である。その理由について県警総務課は「そもそも定例会見は警察施策をメディアを通して伝えてもらう場で個別事案に答える場ではない」と突っぱねたという。

滋賀県警は説明責任という言葉を知らないのだろうか…と憤っていると、翌6日、県警は一転、前日の方針を撤回し、「代表質問を受ける」とクラブ側に通知したことが報じられた。くだんの質問案拒否方針を報じた京都新聞などの記事を読んだ滝澤本部長が「定例会見でも説明責任を果たすべき」などとして、総務課に質問案を受けるよう指示したという。

もはや末期的と言っていいほど組織がグダグダであることが露呈した2日後、滋賀県警は滝澤本部長の異動を発表した。「15日の定例記者会見」は滝澤本部長の離任会見となったのである。後任には、警察庁警備局公安課長の鶴代隆造氏が就任することになった。公安畑出身の新本部長が、今後この件にどのような姿勢で向き合っていくのか、我々は不断の監視を続けなければならない。

湖東国賠訴訟はまだ「はじめの半歩」の段階である。被告滋賀県の違法を明らかにするためにも、今回の書面が作成、決済されたプロセスをつまびらかにすべきだが、ここに至ってもその実態は県警の深い闇の中に沈んだままである。弁護団は滋賀県と県警本部の双方に対し、県情報公開条例に基づき、県が提出した準備書面等の決済起案文書（誰が決済したかを示す内部文書）の開示を求めたところ、県からは「うちは関係ない」と言わんばかりの早さで「文書不存在」を理由とする不開示決定が出た。対照的に、県警からは決定までの期間を11月8日までとする「決定期間延長通知書」が届いた。おそらく数枚程度の内部文書を開示するのに、なぜ1カ月以上もの期間を要するのか。

自らの過ちを認めようとせず、都合の悪い事実はとことん隠し、責任の所在を曖昧にして逃げ仰せようとする。これは滋賀県警に限らず、この国の権力を担う者たちに共通の「基礎疾患」である。湖東事件は今、刑事司法のみならず、行政の在り方の抜本的な見直しという、もうひとつの警鐘を、けたたましく鳴動させている。

第8回

裁かれるべき裁判官たち

『創』22年1月号

大崎事件第3次再審請求で、地裁と高裁が重ねた再審開始決定を、わずか14ページ（最高裁自身が行った判断部分が記載されている「当裁判所の判断」は5ページ半である）の薄っぺらい決定書で取り消したうえ、高裁に差し戻すことすらせずに自ら再審請求を棄却して「強制終了」させた最高裁第一小法廷。決定当時の5人の裁判官全員のフルネーム――小池裕（裁判長）、池上政幸、木澤克之、山口厚、深山卓也――を私は決して忘れない。40年間無実を訴え続け、あまりにも長い時の経過によって、言葉を発することも歩くこともできなくなった92歳（当時）の原口アヤ子さんの人生に思いを致すこともなく、地裁・高裁の再審開始決定を「取り消さなければ著しく正義に反する」と「裁判官全員一致の意見」で決定したというこの5人を、私は本気で辞めさせたいと思った。クラウドファンディングで資金を集め、次の衆議院議員選挙の際に行われる最高裁判所裁判官の国民審査でこの5人に×をつけよ、という意見広告を全国紙に掲載するといった具体策も思い浮かんでいた。

しかし、実際にその作戦が実行に移されることはなかった。２０２１年10月31日に実施された第49

日本民主法律家協会リーフレット

回衆議院議員選挙とともに行われた国民審査の時点で、くだんの５人の裁判官のうち、小池裁判長、池上判事、木澤判事の３人がすでに定年退官していた。残る２人のうち山口判事は、17年10月22日に国民審査を受けていたため、今回の国民審査の対象にならず、結局、第一小法廷では深山判事だけが今回の国民審査の対象になった。

最高裁判所裁判官の国民審査は、主権者である国民が、司法権を直接コントロールできる唯一の手段として定められた憲法上の制度である。しかし、この制度の機能不全、形骸化は、誰もが認めるところであろう。

まず、一人の裁判官がどのくらいの頻度で国民審査を受けるかについて、日本国憲法79条２項には「最高裁判所の裁判官の任命は、その任命後初めて行はれる衆議院議員総選挙の際国民の審査に付し、その後十年を経過した後初めて行はれる衆議院議員総選挙の際更に審査に付し、その後も同様とする」との定めがあり、同じ裁判官について10年に１度国民審査が行われるように見える。しかし、１９６４年１月31日以降に任命された最高裁判事はすべて就任時に60歳を超えている一方、最高裁判事の定年は70歳である。つまり現実には、ある裁判官について国民審査が行われるのは、当該裁判官が最高裁判事に任命された後最初に行われる衆議院選挙の１回きりである。

また、この審査によって裁判官が罷免される場合について、憲法79条３項は「前項の場合において、投票者の多数が裁判官の罷免を可とするときは、その裁判官は、罷免される」と規定するが、詳細な定めは法律に委任されている。そしてその法律（最高裁判所裁判官国民審査法）では、「罷免を可とする裁判官」については、投票用紙の当該裁判官に対する記載欄に×を付け、「罷免を可としない裁判官」については、「当該裁判官に対する記載欄に何等の記載をしないこと」と定めた上で（15条）、「罷免を可とする投票の数が罷免を可としない投票の数より多い裁判官は、罷免を可とされたものとする」と規定されている（32条）。すなわち、辞めさせたい裁判官には積極的に×を付けさせるのに対し、辞めさせたくない裁判官に○を付けさせることは求めていないのである（ちなみに、○を付けると投票は無効となってしまう）。

こうして、それぞれの裁判官についての記入欄に×が付いている票と、記入欄が空欄になっている票を比較して、前者の方が多かった裁判官は罷免される、というのである。はたして、裁判官の名前の上にある記入欄を空欄にした有権者の意思を「この裁判官は辞めさせたくないから何も記入しなかった」と解釈できるだろうか。圧倒的多数の有権者は、投票用紙に書かれた最高裁判事の名前だけ見ても、その人を辞めさせるべきかそうでないかが判断できないから空欄のままにしているだろう。この空欄を、「その裁判官を積極的に信任している」という意思表示とみなすのはどう考えても無理がある。かくして、これまでに国民審査の対象となった裁判官について、×の数が空欄の数を上回ったことはなく、この制度で罷免された裁判官は一人もいない。

さて、最高裁第一小法廷で今回国民審査の対象となるのが深山判事のみであることを知った私は、たった一人のために大がかりなキャンペーンを張ることは諦めたが、FacebookやTwitter上で繰り返し「深山卓也に×を付けよう」と呼びかけた。投稿には多くの「いいね！」や「私も×を付けます！」といった共感のコメントが寄せられた。

時をほぼ同じくして、これまでは国民審査の対象となる裁判官がどのような考えをもち、どういう事件でどんな判決をしてきたかについてあまり積極的に報じてこなかったメディアの姿勢に変化がみられた。ＮＨＫは特設サイトを設け、最高裁とはどんな組織か、国民審査のやり方やこれまでの結果、対象となる11人の裁判官のプロフィール、人柄や趣味、そしてこれまで関与した裁判でどのような判断をしたかを詳細に紹介した。「主な裁判での判断」に取り上げられた事件は30件に上り、その中には袴田、大崎、湖東、松橋の４再審事件も含まれていた。さらにこのＮＨＫのサイトを「ＮＨＫがマニアックな特設サイトを作った意外なワケ」というタイトルで文春オンラインが取り上げたことも注目に値する。

朝日新聞デジタルも国民審査の特設ページを立ち上げ、対象裁判官11人の経歴、所属小法廷、それぞれの小法廷が扱った著名事件などを一覧表でわかりやすく解説した。第一小法廷が扱った近年の著名事件には「鹿児島県大崎町で男性の遺体が見つかった事件で、殺人罪で受刑した義姉の再審請求」として大崎事件が取り上げられ、深山判事が「再審開始を取り消し」たことが読者に一目瞭然となるように記載されている。「30秒でわかる！　衆議院選挙と一緒にやる『国民審査』って何？」という動画も埋め込まれている。

ＳＮＳ上の国民審査をめぐる投稿も、これまでになく活発だった。夫婦別姓訴訟の当事者だった「サイボウズ」社長が「ヤシノミ作戦」と銘打ったキャンペーンを展開し、夫婦別姓や同性婚に反対の立場の政治家や裁判官を「ヤシの実のように落とそう」と発信した。夫婦別姓を認めない民法の規定を合憲であると判断した４裁判官（長嶺、岡村、林、深山）を有権者に覚えてもらうために「長岡村の林は深い」という語呂合わせも作られた。

学者・弁護士を中心とする法律家のほか、法律家団体や司法関連の労組も加入している団体である日本民主法律家協会は、以前から国民審査を受ける裁判官に関する情報をリーフレットにして提供してきたが、今回は前記の流れを受け、このリーフレットもSNS上で広く拡散された。その表紙には「冤罪の救済に背を向けた裁判官(深山裁判官)に『×』を!」との見出しが踊っている。リーフレットには問題のある判決・決定とそれに関わった裁判官の一覧表が掲載されており、そこでは大崎事件について第一小法廷がした判断を詳細に解説したうえで、深山判事の欄に赤字で×が付けられていた。

かつて下田武三裁判官の発言をめぐって野党が反発、罷免運動が盛り上がり、1972年の国民審査で下田裁判官に×を付けた割合（罷免率）が15・8％に達したことがあったが、それ以降でこれほど国民審査が注目されたことはなかっただろう。

私自身、衆議院議員選挙当日の朝まで「深山に×を!」とSNSに投稿しつつ、「ひょっとすると、山が動くかもしれない…」と期待に胸を膨らませた。もちろん、投票者の過半数が×を付けるところまではいかないだろう。それでも、例えば深山判事に対する×が10％を超え、他の裁判官のそれを大きく上回れば、有意な数字として認識せざるを得ず、本人のみならず他の裁判官も、国民の監視を意識した判断をしなければ、と気を引き締めてくれるのではないか、と思った。

しかし、実際の国民審査の結果、深山判事の罷免率は7・85％にとどまった。とはいえ、深山判事の罷免率は今回の国民審査の対象となった11人の中でトップであり、×を付けた人数は449万0554人に上った。これは私の住む京都府とお隣の滋賀県の人口を合わせた人数より多い。そして、罷免率の最も低かった安浪亮介裁判官とは約108万票もの差がついていた。国民審査後に、メディアが結果を分析し、総括した記事を次々と出したことも、これまでにはない現象だった。「専門家と連携し、法律トラブルや社会問題を独自視点で伝えるニュースメディア」として情報発信している「弁護士ドットコムニュース」では、今回の国民審査の対象となった11人の裁判官に対し、バーチャル「弁護士審査」を誌上で実施した。その結果、深山裁判官と林道晴裁判官に×を付けた率が50%を超え「罷免相当」となった。深山判事の罷免率はここでもトップの55・6%であり、大崎事件の再審開始決定を取り消したことを問題視した弁護士もいたという。

裁判官を国民の民主的コントロールのもとに置くための制度であるはずの国民審査が、それ自体機能しにくい建付けになっているのは、「多数決でものごとを決める立法府・行政府は、ともすると少数者の人権を蔑《ないがし》ろにしがちであるから、多数決の暴走に歯止めをかけ、少数者の人権を守るために、司法権の独立が保障されている。そこに多数決原理の働く民主的コントロールを及ぼしては、裁判所も国会や内閣に寄った判断をすることになってしまい、少数者の人権が守れない」という価値観がある。しかし、この理《ことわり》は、最高裁が「憲法の番人」「少数者の人権を守る最後の砦」として機能していることが前提だろう。時の政権の影響を色濃く受ける人選により任命された裁判官が、「司法権の独立」を隠れ蓑《みの》にして、「国家権力を守る最後の砦」となってしまっている現状では、むしろ国民による積極的な監視がなければ最高裁の暴走を止めることはできない。今回の国民審査を契機として、裁判官の任命や罷免の制度設計、何よりも裁判官たちが個々の事件でどのような判断をしているかについて、国民の関心がいっそう深まることを願ってやまない。

第9回

証拠は誰のもの？

『創』22年2月号

3つの死刑再審無罪後に最高検察庁が行った極秘の検証結果をまとめた報告書

裁判所が事実を認定するときの拠りどころは「証拠」である。直感や印象ではなく、事実を裏付ける証拠によって判断すること――証拠裁判主義――は、近代裁判の鉄則であり、刑事訴訟法第三一七条にも「事実の認定は、証拠による」と明記されている。しかし、戦後、日本国憲法の下で全面的に改正された現行刑事訴訟法で「被告人が検察官と対等な立場で法廷に立ち、両者が主体的に主張立証することにより真実発見と人権保障を実現する」ことを目的として導入されたはずの「当事者主義」が、皮肉にも証拠裁判主義に暗い影を落とすことになった。

いくら被告人（起訴前は「被疑者」）と検察官が対等、と言っても、両者の証拠収集能力には天と地ほどの差がある。捜査段階では「警察・検察連合軍」ともいうべき捜査機関が、潤沢な公費（我々の血税）と組織力、強制力を駆使して、地引き網のようにあらゆる証拠をさらっていく。一方、捜査段階で逮捕・勾留されていることの多い被疑者は、証拠収集などできるはずもなく、頼みの綱の弁護人も何の権力も持たない民間人であり、証拠収集能力には限界がある。かくして刑事裁判における証拠は、被告人に有利不利を問わず、そのほとんどが検察側の手に握られることになる。

そして、問題はここからである。被告人が有罪であることを証明するという役割を負った「当事者」である検察官は、自らが主張する有罪のストーリーの立証に必要な証拠を「厳選」して裁判所に提出する。被告人に有利な無罪方向の証拠は捜査機関の手の内に握られたまま、法廷に提出された有罪方向の証拠だけが裁判所の審理の対象となり、判決が下されるのだ。圧倒的多数の国民は、「裁判所はすべての証拠を吟味して有罪無罪の判断をしている」と思っているだろう。むしろ「証拠裁判主義」の看板を掲げる以上、そうでなければならないはずである。しかし、実際はそうではない。

こうして無罪方向の証拠が隠されたまま、無実の人に有罪判決が確定してしまった場合、その人を救済する方法は再審しかない。再審は、無実なのに誤って有罪判決が確定してしまった冤罪被害者を救済するために裁判をやり直す手続である。そこでは、「やりなおしの裁判をするかどうかを決める」再審請求と、「やりなおしの裁判」そのものである再審公判の2段階のハードルを超えなければならないが、まずは裁判のやり直しが認められるか否か、という再審請求の段階こそが、無辜《むこ》（無実の者）を救出する最後のチャンスなのだから、確定審段階では提出されなかったものも含め、すべての証拠を見直してしかるべきだろう。実際、確定審段階では法廷に提出されず、捜査機関の手の内に隠されていた無罪方向の証拠が、再審請求段階で開示され、これが再審開始・再審無罪の決め手となった事件が続出している。

例えば布川事件では、有罪となった桜井昌司さん、杉山卓男さんとは全く異なる容貌・体格の人物を被害者宅付近で目撃したという供述調書や、犯行現場に被害者とも桜井さんらとも異なる毛髪が発見されていたことを示す捜査報告書が再審請求段階で初めて開示された。東京電力女性社員殺害事件では、被害者の胸に付着していた唾液から、元被告人のゴビンダさんと異なる血液型が検出されたことを示す証拠が再審段階まで隠されていた。

2019年に再審無罪が確定した松橋《まつばせ》事件では、再審請求前に弁護団が検察庁に証拠物の閲覧に赴いたところ、元被告人の宮田浩喜さんが「被害者殺害の際、凶器の切り出し小刀に巻き付け、犯行後に燃やした」と自白していた布（シャツの左袖部分）が検察庁に保管されていたことが判明し、これが再審開始の決め手の一つとなった。

再審が開始されるためには「無罪を言い渡すべき明らかな新証拠」が必要だが、上述のような捜査段階から収集されていた「古い」証拠でも、それまで裁判所の目に触れたことのないものであれば「新」証拠になる。

しかし、ここにまた大問題がある。刑事訴訟法において、通常審では公判前整理手続の中に検察官の手持ち証拠を開示させるための詳細な条文が定められているのに、再審請求段階での証拠開示手続については何らの規定も存在しない。再審請求手続では通常審の「当事者主義」とは異なり、裁判所の主導で手続を進める「職権主義」が支配しており、証拠開示に向けた訴訟指揮を行うか否かは裁判所の裁量に委ねられている。このため、冤罪被害者救済の死命を制する証拠開示の実現が、その事件を担当する裁判官のやる気に左右されるという「再審格差」が生じてしまうのだ。

もとより、証拠を保管している検察官が「公益の代表者」として進んで証拠開示を行えば問題は解決するのだが、検察官は再審段階での証拠開示に極めて消極的である。1980年代に死刑再審事件で相次いで再審無罪が確定したことを受けて、当時の最高検は「再審無罪事件検討委員会」を立ち上げ、再審無罪となった事件の問題点を検証し、その結果を報告書にまとめた。しかしその内容は、今後の冤罪を予防するための方策ではなかった。それどころか、検察官が確定審段階で提出しなかった記録（証拠）を、再審段階で裁判所の求めに応じて提出したことを自己批判し、「請求人が不提出記録から何か自己に有利な証拠を探そうという証拠漁りを許すようなことがあってはならない」と結論づけたのである。これ以降、検察官の「証拠隠し」が徹底され、その姿勢は今日も変わっていない。

こうなると、どんなにやる気のない裁判官に当たっても、検察官がどれほど抵抗しても、適切な証拠開示を実現させるためには、再審請求段階での詳細な証拠開示手続を定める法を制定するしかない。２０１６年の改正刑事訴訟法の内容を検討していた法制審議会「新時代の刑事司法制度特別部会」では、再審請求審における証拠開示に関する条文を盛り込むかについて議論がされた。東京電力女性社員殺害事件の再審請求審と再審公判で裁判長を務めた小川正持委員は、自らの経験から「通常審の公判前整理手続でこれだけ証拠が開示されるようになったのであるから、再審においても何らかのルール作りが必要である」旨の意見を述べた。ところが後任の裁判官委員がこれを「個人的見解」と封じ込め、「個々の事案ごとに裁判体がそれぞれ努力して適切な証拠開示が行われているので統一的なルールを作ることは難しい」という趣旨の意見を述べたため立法化が見送られてしまった。

大崎事件で、証拠開示に極めて消極的な裁判体（第２次請求審）が再審請求を棄却した後、積極的な証拠開示勧告を行った裁判体（第２次即時抗告審、第３次請求審）によって合計約２３０点もの証拠が開示されたという経験をした私に言わせれば「個々の事案ごとに裁判体がそれぞれ努力して適切な証拠開示が行われている」などという認識は幻想でしかない。

結局、２０１６年改正刑事訴訟法ではかろうじて附則9条3項に「今後検討すべき課題」の一つとして、再審請求審における証拠開示が例示されるにとどまった。

これを受けた日弁連は２０１９年5月に「再審における証拠開示の法制化を求める意見書」を公表、再審段階における具体的な証拠開示手続を盛り込んだ要綱案を策定したが、再審における証拠開示の法制化は未だ実現していない。

前述のとおり、そもそも証拠は私たちの血税を使って収集されているものだ。それを捜査段階から通常審の判決が確定した後に至るまで、検察庁があたかも自らの私物のように握っていること自体がおかしくないだろうか。カナダでは今から30年も前の１９９１年に、最高裁が次のように判示して、検察官に証拠開示義務があることを宣明した（スティンチコム判決）。

「検察官は全ての関連証拠を被告に開示する法的義務がある。検察官の手中にある捜査の成果は、有罪獲得のための検察官の財産ではなく、正義がなされることを確保するために用いられる公共の財産（the property of the public）である」

そして今、かつて大崎事件で「再審格差」を経験し、再審における証拠開示の必要性を叫び続けてきた私は、湖東記念病院事件の国賠弁護団に加入し、別の法改正の必要性に直面している。それは刑事訴訟法２８１条の4に規定されている「開示証拠の目的外使用禁止規定」だ。

湖東国賠は２０２０年12月25日の提訴からすでに1年以上が経過しているが、21年3月に第1回口頭弁論期日が開かれて以来、5回の進行協議を経てもなお、審理に不可欠な刑事記録（確定審の記録、再審請求・再審公判の記録と裁判所に提出された証拠）すら、本件が係属する大津地裁民事部には提出されていない。くだんの刑事訴訟法２８１条の４（14年に新設された条文である）が、検察官が開示し、弁護人が謄写した証拠について刑事手続の準備以外の目的に使用することを禁じているためである。再審請求、再審公判の過程で弁護団が開示を受け保有している記録を、我々の側からは民事裁判の証拠として提出できないのである。

我々が出せないのだから、被告である国や県の側がこれらの記録を提出すれば済むことなのだが、それぞれが色々と言い訳をして出し渋っており、このために当事者——被告国《検察》も、被告県《警察》も、そして検察官から提出、開示された証拠を謄写した原告《元被告人》も——がすでに保持し、内容も熟知している証拠を、国賠訴訟を審理する裁判体だけが見られずにいる、という不条理が続いているのだ。

こんなことをやっていたら、国賠の結論が出るまでにいったいどれほどの年月がかかるのか。原告本人の西山美香さんは、「（裁判が）長引かされたら、私の記憶がなくなってくるので、心配なところです」と不安を口にしている。

再審無罪となった冤罪被害者が、捜査や刑事裁判での違法を主張して国家賠償請求を行うのは、何より自分が無実の罪を着せられた真相を知りたいからだということは、以前にも述べたとおりである。それを阻害するかのような刑事訴訟法２８１条の４の規定も、ただちに改正されるべきである。

改めて、年の始めに問いたい。

「証拠は誰のものなのか？」

第10回
42年間の闘いに決着を

『創』22年3月号

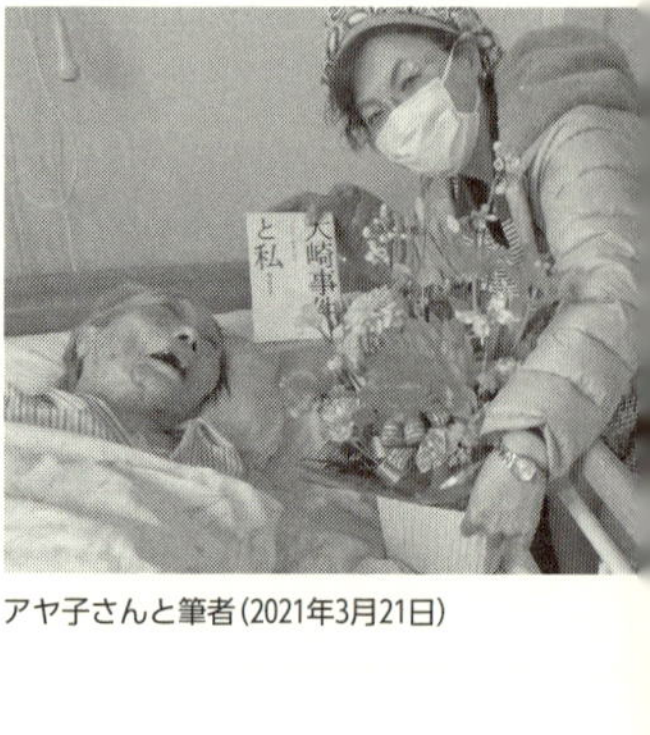

アヤ子さんと筆者(2021年3月21日)

2022年1月28日。私が弁護団事務局長を務める大崎事件第4次再審請求審(鹿児島地裁)の審理が事実上終結し、あとは決定を待つのみとなった。

第3次再審で地裁・高裁が重ねた再審開始決定を、「著しく正義に反する」として最高裁第一小法廷(小池裕裁判長、池上政幸、木澤克之、山口厚、深山卓也の各裁判官)が取り消し、再審請求を「強制終了」したのが19年6月。当時92歳の原口アヤ子さんが、あと一歩で再審無罪のゴールに辿り着く寸前で「ふりだし」に引き戻された——否、奈落の底に叩き落とされたというほうが的確である——、その衝撃から立ち上がり、第4次再審を申し立てたのが20年3月。そこから2年で再度裁判所の判断がされようとしている。とにかく時間がかかるわが国の再審の審理の中では異例の早さと言えるが、アヤ子さんは今年の6月で95歳を迎える身である。弁護団は、22年を「アヤ子さんの再審無罪が確定し、大崎事件の裁判を終わらせる年」と位置づけ、全力かつ全速力で活動を続けている。

もともと、1月28日は裁判所が弁護人、検察官の双方に対し、最終意見書の提出期限として指定した日である。通常はこのような場合、相手に「後出しじゃんけん」で反撃されないように、双方とも提出期限ぎりぎりのタイミングでほぼ同時に意見書を出すのが通例である。しかし、弁護団は今回、12月3日付で最終意見書⑴を、1月7日付で最終意見書⑵を早々と提出した。裁判所に、我々が提出した医学鑑定と供述鑑定が「再審を開始すべき明白な新証拠」であり、再審開始以外の結論はあり得ないことを示して、裁判所に迅速に決定を書いてもらうためである。ここまでの審理から、もはや検察官には有効な反論ができないと見切っての戦略である。

ここで、大崎事件の確定判決の認定を確認しておく。1979年10月12日、朝から飲んだくれていた四郎（アヤ子さんの義弟・アヤ子さん以外は仮名）は、午後5時半頃近所の雑貨店で焼酎や玉ねぎを買い、自転車で店を出たあと道路脇の高さ1メートルほどの側溝に転落、何者かに道路に引き上げられた後、2時間半ほど道路に寝そべっていた。それを目撃した道路近くの住民が、アヤ子さん一家の隣人であるIに連絡、Iは近隣のTとともに午後8時半頃、四郎を軽トラックで迎えに行き、荷台に放り込むように載せて四郎の家に連れ帰り、午後9時頃、上半身ずぶ濡れ、下半身裸の四郎を土間に置いて帰った。一方、Iから連絡を受けて先にI方で待っていたアヤ子さんは、戻って来たIとTから事情を聞き、礼を言い、午後10時半頃I方を辞してTとともに帰宅する途中、四郎の家に様子を見に行ったところ、泥酔して前後不覚の状態で土間にいる四郎を見て日ごろの恨みが募り、殺害を決意、義弟の二郎、次いで夫の一郎と共謀し、午後11時頃、タオルで四郎を絞殺、翌午前4時頃、アヤ子さん、一郎、二郎の3人に、アヤ子さんの甥の太郎を加えた4人で、四郎の自宅横の牛小屋の堆肥に死体を遺棄した――。

第3次再審の新証拠である法医学鑑定（吉田鑑定）は、四郎の死因について、絞殺ではなく自転車事故による出血性ショックと鑑定した。これを受けて高裁の決定は四郎がIとTによって自宅に搬送された時点で死亡し、または瀕死の状態であった可能性が高いことを理由に、アヤ子さんと「共犯者」による殺人事件を否定した。ところが、最高裁は吉田鑑定が四郎の死因を出血性ショックと鑑定したことは「尊重に値する」としながら、①確定判決時の解剖写真には出血箇所が明確に写っていない」、②吉田鑑定は四郎の死亡時期について特定したものではない、と難癖をつけて、高裁決定を「吉田鑑定を過大評価したもの」と批判した。そして、アヤ子さんと「共犯者」の犯行でないとすれば、四郎の死体を遺棄したのは、四郎を自宅に搬送したIとT以外には考えられないが、そのようなことは「全く想定できない」と根拠も示さず全否定して、再審開始を取り消したのだった。

高裁決定は、吉田鑑定によって、午後10時半に、泥酔しているが「生きている」四郎を目撃したことでアヤ子さんに殺意が芽生えたことから始まる確定判決の犯行ストーリーが崩れる、というロジックに拠ったものだったが、最高裁は吉田鑑定では死亡時期が特定されていない、と判断したのだ。

そこで弁護団は、第4次再審の戦略を、四郎の死亡時期は「午後10時半より前」と特定することと、「生きている」四郎を自宅土間に置いて帰ったというIとTの供述の信用性を否定すること、の二つに見定め、その両方を証明する新証拠を獲得した。

まず、「大崎史上最強の新証拠」と言うべき救命救急医の澤野誠教授による医学鑑定（澤野鑑定）は、四郎の死因について、転落事故により頸髄（頸椎の中にある神経の束）を損傷（低位頸髄損傷）し、運動麻痺を起こした四郎が、気温低下と飲酒の影響により全身状態が悪化し、腸に血液が供給されなくなった状態（ＮＯＭＩ：非閉塞性腸管虚血）による広範囲の腸管壊死と鑑定した。腸壁の細胞が壊れて大出血を起こしている状態が解剖写真に写っているのを、これまでの鑑定人は誰も気づかなかった。「出血性ショック」の出血箇所は、解剖写真にちゃんと写っていたのだ。

さらに、澤野鑑定は、転落で頸部に損傷を負っていた四郎を運ぶ際には、絶対に頸部を動かしてはならない（頸椎固定）というのが救急搬送の常識なのに、そうとは知らないＩとＴが、四郎を「酔っ払い」と勘違いして軽トラックに放り込んだことで、四郎の頸髄損傷はさらに悪化し、高位頸髄損傷により呼吸停止に陥り数分内に死亡した、と結論づけた。「死亡時期が特定できていない」と難癖をつけた小池決定に明確な答えを出したのである。

つまり、四郎は自宅に搬送されたときはすでに死亡していたことになる。親切心で四郎を運んだＩとＴだったが、素人ゆえに不適切な「救助」を行ったことが悲劇を招いたのだ。トラックの荷台で四郎が死んでいることに動揺した２人が、とっさに牛小屋の堆肥をかぶせて死体を隠したとしても、何の不思議もないし、正直に事情を話せば重罰を受けることもなかっただろう。しかし、３日後に四郎の遺体が発見された途端、警察は「殺人事件」と断定して捜査を始めた。事情を聞かれたＩとＴは「酔い潰れた四郎を土間に置いて帰った」と供述した。

第４次再審では、ＩとＴの供述について、テキスト・マイニング（コンピュータ解析）による稲葉鑑定と、スキーマ・アプローチ（供述心理分析）による大橋・高木鑑定という、異なる手法による供述鑑定を新証拠として提出した。二つの鑑定は、四郎方到着後のＩとＴの供述に欠落や不整合があり、体験を述べたものではない可能性があるという結果で一致した。

自宅に運ばれた午後9時頃の時点で四郎はすでに死亡していたのだから、午後10時半に生きている四郎を見たアヤ子さんが殺意を抱くことも、午後11時にアヤ子さん、一郎、二郎の3人で四郎を絞殺することも、翌午前4時に、太郎を加えた4人で死体を埋めることも全くありえない。そもそもアヤ子さんは当初から一貫して「四郎の家に様子を見に行ったとき、四郎は土間にいなかった」と供述していた。私たちは第4次再審にしてようやく、「大崎事件の真実」にたどり着いたことになる。

しかし、そもそも再審を開始するのに、「真犯人は誰なのか」とか「真相はどのようなストーリーなのか」を再審請求人や弁護人が証明する必要はないのだ。私たちは、第4次再審の審理の中で提出したいくつもの書面で、これまで3度も出された再審開始決定には不十分な点があり、今回こそ真実に到達したと説いた。しかし、それは誤った主張であると、最後の最後に気づき、最終意見書では、新証拠の明白性判断にも「疑わしいときは被告人の利益に」という刑事裁判の鉄則が適用されると判示した白鳥・財田川決定を引いて、以下のように述べた（一部抜粋）。

「財田川決定が、白鳥決定を敷衍《ふえん》して、確定判決の有罪認定に合理的な疑いがあるとの判断とは、『確定判決が認定した犯罪事実の不存在が確実であるとの心証を得ることを必要とするものではなく、確定判決における事実認定の正当性についての疑いが合理的な理由に基づくものであることを必要とし、かつ、これをもって足りる』と説いたことを思い起こす必要がある」

「大崎事件の再審開始が、42年余りもの長い間認められてこなかったのは、大崎事件の再審開始は、『死体遺棄』の犯人がアヤ子ら以外の誰かであるかが証拠上明らかにならない限り認められない、という財田川決定を理解していない、検察官、そして、最高裁判所裁判官を含む裁判官の存在の故だった。

否、弁護人も、『大崎事件の真実』とは『死体遺棄』の犯人を明らかにすることであると信じてきた。第4次請求で提出した澤野鑑定と稲葉・大橋・高木鑑定という科学鑑定が、『死体遺棄』の犯人は誰か、すなわち『大崎事件の真実』を明らかにしたということはできる。しかし、大崎事件の正しい再審開始決定は、既に、20年前に笹野決定（注：第1次再審請求で2002年に鹿児島地裁でされた再審開始決定）によって下されていたのである。

笹野決定は、四郎の死因は『事故死』である可能性があると判断したものであって、不十分な決定ではなく、大崎事件の真実をそれなりに明らかにした決定だったということができる」

「刑事裁判は、無実の人を無罪にするためにあるのであって、起訴もされていない人を犯人と名指しするためにあるのではない。私たちは、このことを改めて銘記する必要がある」

2002年の笹野決定によって再審無罪になっていれば、アヤ子さんは75歳のときから20年間、子や孫に囲まれた心穏やかな日々を過ごすことができていたはずだ。それを不可能にしたのは、再審開始決定のたびに繰り返された検察官の不服申立てと、無罪の証明はいらないと説いた財田川決定を忘れて開始決定を取り消した裁判所の所業である。

脳梗塞の後遺症で言葉を発することができなくなったアヤ子さんが、裁判官の面前で発言した最後の機会となった、8年前の第2次即時抗告審の意見陳述で訴えた言葉は、今も耳に残っている。

「今は死んでいるような気持ちですが、無罪で生き返ることができます」

今年こそ、42年の闘いに決着をつけ、アヤ子さんに命の輝きを取り戻させなければならない。

第11回

「庁益の代表者」たち

『創』22年4月号

大崎事件第4次再審で最終意見陳述を終えて記者会見する弁護団

前回、このコラムの冒頭で、私は「1月28日。私が弁護団事務局長を務める大崎事件第4次再審請求審（鹿児島地裁）の審理が事実上終結し、あとは決定を待つのみとなった」と書いた。しかし闘いにはまだ続きがあった。

審理終結当日の朝、提出期限ぎりぎりのタイミングでようやく出てきた検察官の最終意見書が、あまりにもお粗末かつ悪意に満ちた内容で、弁護団として黙っておくわけにはいかなかったのだ。弁護団はわずか2週間後の2月10日に反論書を提出し、裁判所に対し、検察官の意見書に惑わされず一刻も早くアヤ子さんのために再審を開始するよう求めた。

検察官は、自分たちが有罪を確信して起訴し、三審制のもとで裁判所でも有罪が確定した事件について、今更再審で結論をひっくり返すなどとんでもないといわんばかりに、再審請求事件では再審開始を阻むために徹底抗戦してくる。そこには、人間であれば誰しも間違いはあり、その過ちによって人生を台無しにされた冤罪被害者がいるかもしれない、という謙虚さや逡巡《しゅんじゅん》は全くうかがえない。しかも、その反論が法的に筋の通ったものであればまだしも、今回の検察官最終意見書は、ご都合主義で場当たり的、論理矛盾だらけのなりふり構わぬ内容なのだ。

例えば、再審が開始される「無罪を言い渡すべき明らかな証拠をあらたに発見したとき」(刑事訴訟法435条6号)の「明らかな」の解釈についてである。最高裁が1975年の白鳥決定で、新証拠それ自体で無罪を証明するような強力なものでなくても、新旧全証拠の総合評価によって確定判決の有罪認定が揺らげば、その証拠は明白性ありと判断すべきとし、その判断にも「疑わしいときは被告人の利益に」という刑事裁判の鉄則が適用される、と明確に示しているのに、検察官は相変わらず新証拠それ自体に無罪の立証を求めるという、白鳥決定が否定した基準を持ち出して、私たちが新証拠として提出した医学鑑定(澤野鑑定)と供述鑑定(稲葉鑑定及び大橋・高木鑑定)をいともたやすく「明白性がない」と切り捨てている。しかも、澤野鑑定が、転落事故で重傷を負った被害者(四郎)を搬送した近隣住民2名(IとT)の不適切な救護によって四郎が死に至ったプロセスを、救命救急医としての豊富な経験と専門知識に基づいて解明したことや、コンピュータ解析と心理学鑑定という、全く異なる方法で行われた二つの供述鑑定の結論が見事に一致したことなど、弁護側が説得力をもって立証している点については沈黙を決め込んでいるのだ。

さらに驚くのは、かつての再審で検察官が自ら主張していたことと完全に矛盾する主張を堂々としていることである。大崎事件第3次再審の特別抗告審で、当時の最高検は、高裁決定が明白な新証拠と認めた法医学鑑定(吉田鑑定)に基づき、「四郎は自宅搬送時には死亡していたか瀕死の状態にあった」と認定したことを否定したい一心で、アヤ子さんが四郎の様子を見に行ったとき、四郎は奥の六畳間で布団に寝ていた旨供述したとして、「四郎は自分で布団の中に潜り込んで寝た事実を認めることができる」と主張していた。当時私たちは検察官のこの主張を一笑に付した。確かにアヤ子さんは、四郎は土間にはおらず、奥六畳間の布団が盛り上がっていたので、もう寝ていると思ったと、一貫して供述していた。しかし、確定判決はアヤ子さんの供述を信用せず、このとき泥酔して土間で前後不覚になっている四郎を目撃したアヤ子さんが、日頃の恨みを募らせ四郎殺害を決意したと認定した。つまり検察官は、確定判決が信用性を否定したアヤ子さんの供述を根拠に「四郎は自分で布団の中に潜り込んで寝た」と、確定判決に真っ向から反する主張をしていたのである。

一方、第4次再審で弁護団は、「アヤ子さんが四郎の様子を見に行ったとき、四郎はすでに死亡しており、土間にはいなかった」とすれば、アヤ子さんが四郎を目撃したときに殺意が芽生えたところから始まる確定判決のストーリーはおよそ成り立たないとして、四郎の死亡時期を明らかにする澤野鑑定を提出するとともに、二つの供述鑑定と3DCG動画証拠によって、四郎を自宅に搬送した際のIとT供述の変遷や矛盾を指摘し、これが体験に基づかない供述であることを明らかにした。すると検察官は、今度は四郎が泥酔して土間にいたことを強調するために、「四郎は、酔っ払いが他人の助けを借りながら辛うじて立っていたような状況であったことは想像に難くなく、依然として自発的、自律的な行為など期待し得ない状況にあった」と、第3次再審で最高検が行った主張と真逆の主張を展開したのである。

これをご都合主義、場当たり的と言わずして何と言えようか。念のため、検察官は、過去の書面を読まずに、ついうっかりこのような主張をしたのではない。第4次再審の検察官は、Iの供述に関する別の論点について、第３次再審の特別抗告審における検察官の意見書に記載されていた主張を再検討して訂正した、とわざわざ指摘しているため、自宅搬送時の四郎をめぐるＩとＴの供述について、かつて最高検がどのような主張をしていたかを当然知っているはずである。にもかかわらず、あえて矛盾する主張を平然と行っているのであるから、余計に悪質ということができる。

それ以外にも、今回の検察官の最終意見書には、これまでの裁判所の決定の中から自分の主張に都合のよい部分のみを切り取って我田引水的に引用するなど、およそ「公益の代表者」が作成した書面とは思えない内容が随所にみられた。

そもそも、再審請求段階での検察官の役割とはどのようなものだろうか。

通常の裁判では、検察官は被告人の有罪を立証する「当事者」であるのに対し、再審請求では、裁判所の主導で手続を進める「職権主義」が採用されているため、法律上検察官が「当事者」として手続に関与することは予定されていない。再審制度が職権主義の建て付けになっているのは戦前の刑事訴訟法の条文がほぼそのまま踏襲されたためであるが、戦後、日本国憲法のもとで不利益再審（誤って無罪判決を受けた真犯人を有罪にするための再審）が廃止されたことから、現在の再審制度の目的は「無辜《むこ》（無実の人）の救済」のみとなった。そうすると、再審における検察官の役割は「有罪を立証する当事者」ではなく、裁判所が無実の人を救うという再審制度の目的を達成するために、「公益の代表者」として協力することに尽きるはずだ。

ところが、大崎事件に限らず、検察官の再審事件に対するスタンスは、冒頭で述べたとおり「徹底抗戦」である。無罪方向の証拠を隠し、時として裁判所の証拠開示勧告や命令にも従わない。検察官は証拠開示に応じない理由を「再審は職権主義だから、当事者主義を前提に制定されている公判前整理手続の証拠開示に関する規定を準用することはできない。証拠開示は裁判所が請求人の提出した新証拠の明白性の有無を判断するのに必要な限度でのみ認められるべきであり、それ以上に請求人の証拠開示請求に応じる義務はない」などと主張する。職権主義をタテに証拠開示に応じない、というのだが、職権主義の本家であるドイツでは、すべての証拠は裁判所に提出され、弁護人はそのすべてを閲覧・謄写できるのだから、この理屈は通用しない。

つい先日、収賄事件で有罪が確定した高校の元校長の再審請求である天竜林業高校事件で、これまで検察官が「不存在」と回答していた警察の取調べメモが、最高裁での特別抗告審段階になって開示された。検察官が「深々と頭を下げ」て異例の開示を行ったと報じられ、一見すると検察官の態度が改まったかのように受け止められたかもしれない。しかし、今回の開示の実現は、新たに申し立てられた贈賄側の再審請求事件で開示勧告を受けた検察官が、かつて収賄側の再審請求事件で「不存在」と回答していた証拠を見つけたことから、いわば「言い逃れのできない状況」になったためであり、検察官の証拠開示全体に対する姿勢に変化が生じているわけではないだろう。

一方で検察官は、ひとたび裁判所が再審開始決定を出そうものなら、どこまでも抗告（不服申立て）して上級審に再審開始を取り消させようと躍起になる。すでに再審無罪が確定した松橋事件と湖東記念病院事件で、検察官は最終的に再審公判では無罪を争わなかったが、高裁の再審開始決定には「憲法違反・判例違反」の場合しか認められない特別抗告までして最高裁で争った。この2事件の特別抗告申立書の一部は、引用判例も含め、一言一句違わぬ「コピペ」であり、検察官が事件を問わず脊髄反射的に抗告を行っていることがわかる。さらに検察官は、湖東記念病院事件では、高裁の再審開始決定が信用性を否定した法医学鑑定を作成した法医学者の言い分を「供述調書」の形で最高裁に提出した。これは「憲法違反・判例違反」の有無のみを審理する法律審である最高裁に、事実の取調べを請求したことを意味する。証拠開示のときにはあれほど「職権主義」と強調していた検察官が、再審開始決定に対する抗告の場面で見せるのは「有罪は勝ち、無罪は負け」という当事者根性をむき出しにして、どこまでも有罪の立証にこだわる姿である。検察官が抗告を繰り返す「再審妨害」によって、冤罪被害者の雪冤までの道のりがさらに長く険しいものとなり、元被告人が雪冤を見ぬまま命尽きるという悲劇も現実化している。

「公益の代表者」とは到底呼ぶことのできない、あくまでも組織のメンツを至上命題とする「庁益の代表者」たちの所業は、しかし一般にはあまり知られていない。省庁による「記録の隠蔽、改ざん」、国会答弁における首相の「論点ずらし（ご飯論法）」や過去の答弁との矛盾などはそれなりにニュースになり、世論の批判も浴びたが、検察組織に対しては、まだまだ国民の間に、「法律のプロの集団」として漠然とした信頼が寄せられているのではないだろうか。

台湾や韓国では、過去に警察・検察による人権侵害を経験した国民の「権力に対する不断の監視」を推進力として、検察改革が進められた。わが国でも、通常審で無罪が確定した事件や、再審無罪となった事件で、検察官がどのような捜査を行い、どのような根拠で起訴し、どのような主張・立証活動を行ったかについて具体的に検証し、法制度の改革に繋げる必要がある。「庁益の代表者」たちによって新たな冤罪被害者が生み出されるのを防ぐために。

第12回

青木恵子さんの怒りに寄せて

『創』22年5月号

会見で国賠判決の内容を報告する青木恵子さんと弁護団(日本国民救援会提供)

２０２２年３月15日の午後、大阪地裁で判決の言い渡しを終え、立ち上がって法廷を後にしようとする３名の裁判官に向かってひとりの女性が叫んだ。

「冗談じゃないわ！」

こう言うなり彼女は、事前に準備していた、純白の便せんに記した裁判長への手紙を破り捨てた。裁判官たちは紙がびりびりと破ける音を背中で聞きながら、法壇奥のドアの向こうに消えた。

女性の名前は青木恵子さん。東住吉事件で「真っ白な」再審無罪判決を勝ち取った後、自らを冤罪に陥れた警察（大阪府）と検察（国）を相手に国家賠償請求を行った原告である。

東住吉事件――いや実際は事件などなかったのだが――は、１９９５年７月に発生したとされた殺人・放火事件である。青木さんの自宅が火事になり、入浴していた青木さんの長女（当時小学６年生）が焼死した。青木さんと、当時青木さんと同居していた朴龍皓さんが、保険金目的で放火殺人を行った疑いで逮捕・起訴され、裁判で２人とも無期懲役刑が確定した。

有罪を支える証拠は、厳しい取調べによって搾《しぼ》り取られた青木さんと朴さんの自白しかなかった。しかし、青木さんが自白したのは、娘を火事で失った衝撃と、救出できず死なせてしまった自責の念につけ込む警察の過酷な取調べにより体調を崩し、精神的にも追い込まれた取調べ初期段階の2回のみであり、あとは否認を貫いていた。また、朴さんは知的ハンデを抱える「供述弱者」であり、その自白は不自然な変遷や矛盾のある危ういものだった。何より、朴さんの自白によれば、朴さんは風呂場に隣接する車庫の床にガソリン7・3リットルを撒《ま》いてターボライターで放火したというのだが、狭い車庫内でそんなことをすればガソリンの爆発的燃焼によって点火した朴さん自身が大やけどを負うはずであり（悲しいことに、京都アニメーション放火事件と大阪クリニック放火事件がそのことを「立証」してしまった）、そもそもそのような犯行態様は常識で考えてもありえない。

この放火態様をめぐっては、捜査段階で警察が行っていた燃焼実験でも、着火から極めて短時間で激しい燃焼状態となり、大量の黒煙が発生しており、消火を手伝った近隣住民の供述とはまったく異なるものであることがわかっていたのに、検察官は青木さんと朴さんを起訴した。

控訴審段階で行われた科捜研による燃焼実験でも、着火後一気に火炎が立ち上がり、その後室内に充満した煙で火炎が見えなくなるという、近隣住民や朴さんの供述とは異なる結果が得られていた。

このように、客観的事実と自白に矛盾があることを示す証拠が存在したにもかかわらず、地裁、高裁、最高裁のいずれもが、2人の自白について、自発的にされたものであり（任意性あり）、内容も信用できる（信用性あり）と判断したのだ。

再審請求を行った弁護団は、朴さんの自白どおりの犯行が不可能であることを立証するために、膨大な費用をかけ、専門家や消防の協力も得て、静岡県小山町内の空き地を借りて再現実験を行った（小山町新実験）。当時の青木さんたちの自宅建物を再現し、車庫には当時と同じホンダのアクティを駐めた状態で、その床にポリタンクを乗せた台を遠隔操作で傾け、7・3リットルのガソリンをゆっくり撒布《さんぷ》したところ、全量を撒き切る前に気化したガソリンが風呂の種火に引火し、あっという間に車庫内は火の海となった。つまり、朴さんの自白どおりの犯行態様では、朴さん自身が大やけどを負うだけでなく、撒いたガソリンにターボライターで火を付ける前に風呂の種火に引火するため、そもそも「放火」ができないことが明らかとなったのである。

この再現事件によって大阪地裁は再審開始決定を行い、青木さんと朴さんの刑の執行を停止した。ところが検察官は「小山町新実験は再現性がない、正確性がない」と難癖をつけて即時抗告するとともに、刑の執行停止の取消しを求め、青木さんたちを釈放寸前で再び「塀の中」に閉じ込めた。再審が認められ、自由の身となる喜びを噛みしめていた青木さんたちは、この後さらに3年半以上もの間、服役を余儀なくされたのである。

即時抗告審で検察側が行った3回の再現実験でも、結果はすべて小山町新実験と同じだった。再審開始は動かしようがないかに見えたが、裁判所は弁護団に「自然発火による火災の可能性」、すなわち、ホンダ車のガソリン漏れに引火した火災であることの立証を要求した。弁護団はホンダ車がガソリン漏れを起こす多数の実例を突き止め、裁判所の突き付けた高いハードルを乗り越えてみせた。

さらに、確定審段階から弁護団が繰り返し開示請求をしていたにもかかわらず検察官がこれを拒否していた、2人の取調べ状況を示す「取調日誌」がこの段階でようやく開示された。これにより、青木さんが訴えていたとおり、取調官（坂本刑事）が青木さんの体調が悪いことを認識しながら、火事で死亡した長女の写真や、朴さんが書いた、自白を促し、弁護士を信用するなと諭す内容のメモを突き付けるなどして、青木さんに自白を迫った取調べが実際に行われていたことが裏付けられた。

ここに至り大阪高裁も再審開始を維持する決定を行い、青木さんと朴さんはようやく釈放された。

大阪地裁で行われた再審公判で、検察官は有罪の主張こそしなかったが、かと言って積極的に無罪を求める論告も行わなかった。裁判所は、青木さんと朴さんの自白は違法な取調べによるものであり、信用性のみならず任意性もないとして、証拠から排除した上で、両名に無罪判決を言い渡した。検察官はその日のうちに上訴権を放棄し、再審無罪が確定した。青木さんは取調べの違法によって自白の任意性が否定されたことに感激し、「真っ白な無罪判決」と表現した。

ここまで読めば、この事件での警察・検察がいかに青木さんたちの人間としての尊厳を蹂躙《じゅうりん》し続けたか、そして事故を事件にでっちあげた自らの過ちが明らかとなった後も、過ちを認めて引き返すことすらしなかったかが、おわかりいただけるだろう。再審無罪となっても、謝罪もしなければ誤判原因の検証もしない警察と検察を相手どって、青木さんが国家賠償請求訴訟を起こしたのは、そんな警察や検察に対する怒りと、この訴訟が制度改革の原動力となり、無実を訴えて闘っている多くの冤罪被害者たちに勇気を与えたいとの思いからだった。

しかし、大阪府も国も、青木さんの主張に真っ向から争い、証言台に立った坂本刑事は青木さんの問いかけに「今でも（青木さんが）犯人だと思う」と証言する始末だった。厳しい攻防の中で、青木さんにとって救いだったのは、本田能久裁判長が法廷で青木さんに優しい言葉をかけたり、証人尋問の際は青木さんの手記である『ママは殺人犯じゃない―冤罪・東住吉事件』を手許に置いて参照しながら証言に耳を傾けるなど、青木さんに寄り添う姿勢を見せていたことだ。そして、審理が大詰めを迎えたとき、裁判所は書面による和解勧告を行い、そこに異例の「所見」を書き添えた。

「冤罪の『冤』の文字は、うさぎが拘束され、脱出することができない状態を表しているが、一説によれば、この文字は、漢（ＢＣ２０６年～ＡＤ２２０年）の隷書の時代から見られるようである。この文字の歴史は、古来、冤罪により、無実の人間及びその愛する家族らが、筆舌に尽くし難い精神的・肉体的・社会的苦痛を受け、かけがえのない人生を奪われ続けてきたこと、また、間もなく２０２２年を迎える現代においても、冤罪がいまだ克服されていない重い課題であることを、物語っている」と書き出された所見で、本田裁判長は、青木さんが完全に無罪であり、もはや何人もこれを疑う余地はないこと、その青木さんが甚大かつ深刻な被害を被り、今もなお苦しみ続けていることを指摘した上で、「このような悲劇が繰り返されることを防止するとともに、冤罪により毀損された国民の刑事司法に対する信頼を回復・向上させるためにも、刑事手続に関わる全ての者が全身全霊をもって再発防止に向けて取り組むべきであることについては、民事責任を争う被告らにおいても、否定されないと信じたい。青木惠子氏も、二度と冤罪が繰り返されない社会の実現を切望して、本件訴えを提起されたと述べられている」と、大阪府と国に和解交渉に応じるよう促した。

しかし、国は和解のテーブルにつくことさえ拒絶し、大阪府もそれに追従したため、言い渡されたのが冒頭の判決である。これまでの裁判所の対応から、判決で警察と検察双方の違法が認められ、「真っ白な勝訴判決」が言い渡されると信じ、青木さんは裁判長にお礼の手紙を書いていたのである。

ところが、判決は、警察の取調べの違法を厳しく糾弾し、被告大阪府に損害賠償を命じる（くだんの坂本刑事の証言も慰謝料算定の根拠となっている）一方で、検察官の捜査、起訴、公判、再審段階における活動に国家賠償請求法上の「違法」はなかったとして、青木さんの国に対する請求を棄却した。本田裁判長は、和解勧告の際の「所見」では、「被告国についても、取調状況報告書の取扱い及び警察官の証人尋問に関する検察官の対応には大いに疑問がある」と述べ、検察官の活動に対する批判を口にしていただけに、青木さんは「人間不信になった」と憤り、手紙を破り捨てたのだ。

判決には「後方視的に見れば、検察官の諸活動には種々の疑問があるように思われるが、本件確定審が行われた当時の法令、判例、実務及び証拠関係並びに当審に表れた証拠関係に照らすと」「違法であるとまでは、断定することができない」と書かれている。平たくいえば、「あとから見れば検察官のやったことはひどいが、当時の法令のもとではこういうことも許容されていたし、そもそも裁判所だって間違った判決をするぐらいだから、検察官が判断を誤っても仕方なかった」ということである。法令が整備されていなかったから仕方ない、裁判所も間違うぐらいだから検察官に責任を負わせることはできない、と言う裁判長に「刑事手続に関わる全ての者が全身全霊をもって再発防止に向けて取り組むべきである」などと偉そうに言う資格があるだろうか。

青木さんはこの判決を不服として控訴し、闘いを続けるという。私たちがこの判決から学ぶことがあるとすれば、「この国の刑事司法とは、検察官がこれほど無茶苦茶をしても許される法制度である」ことを再認識し、法改正に向けた更なる活動の原動力とすることとしかない。

［追記］青木さんの国賠請求は、大阪府への勝訴、国への敗訴が確定した。

第13回 「再審法改正」の歴史的展開

『創』22年6月号

2.2院内集会で再審法改正の必要性を訴える筆者

再審法改正に向けた日弁連の取組みが加速している。もっとも、日弁連の再審法改正運動は、昨日今日に始まった話ではない。

日弁連が再審事件を支援するようになったのは、1959年、徳島ラジオ商事件の人権救済申立てに端を発する。「人権擁護と社会正義の実現」をその使命とする弁護士（弁護士法1条1項）の団体である日弁連が、国家による究極の人権侵害である誤判冤罪の救済に取り組むのは、いわば当然であり、日弁連が支援した事件のうち、これまでに18件で再審無罪が確定している。

一方で、個々の再審事件の支援を行う中で、日弁連はあまりにも高すぎる再審のハードルに直面することになった。その根本的な原因は、刑事訴訟法「第四編　再審」の規定の不備にある。

第二次世界大戦後、日本国憲法のもとで、真実発見と、被疑者・被告人の権利保障の両方を目的とすべく刑事訴訟法の全面改正が行われた。裁判所の主導で手続きが進められ、被疑者・被告人は処罰の「対象」でしかなかった戦前の「職権主義」から、被疑者・被告人に検察官と対等な「当事者」の地位を与えるという「当事者主義」への転換が図られた。

しかし実際にこのような改正が実現したのは、捜査段階と通常第一審の手続きまでであり、上訴以降は抜本的改正が間に合わなかった。再審に至っては、不利益再審（誤って無罪判決が確定した真犯人に有罪判決をするための再審）が廃止されたほかは、職権主義を基調とする戦前の旧刑事訴訟法の条文がほぼそのまま引き継がれた。証人尋問や証拠開示などの手続きを具体的に定めた規定は皆無であり、再審請求をどのように審理するかは裁判所の広範な裁量＝「さじ加減」に委《ゆだ》ねられた。また、再審開始要件の「無罪を言い渡すべき明らかな証拠をあらたに発見したとき」（435条6号）は、新証拠それ自体で無罪を証明できるような証拠と解釈され、刑事訴訟法改正後も再審は「開かずの扉」のままだった。

そこで日弁連は1962年、「刑事訴訟法第四編（再審）改正要綱」を採択した。これが再審法改正の具体的提言を盛り込んだ日弁連初の意見書である。ここには再審請求権者に日弁連会長や単位弁護士会会長を加えることや、再審開始決定に対する検察官の不服申立てを禁止することなど7つの改正項目が盛り込まれたが、法制化には至らなかった。

60年代には国会内でも再審法改正に向けた動きがあった。68年、日本社会党の神近市子衆議院議員らが、戦後まもない占領下で死刑判決が言い渡され、確定した事件について、再審開始要件を緩和する法案（「死刑の確定判決を受けた者に対する再審の臨時特例に関する法律」）を国会に提出した。法案は廃案となったが、当時の法務大臣・西郷吉之助が、占領時代に死刑が確定した6事件7死刑囚について恩赦を検討することを表明、3人について恩赦が行われた。残る4名のうち2名がのちに再審無罪となった（免田事件・財田川事件）ことからも、占領下当時の刑事裁判が冤罪の温床となっていた可能性が強く窺《うかが》える。しかしこの4名のうち、帝銀事件の平沢貞道氏は獄中で病死し、福岡事件の西武雄氏は、共犯者が恩赦となったその日に、死刑が執行されてしまった。

現場での閉塞状況を打破しようと、日弁連は再審事件に携わる弁護士と研究者の交流を目的として、1972年、「再審問題研究会」を発足させた。当時誤判研究の第一人者として知られた西ドイツのカール・ペータース氏（元チュービンゲン大学教授）を招聘《しょうへい》して各地で講演会を開催するなど、再審問題についての議論を活発化させていった。

このような背景事情のもと、最高裁は75年の白鳥決定、さらに翌76年の財田川決定で、再審開始に必要な「無罪を言い渡すべき明らかな」証拠とは、それ自体で無罪を証明できるものでなくても、新旧全証拠の総合評価によって確定判決の有罪認定が揺らぐものであれば足り、またその判断にも「疑わしいときは被告人の利益に」の鉄則が適用されると判示した。

これを受け、日弁連は76年に仙台で開催された人権擁護大会で「刑事訴訟法の一部（再審）改正に関する宣言」を採択、さらに翌77年、昭和37年改正要綱をより詳細にした、15項目にわたる「昭和52年改正案」を公表した。白鳥・財田川決定を踏まえ、刑事訴訟法435条6号の「明らかな証拠をあらたに発見したとき」を「原判決に影響を及ぼすべき重大な事実誤認があると疑うに足りる証拠をあらたに発見したとき」に改訂すべきこと、再審における国選弁護制度の創設、再審請求人の中立てによる事実取調べ、再審開始決定に対する検察官の不服申立て禁止など、現在もその必要性が議論されている注目すべき提案が盛り込まれている。

また、このころ日弁連は、「国会等対策会議再審法改正部会」を設置し、多岐にわたる活動を行った。特筆すべきは、このとき再審法改正問題に対する法務省の対応は必ずしも消極的ではなかったという点である。77年5月19日の参議院法務委員会で答弁に立った伊藤栄樹法務省刑事局長は、「国選弁護人の選任の問題、再審請求人弁護人の再審請求手続における立会権、再審請求人と弁護人の接見交通権の問題、記録保存の問題を中心に手直しすべき点があるのじゃないか。手直しするとすれば、なるべく早い機会にやりたい」と答弁していた。

1980年代、白鳥・財田川決定が示した基準によって死刑再審の4事件で無罪がもたらされ（免田、財田川、松山、島田）、4名の死刑囚が相次いで死刑台から生還した。無実の者が誤った裁判で死刑に処せられていたかも知れなかったという衝撃は大きく、日弁連の再審法改正法案も社会的に注目を浴びることになった。国会においても84年の第101回通常委国会で日本社会党、日本共産党からそれぞれ再審法改正法案が提出されたが、いずれも成案には至らなかった。

日弁連では改正に向けた取組みをさらに強化すべく、81年、再審法改正部会を「再審法改正実行委員会」に改組し、85年には「昭和52年改正案」を改訂した「昭和60年修正案」を公表した。

しかし一方で、この頃から再審法改正に対する法務省の態度に変化が生じる。「なるべく早い機会にやりたい」と答弁していた法務省刑事局長の答弁はその後「いろいろな当面の問題を含めてさらに十分な検討を尽くしたい」という歯切れの悪いものとなった。

ほぼ時を同じくして、個別事件に対する裁判所の判断にも反動の波が押し寄せた。白鳥・財田川決定による明白性の判断手法を限定的に解釈する最高裁調査官解説が相次いで公表され、以後はその見解に依って再審請求が棄却される事例が続出した。1990年代、日弁連の支援事件で再審無罪を獲得したのは、わずかに榎内村事件のみであり、再審は再び冬の時代に「逆流」したと評価された。

日弁連は91年、「昭和60年修正案」の「再審事由」の文言を日本社会党案改正案と一致させ、再審請求による刑の執行停止、確定審に関与した裁判官を再審請求から除斥する規定などを設けた「平成3年改正案」を作成・公表した。この「平成3年改正案」には、今日議論されている再審法改正を要する項目のほぼすべてが盛り込まれている（ただし、当時は通常審にも証拠開示規定が存在しなかったことから、再審段階のみの証拠開示手続規定を設けることについて合意が得られず、このため改正案には証拠開示に関する規定は入っていない）。

しかし、90年代の「逆流」現象により、再審法改正運動は徐々に活力を失い、92年3月をもって再審法改正実行委員会は廃止された。日弁連における再審法改正運動はその後の長い停滞期を迎えることを余儀なくされたのである。

再審法改正の機運が再び盛り上がり始めたのは、21世紀に入って、布川事件、東京電力女性社員殺害事件など、証拠開示によって再審の重い扉をこじ開けた事件が続いたことによる。確定判決の段階では裁判所に提出されず、捜査機関の手の内に隠されていた無罪方向の証拠が、再審段階で明らかになり、この「古い新証拠」が再審開始・再審無罪の原動力となった。しかし、再審請求手続きには証拠開示手続きを定めた条文がないため、証拠開示の実現はその事件を審理する裁判官のやる気次第という「再審格差」が露呈した。

にもかかわらず、２０１６年の刑事訴訟法改正では、再審における証拠開示手続きの条文化が見送られた。一方、15年1月、日弁連に「再審における証拠開示に関する特別部会」が設置され、同部会は19年5月、「再審における証拠開示に関する意見書」を公表した。

さらに、18年6月に袴田事件（第2次）の再審開始決定が東京高裁で取り消され、19年6月には地裁・高裁で再審開始が重ねられた大崎事件（第3次）で最高裁が開始決定を取り消して再審請求を棄却するという事態から、再審開始決定に対する検察官の不服申立て禁止が喫緊の課題として浮上した。日弁連は19年10月の人権擁護大会で、再審における全面証拠開示と、検察官の不服申立て禁止を最優先課題とする再審法改正決議を採択、これを受けて翌年3月に「再審における証拠開示に関する特別部会」が「再審法改正に関する特別部会」に格上げされた。折しもコロナ禍と重なり、活動が著しく制約されるなか、22年2月にはコロナ後初の院内集会を開催し、国会議員12名の出席を得て再審法改正の必要性を直接立法府にアピールした。

再審法改正運動は、このように時代の波に翻弄されながら、紆余曲折《うよきょくせつ》を経て現在に至っている。

2022年――。検察官の不服申立てによって再審開始決定を取り消された袴田事件と大崎事件で、再び（大崎は4たび）再審の扉が開きそうだ。しかし袴田巖さんは86歳、原口アヤ子さんはもうすぐ95歳になる。これが何を意味するかは誰の目にも明らかだろう。日弁連の小林元治新会長は、就任の挨拶で大崎事件に言及しつつ、再審法改正に取り組む姿勢を明らかにした。戦前の化石のようなルールが一度も見直されていないという異常事態を打ち破る最高のタイミングである。

日弁連が最初の再審法改正案を世に問うた1962年から、ちょうど60年。その年に生まれ、還暦を迎える私は、その活動の真ん中に立つ覚悟である。

第14回
「適正手続」の危機

『創』22年7月号

2022年5月27日「再審法改正をめざす市民の会」の集会で基調報告する筆者

日本の学校教育の失敗のひとつに、「適正手続」の意味や重要性が一般市民に定着していないことが挙げられる、と常々思っている。

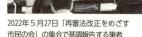

日本国憲法には30ほどの人権規定があるが、実にその3分の1を占めているのが刑事手続に関する人権を定めた条文である。犯罪捜査や刑事裁判については刑事訴訟法という法律が手続の詳細を定めている。しかし、例えば逮捕や捜索差押に裁判所（裁判官）の発する令状が必要であること（令状主義）、被疑者・被告人に黙秘権があること、強制・拷問・脅迫による自白や長期の身柄拘束後に得られた自白は証拠とできないこと（自白法則）などは日本国憲法に「基本的人権」として定められている。そしてその「総元締め」にあたるのが「何人も、法律の定める手続によらなければ、その生命若しくは自由を奪われ、又はその他の刑罰を科せられない」という憲法31条である。

憲法31条は、その文言だけからだと、刑罰を科すには（内容の善し悪しを問わず）法律で定めた手続によること（手続の法定）のみが要求されているように読める。しかし、この条文の意味は、ただの法律ではなく「適正な手続」を定めた法律でなければならないこと、さらには「手続」だけでなく、犯罪と刑罰の「内容」も法律で定められている必要があること、さらにはその「内容」を定めた法律（実体法）も適正であることまで含まれる、と解釈されている。もっとも、その中核をなすのは「適正手続」という考え方である。

「適正手続」の萌芽はイギリスのマグナカルタ（１２１５年）にみられる。当時は領主たちが国王に好き勝手をさせないために国王を法で縛る、というものだったが、その発想は、次第に市民の権利を守るために権力者を法のもとに置く、という立憲主義の思想に成熟していく。そしてアメリカ合衆国憲法修正第５条に「なにびとも法の適正な過程（due process of law）によらずしてその生命、自由もしくは財産を剝奪《はくだつ》されない」と規定されたことで、適正手続は基本的人権の一つの柱として位置づけられた。それが日本国憲法31条にも引き継がれたのである。平たく言えば、適正手続とは、国家権力による恣意や不意打ちによる処罰から国民を守るために、国会が定めた適正な法律で縛りをかける、つまりは権力者による「フリーハンド」への歯止めである。そして、逮捕令状や捜索差押令状を発付するかどうかを決めるのは裁判官であり、違法なプロセスで獲得された証拠や自白を証拠から排除するかを判断するのも裁判所であることからもわかるとおり、適正手続の守り手として憲法から付託を受けているのは裁判所（裁判官）である。

問題は、適正手続の要請を貫徹することと、裁判の結果と真実を合致させることとは必ずしも結びつかないという点である。違法な捜査による逮捕は認めない、と裁判官が令状を発付しなかったために真犯人を取り逃がすとか、違法に収集された証拠を排除することで真犯人が無罪となることもありうるからである。適正手続の理解とは、このような事態が生じてもなお、適正手続の理念を貫徹しなければならないということへの納得にほかならない。学校教育で十分に教えられていないのは、まさにこの問題である。

２０１７年3月24日、鹿児島地裁加治木支部で、窃盗事件の被告人が無罪判決を受けた（後に確定）。この被告人が無施錠の軽トラックから発泡酒とパンを盗んだことは事実だった。しかし、その軽トラックは、付近で車上狙い事件が多発する中、犯人をなかなか検挙できずに業を煮やしていた警察が、軽トラックの助手席に発泡酒とパンを置き、無施錠の状態にしてスーパーマーケットの駐車場に駐めていたものだった。まるで「ごきぶりホイホイ」のような仕掛けで被告人を誘い込み、車上狙いをさせ、現行犯逮捕したのである。判決はこれを「なりすまし捜査」と呼び、「任意捜査として許容される範囲を逸脱しており、国家が犯罪を誘発し、捜査の公正を害するものとして、違法である」と断じ、被告人を無罪とした。適正手続の守り手である裁判所が、捜査機関の恣意的捜査によって窃盗犯人とされた被告人を救ったのである。

ところが、この判決を報じる記事がインターネットにアップされると「裁判官は泥棒の味方をするのか」といった多数の批判コメントが書き込まれた。鹿児島大学共通教育センターの渡邊弘准教授は憲法の講義でたびたびこの事件を取り上げているが、学生たちの反応の中でもっとも多いのは「違法捜査をした警察と被告人の両方を処罰すべき」というものだそうだ。適正手続の重要性が一般市民になかなか理解されないことを如実に物語っている。

憲法学者の長谷部恭男教授は「無実の人が適切な審理を経ることなく、たとえばサイコロを振ることで有罪判決を得た場合と、適切な審理を経たにもかかわらずなお有罪判決が下された場合、正確な裁判という結果のみが重要なのであれば、2つの場合に相違はない。しかし、適正な手続が踏まれずに誤った判決が下された場合、単に結論が誤っていたという以上の害悪が、被告人には加えられたというべきではなかろうか。また、実際に罪を犯した人が、適正な手続を経ることなく有罪判決を得たとき、彼（女）にもやはり害悪が加えられたというべきであろう。彼（女）は、有罪の主張に対して応答しうる『人』としてではなく、単になんらかの公共目的のために処分されうる『物』として扱われている。自らの生命・自由・財産に関係する決定手続に参加する権利は、人としての尊厳に関わっている」と述べ、適正手続には、実体的真実に即した正確な裁判には還元しえない独自の価値があると論じている。適正手続の歯止めがなくなれば「怪しい奴だから逮捕する」「気にくわない奴だから処罰する」ことを容認し、ひいては時の権力者が邪魔だと思う相手を狙い撃ちにして処刑することをも可能にする。自分がその「相手」になる可能性がないと、誰が言い切れるだろうか。

ところが最近、適正手続の守り手であるはずの裁判所、しかもその頂点である最高裁判所が、自らの役割を放棄するような判決を出した。

薬物の売人だという情報と、過去に覚せい剤事件の犯歴があるという理由だけで、覚せい剤自己使用罪の疑いがあるとして、警察官が強制採尿令状を請求し、裁判官がこれに応じて令状を発付した。警察官がその令状に基づき、強制的に被告人を病院に連行し、医師が被告人の体内にカテーテルを挿入して強制採尿した結果、尿から覚せい剤の成分が検出された。一審の福岡地裁は被告人を有罪としたが、控訴審の福岡高裁は「本件犯罪事実について、強制採尿令状を発付するに足りる嫌疑があったとは到底認められず、最終的手段としての強制採尿の必要性の点でも、本件強制採尿令状の発付は要件を欠いた違法なものであり、同令状の執行としての強制採尿手続も違法である。本件強制採尿令状の法規範からの逸脱は甚だしく、（中略）違法は深刻なものである。本件では、捜査機関によるずさんな、また、不当に要件を緩和した令状請求に令状担当裁判官のずさんな審査が加わって、事前の司法的抑制がなされずに令状主義が実質的に機能しなかったのであり、こうした本件一連の手続を全体としてみると、その違法は令状主義の精神を没却するような重大なものである。そして、本件鑑定書等を証拠として許容することは、本件のような違法な令状が請求、発付されて、違法な強制採尿が行われることを抑止する見地からも相当でない」として、被告人に無罪を言い渡した。

　これに検察官が上告したところ、最高裁は、検察官の上告には理由がなく、また、強制採尿令状の発付と、これに基づく警察の強制採尿の実施は違法であることを認めた上で、「しかしながら、警察官らは、本件犯罪事実の嫌疑があり被告人に対する強制採尿の実施が必要不可欠であると判断した根拠等についてありのままを記載した疎明資料を提出して本件強制採尿令状を請求し、令状担当裁判官の審査を経て発付された適式の同令状に基づき、被告人に対する強制採尿を実施したものであり、同令状の執行手続自体に違法な点はない」「また、警察官らは、（中略）被告人に対して、直ちに同令状を執行して強制採尿を実施することなく、尿を任意に提出するよう繰り返し促すなどしており、被告人の身体の安全や人格の保護に対する一定の配慮をしていたものといえる。そして、以上のような状況に照らすと、警察官らに令状主義に関する諸規定を潜脱する意図があったともいえない」などとして、「本件鑑定書等の証拠能力を否定した原判決は、法令の解釈適用を誤った違法があり、これが判決に影響を及ぼすことは明らかであって、原判決を破棄しなければ著しく正義に反する」と結論づけて無罪判決を取り消し、一審の有罪判決を確定させたのである。

今風に言えば「ちょっと何を言ってるかわからない」レベルである。そもそも、従来の最高裁判例が、強制採尿が許容される場合を極めて限定的に解釈していたのは、体内に挿管して強制的に採尿するという人間の尊厳に関わるような方法を、「捜索差押令状」という「物」を差押えるときに発付する令状で可能にすることへの逡巡《しゅんじゅん》があったからではないか。その要件にあてはめると今回の令状発付は適法になり得ないことを自覚しながら、要は「警察官も一生懸命やってるし、裁判官もそれにほだされて令状出したら、実際に覚せい剤やってたんだし、大目にみてやってよ」と言っているようなものである。こんな判決が一般化されては、憲法が適正手続を人権として保障し、その実現を裁判所に委ねた意味が水泡に帰することになりかねない。

ところで、高裁の無罪方向の判断に対する検察官の不服申立てに対し、それには理由がないとしながら、最高裁が自ら職権で調査し、高裁の判断を「取り消さなければ著しく正義に反する」として否定する、という本判決の展開に既視感を覚えた読者はいないだろうか。地裁・高裁の再審開始決定に対し、検察官がした特別抗告には「理由がない」としながら、自ら調査した結果「(再審開始決定を) 取り消さなければ著しく正義に反する」として、再審請求を棄却した大崎事件第3次再審最高裁決定(小池決定)と同じなのだ。実は、この2つの最高裁判決・決定は、いずれも第一小法廷の判断である(両判断に共通する裁判官は2名で、そのうちの1人は刑事法学者の山口厚裁判官である)。「適正手続」の意味や重要性を理解していないのは、一般市民だけではないのかもしれない。

第15回

6月が来るたびに

——あまりに杜撰な大崎事件再審棄却決定

『創』22年8月号

6月22日、鹿児島で不当決定に抗議する弁護団会見（中央が筆者）

2022年6月22日午前10時。私は前もって「4度目の歴史的開始決定」という文字を入力し、送信ボタンを押すだけにしていたSNSの画面から文字を削除し、代わりに「不当決定」と打ち込んで送信した――。

裁判所1階の101ラウンド法廷。その部屋は5年前の17年6月28日、第3次再審で鹿児島地裁が出した再審開始決定書を受け取った、思い出の場所だった。再審の決定は判決と異なり、法廷での言渡しを必要としない。決定書は通常、刑事書記官室のカウンター越しに、極めて事務的に渡される。大崎事件も第2次再審まではすべてそうだった。ところが、第3次再審では、ともに再審開始決定を出した地裁、高裁のいずれもが、我々に決定書を渡すために別室を用意したのである。

このような経緯から、今月はじめ、第4次再審の決定日を告知された際、今回もこの部屋で決定書を交付すると伝えられたとき、私は裁判所の配慮に礼を言い、内心きっと今度も開始決定に違いないと思った。しかし、当日、午前10時の5分前に決定書を携えてラウンド法廷に入ってきた担当書記官の表情は硬かった。両親のために第4次再審の請求人となった、アヤ子さんの長女の京子さんと、主任弁護人である森雅美弁護団長に渡された決定書に書かれていたのは「棄却」の文字だった。「不当決定」の旗を持った若手弁護士が部屋を飛び出して行ったあと、その場に残った京子さんと弁護人6名は、しばらく動くことができなかった。

4度目の歴史的再審開始決定の瞬間に立ち会おうと詰め掛けた、おびただしい数の支援者たちが、失望と落胆の入り混じった怒号を上げる中、私たち弁護団は重い足取りで鹿児島県弁護士会館に移動し、そこで午前11時から行われる記者会見を前に、決定書の読み込み作業を始めた。その内容は、まさに「最高裁への追従」だった——。

「世紀の大誤判」3年前の最高裁・小池決定

時は3年前の2019年6月25日に遡る。この日、最高裁第一小法廷（裁判長：小池裕、裁判官：池上政幸、木澤克之、山口厚、深山卓也）は、地裁と高裁が重ねた再審開始決定を取り消し、第3次再審を「強制終了」させた。日本の刑事裁判史上、前代未聞の事態だった。決定では、高裁決定が明白性のある新証拠と認めた法医学鑑定（吉田鑑定）を、「(被害者の) 死因に関して、科学的推論に基づく一つの仮説的見解を示すものとして尊重すべき」と評価しながら、被害者の死亡時刻については明確になっていないとか、死因を「出血性ショック」としているが、その出血箇所は解剖写真に写っておらず、推論に過ぎないなどと難癖をつけ、吉田鑑定が「無罪を言い渡すべき明らかな証拠といえるか否かは、その立証命題に関連する他の証拠それぞれの証明力を踏まえ、これらと対比しながら検討すべき」とした。しかし、その後の部分では、どの証拠によってどのような理屈で判断したのかを一切示さないまま、高裁決定に従えば、死体遺棄の犯人は、被害者を自宅に運んだ近隣住民のIとT以外には考えられないことになるが、そのような事態は「全く想定できない」とか、「共犯者」の自白や目撃供述の信用性は「相応に強固」であると決めつけた挙句《あげく》、地裁・高裁の認めた再審開始を「取り消さなければ著しく正義に反する」と「裁判官全員一致で」決定し、再審請求を棄却したのだ。

小池決定の根底には「殺した者でなければ死体を埋めるはずがない」という事件当時の捜査機関と同じ思い込みと、「3人も自白しているんだから有罪で間違いない」という自白偏重がある。自白した3人はいずれも知的、精神的な障害のある「供述弱者」だったにもかかわらず、である。そして事件から40年余り、否認を貫き通しているアヤ子さんの人生は眼中にすらない。

弁護団は、このような小池決定を「世紀の大誤判」と批判する一方、小池決定が突き付けた難癖、すなわち「被害者の死亡時期が明らかでないこと」と「出血箇所が解剖写真に写っていない」点に明確な答えを出した救命救急医の鑑定（澤野鑑定）と、「（酔っぱらっているが）生きている被害者を自宅土間に放置して退出した」とする近隣住民IとTの供述に情報の齟齬《そご》や欠落があり、体験していないことを語っている可能性があることを示す2種類の供述鑑定（コンピュータ解析による稲葉鑑定、供述心理分析による大橋・高木鑑定）を新証拠として、第4次再審を申し立てた。

「大崎史上最強の新証拠」と今回の地裁決定の誤り

澤野鑑定によれば、被害者の死因は広範囲の腸管壊死《えし》であり、法医学者は誰も気づかなかったが、腸壁の大量出血が解剖写真に写っていた。そして、ＩとＴが頸髄（頸椎内を走る神経）に損傷を負っている（低位頸髄損傷）被害者の頸部を固定せずにトラックに放り込んだ時点で、被害者は頸髄損傷の悪化（高位頸髄損傷）により呼吸停止に陥り、数分内に死亡したとされ、被害者は自宅に搬送された時点で死亡または瀕死の状態にあったことが確実となった。とすれば、午後10時半に被害者の自宅で「前後不覚になって酔いつぶれている被害者を見て日頃の恨みが募り、殺意が生じた」アヤ子さんが共犯者に殺人をもちかけ、午後11時に被害者を殺害するという確定判決の犯行ストーリーは完全に崩れることになる。我々は第４次再審で提出したこれらの鑑定を「大崎史上最強の新証拠」と呼び、再審開始を確信していた。

しかし、今回の地裁決定（中田幹人裁判長）は、澤野鑑定のうち、死因が腸管壊死とした点については、１枚の写真から得た限定的な情報による推論であり信用できないと否定し、解剖時から明白な所見であった頸椎前の出血により被害者が運動麻痺に陥り、さらに不適切な救護によって呼吸停止に至り短時間で死亡したという点については、その「可能性があることを否定できない」という極めて控えめな評価にとどめた。その上で、澤野鑑定の明白性判断にあたっては、「その立証命題に関連する他の証拠それぞれの証明力を踏まえ、これと対比しながら検討する」と、小池決定とそっくりな言い回しを用いて、旧証拠との総合評価に進むような構えをみせている。

ところが、その先の判断は、澤野鑑定を加えても「共犯者自白の信用性は揺るがない」「ＩとＴが被害者の死体を遺棄したという可能性は、およそ考え難い」という、根拠なき決めつけに終始した小池決定と「瓜二つ」の展開である。小池決定がわずか２頁で言及した部分を、今回の中田決定は10頁ほどにボリュームアップしている。しかしその大部分は検察官の最終意見書の引き写しであり、要するに骨組みは小池決定、肉付けは検察官意見書なのである。いったい中田裁判長以下３名の裁判体は自分の頭で考えたのか、と問いたくなる。

そして、澤野鑑定の明白性判断の部分で新旧証拠の総合評価は済んでいる、とばかりに、２種類の供述鑑定の証明力をあっさり否定して、鹿児島地裁は再審請求を棄却した。この決定の誤りはいくつでも指摘できる。まずは専門家による科学的知見の軽視、次に白鳥・財田川決定のいう「新旧全証拠の総合評価」を行わず、自らが新証拠と関連すると決めつけた旧証拠のみを対比させていること（明白性の判断手法の誤り）、これまでの類似の再審で幾度もその信用性に疑問が差し挟まれていた、著しい変遷のある「供述弱者」の自白を、わずか数行で「信用できる」と決めつけていること――。

しかし、最大の問題点は「疑わしいときは被告人の利益に」という刑事裁判の鉄則が、再審請求の審理にも適用されるという白鳥・財田川決定の「核心」を無視していることである。弁護人に無罪の証明を要求し、「死体遺棄の犯人を明確にしない限り再審を認めない」という姿勢は、「無辜《むこ》（無実の人）の救済」を目的とする再審制度の理念に完全に背を向けている。

あまりの杜撰な決定に涙すら出ず怒りの会見

あまりの杜撰《ずさん》な決定に、弁護団は涙すら出ず、怒りの会見に臨んだが、母の無念を思いやる請求人の京子さん、アヤ子さんの無実を表す真っ白な服に身を包んで鹿児島に駆け付けた、東住吉事件の青木惠子さんと湖東記念病院事件の西山美香さんは会見場で涙に暮れていた。会見で西山さんは「アヤ子さんがどんな思いを抱えてきたのか、裁判所はもっともっと考えてほしい。私たちは何人の裁判官に裏切られればいいのでしょうか。それでも、私たちは裁判官を信じるしかないのです」と声を震わせて訴えた。前日まで再審開始決定に対する抗告阻止の世論形成のため、ともに戦略を練ってきたマスコミ各社の記者やカメラマンたちも、落胆を隠せない表情でカメラを構え、うつむきがちにパソコンを打っていた。

その日は夕方6時から、東京・霞が関の日弁連でも会見を予定していた。私たちは急ぎ鹿児島を後にして、空路東京に向かった。重い気持ちで弁護士会館に到着すると、すぐに会長室に呼ばれた。小林元治・日弁連会長は、大崎事件の決定に先立ち、地元紙（南日本新聞）の単独インタビューに応じ、その記事が決定前日の社会面に大きく載っていた。小林会長は「これまで事件の推移を見続けてきた。（弁護団が提出した）鑑定書を冷静に読み込み、22日には再審開始決定が出るだろうと私自身は確信している」と述べるとともに、6月16日、日弁連内に「再審法改正実現本部」を立ち上げたことについて、「裁判は人間がやるので過ちもある。過ちがあった際にそれを是正する制度がないというのが、最大の過ちだ。再審法改正は、大きな過ちを是正する方法だということを日弁連としても訴えていく」と強調した上で、「全国の自治体首長や議会、経済・労働・消費者団体などから再審法改正の要望書や請願を出してもらいたい。改正には政治の力も重要。国会議員にはメッセージの発出や、国会質問でも取り上げていただきたい。国は国民の声を聞き、改正に本気で取り組んでほしい」とアピールしていた。

その再審法改正実現本部の設置が承認された理事会に、私は説明者として出席していた。その直後、まさかこのような決定を会長に報告しなければならなくなるとは、なんという運命の皮肉だろう…。

日弁連が抗議声明、元裁判官も抗議の会見

しかし、弁護団5名と、鹿児島から行動を共にしていた周防正行監督を会長室に招き入れるなり、小林会長は「これくらいでめげてはダメだ。前に進もう」と檄を飛ばし、それから私たちの労をねぎらってくれた。そして、大崎事件の闘いと再審法改正実現本部の活動が車の両輪であることを確認し合った。会長との面談後に臨んだ記者会見では、今回の棄却決定に対する日弁連の抗議声明を発出するとともに、大崎事件が再審法改正の必要性を浮き彫りにしていること、そのために再審法改正実現本部を設置し、日弁連を挙げて取り組む決意を新たにしたことを宣明した。

もう一つ、私たちが鹿児島から東京に移動する間に、大きな動きがあった。元裁判官10名が棄却決定に抗議する声明を発し、東京の司法記者クラブで会見を開いていた。木谷明氏、原田國男氏、石塚章夫氏、そして静岡地裁で袴田事件の再審開始決定を書いた村山浩昭氏など、かつて高裁で部総括判事などの要職を務めた元裁判官たちが名を連ねた声明は「今回示された決定文からは、『誤って有罪判決を受けた者を苦しみから救済する』という裁判所の崇高な使命の自覚を読み取ることができず、先の最高裁決定を深く検討することなく無批判に追従したものと考えざるを得ません」「今回の棄却決定は、個々の新証拠について証拠価値に限界があることを指摘するばかりで、旧証拠との総合評価を全くしていません。本件の旧証拠についてはこれまでの累次の再審請求審において多くの問題が指摘されてきており、その証明力自体が相当程度減殺されている状態でした。したがって、今回の新証

拠とこのような旧証拠を総合評価すれば、違った結論に至るはずのものでした」という、異例とも言える踏み込んだ内容だった。それほど今回の決定に「司法の危機」を感じたのだろう。

決定日の22日は、ちょうど参議院選挙の公示日だった。裁判所は棄却決定が目立たないように、わざとこの日を決定日と決めたのではないかと勘繰りたくなったが、地元紙南日本新聞と九州ブロック紙の西日本新聞は1面トップと社会面見開きをいっぱいに使って大崎の棄却決定を報じた。新聞にありがちな「両論併記」を捨て、ほぼ中田決定批判一色と言っていい内容だった。

第3次の小池決定の暴挙に憤り、事件当時の捜査官や関係者の自宅にまで赴いて粘り強く取材し、徹底した調査報道を重ねてきた西日本新聞の中島邦之編集委員は、23日付朝刊一面のど真ん中に、「今回の決定は真相から懸け離れている――」「再審開始を認めた過去三つの裁判体は全てに疑問符を付けた。それどころか、現段階で明らかな証拠を吟味すれば、よくもこんな証拠で起訴し、有罪にできたものだと、あきれるほどなのだ」「『法的安定性』を守ることを優先し、真実から目を背け、誤りを正すことに背を向けた判断でなかったと言い切れるのか。刑事裁判を信頼していいのか。今、その岐路に立っている」と吐き捨てるような記名記事を打った。

決定の前日から鹿児島入りした私に、空港到着時から密着取材を始めた大久保真紀・朝日新聞編集委員もデジタル版に「42歳の新米弁護士が『鉄の女』と出会ってから　闘い続く大崎事件」と題する長尺の記事をアップしてくれた。ネットメディアのハフポスト日本版も井上未雪記者による「『それでも裁判官を信じるしか』。再審棄却に憤る弁護団。原口アヤ子さんは、ただうなずいていた【大崎事件】」をアップした。地元テレビ局渾身《こんしん》のニュース解説も、インターネットを通じて全国に届けられた。中田決定を疑問視する社説、同決定に抗議する弁護士会声明も日を追うごとに増えている。

今回の中田決定に接した直後、最高裁へのあまりの忖度《そんたく》ぶりに、第3次の小池決定が出たとき「下級裁判所の裁判官たちよ、大崎について二度と開始決定なんか出すなよ」というメタメッセージを感じたことを思い出した。それが現実になってしまった、と暗澹《あんたん》たる気持ちになったことも事実である。しかし、ここまでに紹介したように、中田決定への批判は、これまでにない多方面から、これまでにないスピードで大きなうねりとなり、その怒りは鹿児島地裁の3人の裁判官だけでなく、再審制度そのものの理不尽にまっすぐ向かっていることを実感する。今は嘆くときではなく、そのうねりに乗って進むときである。

アヤ子さんは6月15日に95歳になった。第3次の開始決定は90歳の誕生プレゼントだったが、再審無罪のゴール目前だった92歳の誕生月に最高裁が再審の扉を固く閉ざし、95歳の誕生月にもその扉は開かなかった。

6月が来るたびに、43年間無実を訴え、90歳を超えた一人の女性の心を激しく揺さぶる日本の刑事司法。弁護団は27日に即時抗告を申し立てた。法改正がされなければ、高裁で逆転再審開始決定が出ても、また検察官が特別抗告するだろう。私はかつて、アヤ子さんに「100歳まで生きてください」と懇願したが、それは彼女を100歳まで闘わせるためではない。一刻も早く再審無罪を勝ち取り、できるだけ長く、心穏やかな日々を過ごしてほしいのである。

これはもはや、人道の問題である。

第2章 再審法改正への取り組み

「えん罪被害者のための再審法改正を早期に実現する議員連盟」設立総会
（2024年３月11日）

第16回 動き出した即時抗告審（上）

『創』22年9月号

大崎事件第4次再審で鹿児島地裁（中田幹人裁判長）がまさかの再審請求棄却決定をしたことは前回詳報した。弁護団は6月27日、福岡高裁宮崎支部に即時抗告の申立てを行い、闘いの舞台は宮崎に移った。

通常の刑事裁判では、地裁で言い渡された「判決」に対する不服申立てを「控訴」と呼ぶ。控訴は判決の翌日から14日以内に控訴申立書を提出する。この申立書には、判決が不服だから控訴する、という意思表示だけを書けば足り、詳細な控訴理由は後に提出する控訴趣意書に記載すればよいことになっている。控訴趣意書は控訴からしばらく経った後、高裁によって提出期限を指定されるが（多くの事件で控訴からは2カ月ほど先になる）、期限延長の申請が認められることもある。

これに対して、裁判所の「決定」に対する不服申立ては「抗告」と呼ばれる。決定は、公開の法廷で口頭弁論を経て言い渡される判決と異なり、非公開かつ書面審理で行うことも可能なものである。その決定のうち、速やかに確定する必要があるものについて、特に法律が定めている場合にのみ認め

7月19日の高裁宮崎支部の打合せ期日開始前に福岡高裁宮崎支部の門前にて

られるのが「即時抗告」である。即時抗告は迅速な処理の必要から、決定の翌日から3日以内という極めて短期間に申し立てなければならない。しかも、控訴のようにあとから詳細な趣意書を出せばよい、というものではなく、抗告申立書に抗告理由もしっかり書かなければならないのだ。

再審請求に対する決定については刑事訴訟法450条で即時抗告できることが定められている。この条文を根拠に検察官が再審開始決定に対してことごとく即時抗告することが問題となっており、法改正の必要性が叫ばれている。しかし、この条文の存在は、再審請求が棄却された場合に再審請求人側が即時抗告する場面でも問題となる。「即時抗告ができる」とされているために、申立期限がたったの3日間になってしまうからである（通常の抗告では申立期間は特に定められていない）。そこで再審事件に精通している弁護人は、「決定日を水曜日にしてほしい」と前もって裁判所に要請するのが通例である。決定日が水曜日になれば、翌日からカウントして3日目は土曜日となり、土日を挟んだ月曜日が申立期限となって実質的に5日間使えるからである。大崎事件でも第2次再審以降、鹿児島地裁に申し入れて、決定日はすべて水曜日になった。とはいえ、控訴であれば月単位でじっくり検討できる内容を、5日間で抗告申立書に盛り込むのは容易なことではない。再審請求の世界では、ことほどさように通常の裁判とは比べものにならない理不尽なルールがまかりとおっているのである。

そもそも、再審請求が「決定」手続になったのは、「やり直しの裁判」である再審公判の前段階として、まずは裁判のやり直しをするかどうかを決めるだけの前裁きの場という位置づけだったからである。あくまで有罪無罪を決する主戦場は再審公判であり、そこに持ち込むかどうかを決めるだけであれば比較的ライトな手続きでよい、という価値判断があったはずである。そのようなライトな決定なのだから、裁判をやり直すかどうかの判断はすぐに決着をつける必要があると考え、法はその決定に即時抗告を認めたのである。

ところが、わが国の再審請求の実情は、法が想定したものとは全く異なる運用になっている。再審請求審の判断に数年の歳月を要することが常態化しており（大崎事件の第1次再審請求審で鹿児島地裁が再審開始決定を出したのは申立てから7年後のことである）、請求審の決定の是非を「速やかに確定する必要」から即時抗告が認められているはずなのに、その即時抗告審の審理にも長期間を要するケースが大多数である。特に再審開始決定に対して検察官が即時抗告したケースで、高裁での審理の長期化が目立っている。

２０１４年３月に静岡地裁で再審開始決定が出た袴田事件（第２次）では、４年３カ月後の18年６月に東京高裁が再審開始を取り消した。その後20年12月に最高裁第三小法廷がこの高裁決定を取り消したため、地裁の開始決定から８年経った現在も、東京高裁で差戻し後の即時抗告審の審理が続けられている。

18年７月に大津地裁で再審開始が決定された日野町事件でも、地裁決定から４年以上が経過した22年９月現在もなお、大阪高裁での即時抗告審が続いている。通常の裁判と異なり、再審請求事件はいつまでに処理をしなければならないという縛りがなく、長期未済でも裁判官の人事考課には影響しない。だから、通常の裁判や控訴審の審理が優先され、「後回し」にされる傾向があるのだ。審理が「続いている」というより、なかなか審理に手を付けてもらえない、というほうが正確かもしれない。

その意味では、17年６月に鹿児島地裁が再審開始決定をした大崎事件第３次再審の即時抗告審で、福岡高裁宮崎支部（根本渉裁判長）が、わずか9カ月弱の審理で再審開始を維持する決定を出したのは画期的な出来事だった。このとき、検察官が地裁の開始決定に即時抗告を申し立てたのは7月3日だった。地裁から高裁に記録が送られたのが2日後の5日であることを知った私は、7月7日の午前中に福岡高裁宮崎支部に電話をかけ、アヤ子さんの年齢（当時90歳）に配慮した迅速審理の観点から、一刻も早く裁判所、検察官、弁護人による三者協議の期日を設けてほしいと要請した。すると、その日の午後に高裁から折り返しの電話があり、「7月20日午後3時から、三者の打合せ期日を入れる、ということでいかがでしょうか」と回答があった。かくして、即時抗告からわずか17日後に高裁での打合せ期日が実現するというロケットスタートと相成った。

第3次再審は検察官が抗告を申し立てる側だったので、打合せ期日で裁判長はまず、検察官に今後の主張立証の予定を尋ねた。すると検察官は「地裁決定が高い証明力を認めた供述心理鑑定について反論するために専門家の意見を聞いており、専門家の意見書や、それを踏まえた検察官の補充意見書の提出には3～4カ月を要する。書面の提出期限は10月末か11月初めとしていただきたい」と答えた。弁護団はこれに猛反発したが、裁判長はそれを制しつつも「裁判所としても3～4カ月というのは長いと考えます。補充意見書の提出期限は9月末としていただきたい」と指示し、「裁判所としても、いたずらに審理を長引かせようとは考えていません」ときっぱりと宣言した。

このような高裁の迅速審理の姿勢が功を奏し、わずか9カ月弱で決定に至った。しかもその決定書は地裁よりも大部な97頁にもわたるものだった。

私たち弁護団は、このときの経験から、今回の第4次再審でも同じ福岡高裁宮崎支部に迅速かつ充実した審理を求めるべく、初動戦略を練った。弁護団の佐藤博史弁護士が卓抜した分析能力と驚異的な筆力をもって起案し、弁護団の総力を挙げてブラッシュアップし、わずか5日間で完成させた88頁に及ぶ即時抗告申立書は、鹿児島地裁の中田決定の誤りをあらゆる角度から完膚《かんぷ》なきまでに叩き潰すものだった。しかし、弁護団はそれでこと足れりとせず、さらに高裁に迅速かつ的確な判断を促すために、裁判体の前でビジュアルなツールも使ったプレゼンテーションを行おうと考え、第3次同様、早期の打合せ期日の設定を求めることにした。7月7日（金）、「地裁から記録が到着した」との電話が高裁の担当書記官からかかってきたため、私はその機を逃さず、夏季休廷前の打合せ期日の設定を要請した。すると週明け月曜に裁判所からいくつかの候補日が伝えられた。東京、京都、大阪、福岡、宮崎、鹿児島など各地に散らばっている弁護人たちのスケジュールを合わせて宮崎に集結させるのは容易ではなかったが、何とか調整をつけ、裁判所に7月19日午後の期日開催を求めたところ、検察官の都合がつかなかったため、この日は弁護団と裁判所の面談期日とする旨、裁判所から回答があった。

そこで弁護団は、打合せ期日の1週間前にあたる7月12日、抗告審での審理は請求審の決定に論理則、経験則違反がないかを事後的に審理すべきであることを前提に、中田決定の明白な論理則・経験則違反を端的に指摘したコンパクトな申立補充書を提出して、来るべき裁判所との打合せに備えた。

7月19日午後2時。福岡高裁宮崎支部の準備手続室で、弁護団10名（うち2名は電話会議で参加）と、矢数《やす》昌雄裁判長・荒木精一主任裁判官が対面した。弁護団と裁判所とのやりとりの中で、弁護団は主として①検察官も出頭する期日で、即時抗告理由について画像や映像も用いたプレゼンテーションを行いたい②アヤ子さんの年齢に鑑み迅速な審理を行うべきであり、検察官の反論書提出期限を明確に定めてほしい③中田決定が第4次再審の新証拠である医学鑑定について明らかに誤解している点があるため、主張立証を補充したい――という3点を伝えた。裁判所は、検察官と事前に電話でやりとりした際に、検察官が反論書の提出時期は未定であると回答していたことを明らかにした上で、裁判所としても迅速審理の必要性は理解しており、改めて検察庁と調整することを確約した。また、弁護団が求めたプレゼンテーションについて、検察官の反論書の提出いかんにかかわらず、9月中に期日を設ける方向で調整することも明言した。約40分ほどの面談であったが、裁判所は概ね弁護団の要望を受け入れ、早期に実質的な審理が進められる道筋がつけられたのである。

裁判所との打合せ期日後、午後3時から宮崎県弁護士会館で行った弁護団の記者会見には、これまで大崎事件を「わがこと」のように熱心に報じてきた鹿児島のメディアが県境をまたいで駆けつけただけでなく、宮崎のメディアや支援者たちも多数参加してくれた。弁護団は打合せ期日でのやりとりを伝えたのちに、大崎事件の捜査、確定判決、累次の再審の経緯を踏まえ、第4次再審で何が問題となっているかを宮崎のメディアや支援者たちに理解してもらうためのプレゼンテーションも行ったため、記者会見は2時間近くに及んだが、参加者は途中退席することなく、皆熱心に聞き入っていた。

そして打合せ期日の翌朝一番に、弁護団のプレゼンテーションの期日を9月15日午後1時30分と指定する旨、高裁から電話で連絡があった。大崎事件第4次再審即時抗告審の天王山は、早くも9月15日に訪れることが決まったのである。

弁護団がこの重要な局面でどのような主張とプレゼンテーションを準備しているかについては、次回、明らかにしたい。

第17回 動き出した即時抗告審（下）

『創』22年11月号

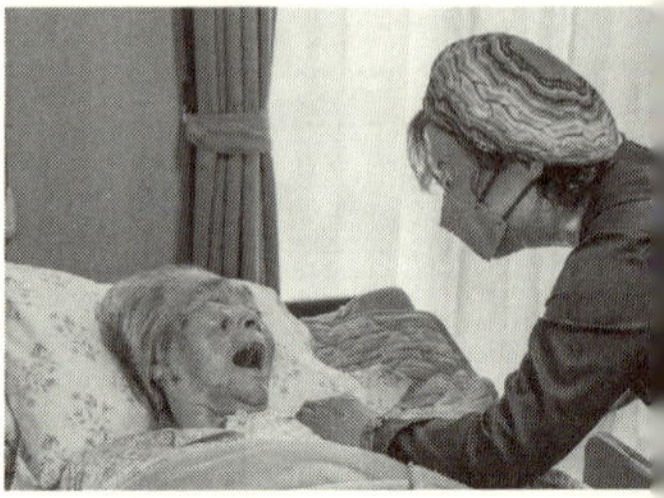
原口アヤ子さんと筆者

いよいよ動き出した大崎事件第４次再審の即時抗告審についてのレポートを、『創』９月号と10月号に前後編で掲載する予定だった。ところが、８月末に40度を超える高熱が続き、急性腎盂腎炎と診断され、不覚にも入院する事態となり、本連載を初めて休載することになってしまった。読者諸氏にはこの場を借りて改めてお詫び申し上げる次第である。ただ、「１回休み」となったことで、９月15日に福岡高裁宮崎支部で裁判所、検察官、弁護人の三者が出席して開かれた進行協議期日で、弁護団が行ったプレゼンテーション（以下、略して「プレゼン」）の内容を本稿で報告することができるタイミングとなった。怪我の功名というべきであろうか。

今回の弁護団によるプレゼンは、即時抗告審である福岡高裁宮崎支部の裁判体と福岡高検の検察官に対し、再審請求を棄却した原決定（鹿児島地裁の中田決定）について、いかに論理則・経験則に反しているか（「論理則・経験則」とは、科学法則や経験に由来する一般常識を指す。論理則・経験則違反とは、関西弁風に言えば「そんなんありえんやろ普通」という状態）をダイレクトかつ的確に伝え、検察官にも再審開始を認めるべきとの旨の意見表明を促し、検察官がそうしなければ、裁判所に一刻も早く中田決定を取り消し、自判して再審開始を決定する決意を固めさせることが目的である。

そこで弁護団は、中田決定が、再審を認めるかどうか、すなわち新証拠の明白性に関するこれまでの最高裁判例に反していること、さらには、中田決定自らが「追従」した第3次の最高裁決定（小池決定）にすら反していること、そして、そもそも大崎事件は確定審段階で十分に無罪判決をすることが容易だった、明らかな冤罪《えんざい》事件であることを、124枚のスライドを示しながら解明していった。

まず、中田決定の誤りを理解する前提として、大崎事件の有罪判決がどのような証拠によって支えられているかを確認する必要がある。第3次再審請求審（鹿児島地裁）までは、確定判決の有罪認定を支えている主要な証拠は「共犯者」とされた男性3名の自白と、それを支える親族の目撃供述、そして、被害者（四郎）の遺体を解剖した城哲男医師が、頸椎前に認められた顕著な出血から、四郎の死因を「頸部に外力が加わったことによる窒息死と推定」し、「他殺と想像する」と結論づけた鑑定だとされてきた。

しかし、第3次再審の即時抗告審（福岡高裁宮崎支部）で出された決定（根本決定）が、有罪認定の前提となっているのは、遺体発見の3日前、側溝に転落して道路上で前後不覚になっていた四郎を軽トラックに乗せて四郎の自宅まで搬送した隣人のIとTによる「（泥酔しているが）生きている四郎を土間に放置して退出した」との供述であることを、初めて明らかにした。根本決定はその上で、四郎の死因は転落事故による出血性ショックであるとした新証拠の法医学鑑定（吉田鑑定）によれば、自宅に到着した時点で四郎はすでに死亡していた現実的可能性があり、これにより「生きている四郎を土間に放置して退出した」というIとTの供述には疑問が生じると判断した。そうすると午後10時半に「土間で泥酔している（生きている）四郎を見た」アヤ子さんが、日頃の恨みを募らせて四郎殺害を決意したところから始まる確定判決の犯行ストーリーの入口が崩れることから、再審開始を認めたのだった。

ところが、検察官の特別抗告を受けた特別抗告審の最高裁第一小法廷は、吉田鑑定は四郎の「死因」についての鑑定で「死亡時期」を明らかにしたものではないから、吉田鑑定によってIとTの供述の信用性を否定し、アヤ子さんたちによる殺人・死体遺棄に合理的疑いが生じたと判断した根本決定は、吉田鑑定を過大評価し、実質的な総合評価を行っていない、と批判して根本決定を取り消したばかりか、再審請求そのものを棄却してしまった（小池決定）。「死亡時期」が明らかでないのであれば、高裁に差し戻して審理を尽くさせるべきであったのに、小池決定は「高裁の判断によれば、四郎の死体を遺棄したのはIとTということになるが、彼らが死体遺棄の犯人であることは全く想定できない」と根拠も示さずに決めつけ、アヤ子さんと「共犯者」らによる殺人・死体遺棄に合理的疑いは生じていないとして、第3次再審を強制終了したのである。

小池決定の結論は、「殺した者でなければ死体を埋めるはずがない」という、本件の捜査開始当初の警察と同じレベルの直感的・印象的判断に支配されたものであり、到底是認できないが、根本決定と小池決定を経て、大崎事件の焦点は四郎の「死因」から「死亡時期」へとシフトし、アヤ子さんと「共犯者」らを有罪とした確定判決を支えている証拠は「生きている四郎を四郎方土間に放置して退出した」というIとTの供述であることが明確になった。そこで弁護団は、四郎は自宅到着前にすでに死亡していたという「死亡時期」を特定した救命救急医の鑑定（澤野鑑定）と、コンピュータ解析と供述心理分析という、異なる手法によりIとTの供述を科学的に解明した2つの供述鑑定を新証拠として、第4次再審を申し立てたのだった。

中田決定は、これらの新証拠のうち澤野鑑定について、「四郎の転落時に頸髄損傷が生じた可能性があり、そうであれば、IとTの搬送により頸髄損傷がさらに悪化し、数分で呼吸停止に陥り死に至った可能性を否定はできない」と、控えめな表現ながら証明力を認めた。ところが中田決定は、澤野鑑定をもってしてもIとTの供述の信用性には影響しないと判断し、最高裁判例の白鳥・財田川決定が新証拠の明白性判断の手法とした「新旧全証拠の総合評価」を行うことなく澤野鑑定の明白性を否定した。

中田決定は、前述のとおり「四郎がIとTの搬送により数分で呼吸停止に陥り死に至った」可能性を認めているのだから、澤野鑑定によって「生きている四郎を土間に置いた」というIとTの供述の信用性に疑問符が付くのは当然であり、これを否定するのはまさに「論理則・経験則違反」である。しかも中田決定がIとTの供述を信用できると判断したのは、澤野鑑定を吟味した結果ではなく、「IとTが四郎の死体を牛小屋の堆肥中に遺棄したという可能性は、およそ考え難い」という、小池決定をそのままなぞった理由によるものだった。

しかし、小池決定が「IとTによる死体遺棄は全く想定できない」と断定した前提にあったのは、「死亡時期が明らかでない」とされた吉田鑑定である。小池決定は、吉田鑑定の証明力は限定的だから、新旧全証拠の総合評価によって有罪判決に合理的疑いが生じているかを検討すべきだったのに、根本決定はそれを怠り、「実質的総合評価」を行っていないと批判していた。一方、中田決定は、吉田鑑定と異なり、「死亡時期を明らかにしている」澤野鑑定を前提としながら、IとTの供述には影響しないという論理則・経験則違反を犯したことで、白鳥・財田川決定は言うに及ばず、小池決定さえ要求していた「新旧全証拠の総合評価」を行わないまま澤野鑑定の明白性を否定した。つまり中田決定は、自らが追従しようとした小池決定の水準にも届いていないのである。

中田決定の誤りは判例違反にとどまらない。「IとTが死体遺棄の犯人ではありえない」と断定した点について、小池決定は前述のとおり根拠を示していないが、中田決定はいくつかの理由を挙げている。その中で同決定が重視したと考えられるのが、四郎の自宅の「中六畳間」と、そこに敷かれていた「ビニールカーペット」に付着していた糞尿痕である。「共犯者」らの自白では、中六畳間で四郎を絞殺したときに四郎が失禁・脱糞し、これらが付着したビニールカーペットをアヤ子さんが拭いた後、屋外に立てかけたと供述されていた。このことに目を付けた中田決定は次のように判示した。「四郎は、中六畳間で失禁した後、何者かがカーペットの糞便を拭き取って、屋外に搬出した可能性をうかがわせるが、仮にI・Tが四郎を軽トラックの荷台から降ろしてそのまま牛小屋に運んだとすれば、四郎が中六畳間で失禁する機会はないし、I・Tがわざわざカーペットの糞便を拭き取り屋外に搬出する必要もないから、これらの行為をした者が誰であるかという点の説明が困難になる。このように、I・Tが四郎の死体を牛小屋の堆肥に遺棄したという可能性は、中六畳間等の状況と整合しない」

しかし、四郎は日頃から酔って室内で失禁や脱糞することがあり、中六畳間やビニールカーペットの糞尿がいつ付いたのかは特定できないし、犯行があったとされた10月12日に中六畳間にビニールカーペットが敷かれていたという証拠も存在しない。何より、四郎の遺体を解剖した城鑑定書には「肛門は開いているが、大便は漏出していない」と明記されており、四郎は10月12日には脱糞していないのである。中田決定は、10月12日に四郎が中六畳間に敷かれたビニールカーペットの上で脱糞したことを前提にしているが、これこそ明らかな論理則・経験則違反である。

そして中田決定は、澤野鑑定の明白性判断の中で、IとTの供述の信用性は揺るがないと結論づけたために、本来であれば、澤野鑑定の「車の両輪」として、併せて吟味されるべきであった供述鑑定の証明力についても、まるで付け足しのように簡単に否定した。また、新旧全証拠の「旧証拠」として総合評価に加えるべきであった、これまでの再審における有力な新証拠の存在も無視した。要するに「IとTの供述は信用できる」と言い切ることで、累次の再審で問題視された「共犯者」らの自白や親族の目撃供述の信用性については実質的な検討をしないまま再審請求を棄却したのである。

弁護団のプレゼンでは、このような中田決定の論理則・経験則違反を指摘した上で、大崎事件は単なる「死体遺棄事件」に過ぎなかったのに、捜査機関が見立てた「殺人・死体遺棄事件」として説明のつく証拠を集めた結果、これらの証拠には容易に発見できる数々の矛盾があり、証拠構造が極めて脆弱《ぜいじゃく》であることを具体的に示した。紙幅が尽きたので紹介は別の機会に譲るが、本件の冤罪性は、どこから見ても疑いようがないのである。

大崎事件の真実から目を逸らし、判例に背き、実質的な検討を怠った中田決定を認めることは、司法の役割放棄にほかならない。いま、上級審である高裁の資質が問われている。

第18回 刑事裁判と「バイアス」

『創』22年12月号

10月の終わりに、２日連続でシンポジウムのパネリストを務める機会があった。ひとつは「法と心理学会」のシンポジウムで、テーマは「刑事司法とジェンダー」、もうひとつはハンセン病市民学会のシンポジウムで、死刑執行後の再審請求事件である「菊池事件」をテーマとしたものだった。

一見するとまったく異なるテーマだが、２日間をとおして両者に共通する深刻な問題をひしひしと感じる経験となった。それは公正中立に判断されるべき刑事裁判に潜む「バイアス」の恐ろしさである。バイアスとは偏ったものの見方や価値観であり、誤った思い込みや差別に繋がる。

法と心理学会のシンポジウムでは、刑事司法にジェンダーバイアスが与える問題について、刑事法学者、心理学者、弁護士がそれぞれの視点で報告し、討論を行った。私は女性が冤罪被害者となった複数の事件を例に、その判断の誤りの背景に潜むジェンダーバイアスの存在を指摘した。大崎事件では、農家の長男の嫁として、一家を切り盛りしていた原口アヤ子さんが、知的・精神的な障がいや持病を抱えた親族たちに「もしものことがあったときのために」と生命保険を掛けていた。これに目を

今西事件の今西貴大さん（2024年11月28日無罪判決）（イノセンス・プロジェクト・ジャパン提供）

付けた捜査機関は「アヤ子を首謀者とする保険金殺人」との見立てのもと、いずれも知的障がいをもつ「共犯者」たちを誘導して、捜査機関の描いた犯行ストーリーに沿う自白を搾り取った。また、近隣の住民や親族からアヤ子さんの人となりを聞き取った内容を供述調書として証拠化した。

裁判所は判決で、「保険金目的」は断定できないとしたものの、「被告人は、勝気な性格なうえ、口数も多く、人の悪口も平気で言い触らし、（中略）長男の嫁としてN家一族に関する事柄を取り仕切っていた」と認定した上で、アヤ子さんが、身内の厄介者だった義弟に対する日頃の恨みを募らせ、夫らに殺害をもちかけて実行した首謀者と認定した。

男尊女卑の風潮の強い鹿児島の農村で、障がい者や病弱な者の多い一族にあって「しっかり者の長男の嫁」だったアヤ子さんに、「勝気な性格」「口数が多い」と陰口を叩く者がいたことは容易に想像できる。男性の「共犯者」たちがそろって自白に落ちる中、一貫して否認を貫くアヤ子さんを「女のくせに生意気な」と苦々しく思っていたであろう捜査機関（当時の取調官は全員男性である）が、彼女を「生来の悪女」のように印象付けようとしたとしても何の不思議もない。

被害者の遺体が、事故死を装うこともなく、牛小屋の堆肥に埋められた状態で発見されたという事実は、そもそも保険金目的の殺人という筋立てとは矛盾する。しかし裁判所は、保険金目的を否定しながら、アヤ子さんを首謀者とする犯行ストーリー自体は是認してしまった。

シンポジウムに登壇した社会心理学者の森永康子・広島大学教授は、バイアスの背景にあるステレオタイプ（個人差を無視して、集団全体に結びつけられた特性）に反する特性を持つ者が、社会的な批判を浴びせられる「バックラッシュ効果」について言及した。「女は従順で大人しいほうがいい。

出しゃばってはいけない」といったステレオタイプに反する「しっかり者で一族を取り仕切る存在」だったアヤ子さんに対する反感や批判がバイアスとなって、公正中立であるべき司法判断にも影響した可能性について示唆を与えられる指摘だった。

我が国の再審史上、女性が再審無罪となった最初の事件である「徳島ラジオ商事件」にも、当時の女性像や社会観とは異なるタイプの被告人が、バイアスによって冤罪に陥れられた可能性が窺《うかが》える。再審無罪となった冨士茂子さんは、内縁の夫をメッタ刺しにした殺人犯として懲役13年の有罪が確定し、5次にわたる再審請求の途上で死去、第6次再審で本人の死後に再審無罪となった。確定判決は殺人の動機について「(内縁の夫の浮気により)未だ妻として入籍していない自己の将来を案じ、さきに離別された先妻と同じ運命をたどるという絶望感にとらわれるとともに、浮気相手に対する嫉妬と夫に対する憤懣《ふんまん》の情にかられ」と認定している。しかし、夫が浮気したことで絶望して短絡的に殺意を抱くという認定は、「戸籍上の妻」という地位に過大な価値を置き、冨士さんを「内縁の夫に依存する弱い女」と決めつけるバイアスの現れではないだろうか。後に、この事件の再審無罪判決では、確定判決を次のように批判している。「被告人は、過去に2回結婚生活に敗れながら、男に頼らず、独力でカフェを経営し、夫の伴侶となってからも同人の有能な協力者として事業を守り立て、成功に導いたのであって、夫のみに依存して生きる型の女ではなく、法律上の妻として入籍されないことは、被告人にとって必ずしも大きな患い(原文ママ)ではなかったと考えられる」

同じシンポジウムの登壇者で、大崎事件の供述心理鑑定も手掛けた心理学者の大橋靖史・淑徳大学教授は、捜査における言葉のやりとりや、それを記録した文書の中で、バイアスに影響された事実が作られていき、それが他のストーリーの可能性を隠蔽《いんぺい》する危険性を指摘した。徳島ラジオ商事件には外部犯行を窺わせる多くの証拠があったにもかかわらず、住み込み従業員の証言（後に虚偽であるとされた）のみによって富士さんを犯人とするストーリーが描かれ、有罪が確定したのである。

　翌日のハンセン病市民学会のシンポジウムでは、国家がバイアスの形成に加担し、偏見と差別の中で憲法違反の刑事裁判が行われ、死刑が執行されてしまったという衝撃的な「菊池事件」の経緯が報告された。ハンセン病については１９４０年代に特効薬が開発され、諸外国では隔離政策を中止していった時期に、日本だけが逆行して隔離政策を強化していた。

　そのような中で療養所への入所勧奨を受けていたＦさんが、通報者を逆恨みして殺害したとの疑いで逮捕、起訴された。一貫して無実を訴えていたＦさんは、ハンセン病療養所内の「特別法廷」で裁判を受け、死刑判決が確定する。そして、彼自身による第3次再審請求が棄却された翌日、死刑が執行された。Ｆさんと事件を結びつける直接証拠はなく、凶器とされた短刀やＦさんの着衣から血痕は検出されず、有罪認定は親族の供述に依拠したものだったが、その供述にも数々の変遷と矛盾があった。しかし、特別法廷では裁判官、検察官、弁護人が白衣（予防衣）、長靴、ゴム手袋を着用し、証拠品を火箸《ひばし》でつまむという、極めて非人道的な対応が取られた。弁護人はＦさんが犯行を否認していたにもかかわらず、法廷で「別段述べることはない」と言い放ち、まともな弁護を行わなかった。

　日本国憲法は37条1項で、刑事事件の被告人に対し、公平な裁判所の迅速な公開裁判を受ける権利を保障している。Ｆさんの裁判は明白かつ重大な憲法違反であり、後に最高裁も謝罪している。しかし、国はかくも重大な憲法違反を是正することなく放置し、現在、憲法16条の請願権を根拠とする

「国民的再審請求」が熊本地裁に提起されている。ハンセン病に対するバイアスが招いた誤判が尊い命を奪うという、取り返しのつかない歴史的事実に対する徹底的な検証が行われなくてはならない。

さて、ここまで紹介した事件は、遠い昔のできごとであり、今の裁判にはバイアスなど存在しない、と思う向きがあるかもしれない。しかし、現代の刑事裁判においても、バイアスによる誤判は厳然と存在する。例えば、「被害者が可哀想」という同情と、その裏返しとしての加害者への激しいバッシングが起こりやすい犯罪では、まさにステレオタイプによるバイアスが司法判断を誤らせるリスクがある。児童虐待の一類型とされた揺さぶられっ子症候群（SBS。近年ではAHT：Abusive Head Traumaと呼ばれることが多い）もその一つだ。硬膜下血腫、網膜出血、脳障害の3徴候があれば、乳児を揺さぶったという虐待を推定するというSBS理論が提唱されたが、今日ではこの理論を提唱したイギリスやアメリカを含む欧米各国で、SBS理論は十分な医学的根拠のない仮説に過ぎないと断じる判断も出ており、この理論で有罪とされた事件の見直しが進んでいる。

日本でも、SBS理論による訴追を否定して無罪判決が言い渡されるケースがある一方で、検察官がSBS理論を根拠に立件するケースは後を絶たず、さらには、「激しい揺さぶりなどで3徴候が生じ得るという受傷機序自体は、裁判所でも法則性のある『経験則』として認められている」という、3徴候＝虐待というバイアスを助長しかねない元裁判官の論文なども発表されている。問題は、3徴候は病変や原因不明の突然死などの内因によっても起こりうることが、これまでの臨床例や科学的知見によって明らかになっているのに、3徴候があれば暴行などの「外力」によると決めつけてしまう点である。他の可能性を排除できないまま有罪にすることは、バイアスによる誤判そのものである。

ＳＢＳによる虐待を疑われたケースで、捜査機関による印象操作が、さらにバイアスを助長することもある。２０１７年12月に2歳の女児が亡くなり、養父である今西貴大さんが「頭部に何らかの方法によって強度の衝撃を与える暴行」を加え、女児を死なせたとして逮捕・起訴された「今西事件」がその例である。今西さんは女児を実の娘同様に大変可愛がっており、女児も今西さんに懐いていた。しかし、警察は「継父は虐待の加害親になりやすい」というバイアスのもとで今西さんを犯人視し、今西さんが一貫して否認する中で、女児の肛門にあった、排便のときにできることもあるような小さな裂傷を証拠として強制わいせつ致傷罪で今西さんを再逮捕し、検察官は彼を追起訴した。さらに検察官は女児が亡くなる1カ月前、滑り台で遊んでいた際に負ったとみられる膝の骨折について、これも今西さんの暴行によるものであるとして傷害罪で起訴したのである。

こうして「虐待の加害親」に仕立て上げられていった今西さんは、大阪地裁で懲役12年の有罪判決を受け、現在大阪高裁で控訴審が係属中である。女児には心臓に数カ所の炎症所見があり、ウイルス性の急性心筋炎で急変した可能性も否定できないとされている。今西事件は医学的知見にもみられるバイアスの上に、さらにバイアスに捉われた捜査機関の意図的な印象操作が重なった不幸な事件である。控訴審ではこれらのバイアスを認識し、除去した上で、裁判官が本来もつべき公平中立な「自由心証」によって適切な判決が下されることを期待したい。

刑事裁判の歴史に横たわり続ける「バイアス」――。冤罪が判明した多くの事例におけるバイアスの影響の有無を検証し、事実認定における新たな「注意則」を構築する必要性を痛感している。

［追記］２０２４年11月28日、大阪高裁は今西さんに無罪判決を言い渡した。

第19回 「差戻し」と「自判」を考える

『創』23年1月号

講談社元社員『妻殺害』事件の最高裁判決の後、弁護人（右）と「支援する会」が開いた会見

『創』でたびたび特集されてきた「講談社元社員『妻殺害』事件」で、11月21日、最高裁第一小法廷は、講談社元社員の朴鐘顕《パクチョンヒョン》さんに対する懲役11年の有罪判決を破棄し、審理を東京高裁に差し戻した。上告棄却によって有罪が確定してしまう事態が回避されたことで、無実を主張し続けてきた朴さんや関係者はひとまず安堵《あんど》したことだろう。この判決を報じる記事への書き込みも、「最高裁が良識を示した」とか「画期的判断」といった趣旨のものが少なくなかった。

しかし、この判決を手放しで喜ぶわけにはいかない。この事件を含め、ここ数年の間に、刑事事件で最高裁が原判決（決定）を破棄したケースには、ある由々しき傾向を見て取ることができるからだ。

ここで、高裁のした判断に対し、最高裁に不服申立てをすることができる場合と、これに対する最高裁の判断について、法がどのように定めているかを見ておく。一審、二審の判決に対し、被告人または検察官が最高裁に上告できるのは、判決に憲法違反、判例違反がある場合のみである（刑事訴訟法405条。なお、法令解釈についての重要事項を含む事件の場合に上告が受理されることがある。

同406条）。しかし、これらの上告理由が認められない場合でも、最高裁は、判決に影響を及ぼすような法令違反や重大な事実誤認などがあり、「原判決を破棄しなければ著しく正義に反する」と認める場合には、自らの職権で原判決を取り消す（破棄）ことができる（同411条）。

原判決が破棄された場合には、最高裁は事件の審理をもとの裁判所に突き返してやり直させなければならない（同413条前段）。これを「差戻し」という。ただし、訴訟記録やこれまでに取り調べられた証拠によって「直ちに判決をすることができるものと認めるとき」は、最高裁はその事件についてもとの裁判所に差し戻さずに、自ら判決をすることができる（同条後段）。これを「自判」という。以上の条文の定めは、再審請求における決定について最高裁に不服を申し立てる場合（「特別抗告」という）にもほぼ準用されている。

さて、これから紹介するのは、被告人（再審請求人）または検察官の申し立てた上告（特別抗告）について、いずれも上告（抗告）理由にあたらない、とした上で、最高裁が自ら職権で原判決（決定）を取り消したケースである。職権破棄は、いわば最高裁の「独壇場」という領域だが、ここで問題となるのは最高裁が原判決（決定）を破棄した後、差し戻したのか、自判したのか、である。

まず、破棄差戻しとなった事件として、袴田事件第2次再審（2020年12月22日最高裁第三小法廷決定）がある。2014年3月に静岡地裁がした再審開始決定を、18年6月に東京高裁が取り消して再審請求を棄却した。これに対し、請求人側が最高裁に特別抗告を申し立てたところ、最高裁は東京高裁の棄却決定を取り消し、審理を東京高裁に差し戻した。静岡地裁の開始決定は、袴田さんが犯行時に着用し、事件直後にみそ樽の中に隠蔽《いんぺい》したとされる「5点の衣類」のDNA鑑定と、5点の衣類に付着した血痕が（開示されたカラー写真によれば）鮮明な赤色だったのに対し、請求人側が行った実験によれば、1年2カ月みそ漬けにした血痕は黒褐色になり赤みが消失するという実験報告書を、無罪を言い渡すべき明白な新証拠と認め、再審を開始した。しかし東京高裁は、ＤＮＡ鑑定の信用性を否定し、みそ漬け実験報告書についても、実験に使用したみその色が実際のものとは違うとか、現像された写真における血痕の色調の再現性に問題があるなどとして明白性を否定した。

これに対し最高裁は、ＤＮＡ鑑定の明白性は否定したものの、みそ漬け実験報告書に関しては、みそ漬けされた血液の色調の変化に影響を及ぼす要因について科学的に解明されていないと指摘し、専門的知見等を調査するなどした上で、その結果を踏まえて、5点の衣類に付着した血痕の色調から、1年以上みそ漬けされていたとの事実が認められるか（みそ漬け期間がそれより短ければ、逮捕・勾留されていた袴田さんが5点の着衣をみそ樽に投げ込むことは不可能であり、袴田さんの犯人性が否定される）について、審理を尽くすよう高裁に命じた。

次に東京高裁の逆転有罪判決が最高裁によって差し戻されたケースとして「乳腺外科医準強制わいせつ事件」（２０２２年2月18日最高裁第二小法廷判決）がある。乳腺腫瘍《しゅよう》の手術直後、患者が執刀医である被告人に左乳首を吸われたり舐《な》められたりした旨供述し、患者の左乳首付近から採取した付着物に被告人のＤＮＡが検出され、また、被告人の唾液である可能性を示すアミラーゼ反応があったとされた。一審の東京地裁は、患者の供述に「術後せん妄」（麻酔覚醒時に出る幻覚）の影響を認め、また、ＤＮＡ・アミラーゼ鑑定については、鑑定資料が保存されていない（後の再検証が不可能になる）こと、検査者がワークシートに鉛筆書きし、これを消して上書きしていることなど、信用性に問題がある点を指摘、本件の事件性に合理的疑いがあるとして無罪を言い渡した。しかし、控訴審の東京高裁は、患者の証言に術後せん妄の影響があることを否定し、DNA・アミラーゼ鑑定の信用性も認めて、被告人に懲役2年の実刑判決を言い渡した。

最高裁は、術後せん妄の影響を否定した検察側の鑑定人の判断に疑問を呈し、DNA型鑑定に際し実施されるDNA定量検査についても、いくつかの疑問が解明されておらず、控訴審が審理を尽くしていないとして、有罪判決を破棄し、審理を東京高裁に差し戻した。

そして、この乳腺外科医準強制わいせつ事件最高裁判決から9カ月後に出たのが、今回の「講談社元社員『妻殺害』事件」の破棄差戻し判決である。この事件で検察官は、朴さんが寝室で妻の頸部を圧迫して殺害したと主張した。一方、朴さんは、産後うつの影響で精神的に不安定だった妻が包丁を持ち出したため、寝室でもみ合いになった後、朴さんが目を離した隙に妻が階段の手すりに朴さんのジャケットを巻き付け、首をつって自殺したと主張した。東京高裁は一審の有罪判決を維持し、妻は額に傷を負っていたところ、妻の両手に血液の付着やその痕跡がなく、血液を拭うなどした物も見当たらないことから、妻は額に傷を負った時点で意識を失い、そのまま死亡したと推測できる、また、妻が階段の上で首をつったのであれば、額から血液が顔を伝って落ちるはずであるが、そのような痕跡もないとして、妻が自殺したという被告人の主張は客観的証拠と矛盾すると判断した。

これに対し、最高裁は、検察官が証拠とした妻の傷の写真からは、顔前面の血痕の有無を判断することは困難であり、仮に顔前面に血痕があれば、両手に血液が付着したり血液を拭った物がなかったとしても不合理ではなく、そもそも妻の自殺前の行動には多様な想定が可能であり、妻がどの時点で額に傷を負ったかも不明であるから、額の傷からの出血が妻の顔面にどのような痕跡を残すのかも明らかでないと指摘した。そして、原判決には妻の顔面の血痕の有無や、自殺であるとの主張との関係について審理不尽の違法があり、「これが判決に影響を及ぼすことは明らかであって、原判決を破棄しなければ著しく正義に反するものと認められる」と結論づけて原判決を破棄、高裁に差し戻した。

これらの最高裁の判決（決定）は、すべて高裁のした有罪方向の判断を最高裁が否定し、高裁に審理をやり直すように命じているが、それは何を意味しているのであろうか。具体的には、袴田事件では、1年2カ月みそ漬けにされた血痕が黒くなるメカニズムを明らかにすることであり、乳腺外科事件ではDNA定量検査におけるいくつかの疑問を解明することであり、講談社元社員「妻殺害」事件では、妻の顔面の血痕の有無や額の傷からの出血が顔面にどのような痕跡を残すのかなどを踏まえた自殺の可能性の有無と、その程度である。

仮にこれを被告人、再審請求人側に求める趣旨であれば、それは「無罪の立証」を強いているに等しく、有罪立証の義務を負う検察側に求めるのであれば、これまでの立証に失敗した検察官に再度有罪立証のチャンスを与えることにほかならない。いずれにしても、現在の証拠関係で有罪認定ができない以上、最高裁はただちに、「疑わしいときは被告人の利益に」と自判して無罪（再審開始）にすべきなのではないか。袴田事件の差戻し決定には、「差戻しではなく、自判して再審開始を確定すべき」という2裁判官の反対意見が付けられているが、差戻しによる審理の長期化が被告人・再審請求人側に与える負担を思えば、これこそがまっとうな判断である。

では、最高裁が破棄自判したのはどのようなケースか。すでに本書で紹介したものばかりである。

一つは、本書第14回の「『適正手続』の危機」で言及した、令状主義違反の強制採尿手続で収集した証拠を排除し、覚せい剤自己使用罪を逆転無罪とした福岡高裁の判決を、最高裁が破棄・自判して一審の有罪判決を復活させたケースである（2022年4月28日第一小法廷判決）。そしてもう一つ、同じ第一小法廷が、地裁・高裁の重ねた再審開始決定を「強制終了」させた、あの大崎事件第3次再審特別抗告審決定（小池決定。2019年6月25日）である。

これらは高裁がした無罪方向の判断を、最高裁が取り消した上、自ら有罪や再審請求棄却を確定させたものである。控訴審裁判所が一審の無罪判決を破棄自判するときには、法廷を開いて事実調べを行わなければならないというのが、確立した最高裁判例であり、第一小法廷も2020年1月に同様の判断をしている。にもかかわらず、最高裁自身は事実調べを行わず、弁護人に反論の機会も与えずに、破棄自判して無罪を有罪に、再審開始を再審請求棄却に変更したのである。最高裁だけは特別であるとでも言いたいのだろうか。

最高裁は「人権を守る最後の砦」と言われている。強大な国家権力による違法な刑罰権の行使から市民を守ることが、憲法から与えられた最高裁の使命であったはずだ。高裁のした有罪方向の判断に対しては、自ら手を下さずに差し戻して審理を長引かせ、高裁のした無罪方向の判断に対しては、自判して被告人救済の途を閉ざす最高裁は、その使命を見失っているのではないか。

講談社元社員「妻殺害」事件の上告審判決は、朴さんに無罪判決の希望をもたらしたが、過大評価されてはならないのである。

［追記］２０２４年7月18日、東京高裁は再び朴さんの控訴を棄却した（朴さんは上告）。

第20回 再審をめぐる「行く年来る年」

『創』23年2月号

2022年12月18日、京都弁護士会「憲法と人権を考える集い」

本連載は、今回でちょうど第20回となった。そこで、連載20回のメモリアルとして、再審をめぐる「行く年（２０２２年）」を振り返り、「来る年（２０２３年）」を展望したい。

２０２２年は、再審法改正に向けた動きが加速していることを肌で感じた1年だった。年頭に刊行された岩波書店『世界』の2月号に「日本司法の〝独自進化〟」という特集が組まれ、そこに「再審制度の改革はなぜ必要なのか」と題する拙稿を寄せた。以降、メディアがこのテーマを特集として取り上げることが目に見えて多くなった。『創』も6月号の「再審の歴史的改革」という冒頭特集で、元裁判官の木谷明氏、ジャーナリストの江川紹子氏、映画監督の周防正行氏、鴨志田の4名による座談会を掲載した。9月には日経新聞と東京新聞が相次いで再審制度の問題点を、ほぼ1面全面で取り上げた。

再審法改正の機運を加速化させた要因のひとつは、日弁連の変化である。2月4日、再審法改正を公約に掲げた小林元治弁護士が日弁連会長選挙に当選した。選挙結果の判明からわずか数時間後、当時は「再審法改正に関する特別部会」の部会長だった私に、小林次期会長から、「近いうちに取り組み方を相談させてください。今月中に1時間でもお時間をいただけませんか」とメッセージが送られてきたのには驚いた。すぐに日程を調整して上京した私に、小林次期会長は開口一番、「再審法改正実現本部を設置する方向で動きたい」と明言した。公約実現への並々ならぬ覚悟が伝わってきた。

そこからの動きは速かった。4月に就任した小林会長のもとで、実現本部の人選、組織、活動内容と法改正実現までのロードマップなどを具体的に定め、6月16日の理事会で、正式に再審法改正実現本部の設置が承認された。本部長には小林会長自身が就任し、日弁連会長経験者や著名再審事件に関わった重鎮の弁護士たちが副本部長に名を連ねた。全国の弁護士会の会長などが務める70名あまりの日弁連理事も全員が実現本部に所属することになり、特別部会当時は40名弱だったメンバーが、実現本部化したことで140名を超える陣容となった。まさに、日弁連を挙げて法改正の実現に取り組む組織となったのである。現在、実現本部では、刑事弁護、刑事法制、人権擁護などの分野で実績をもつ実働メンバーが、改正法案作成部会、国会対策部会、会内連携部会、対外連携部会、広報部会に分かれて精力的な活動を展開している。

改正法案作成部会は、平成3年案以来30年以上ぶりとなる、日弁連による再審法改正の公式な立法提言である「刑事再審に関する刑事訴訟法等改正意見書」の作成を担う部会である。日弁連では再審における証拠開示手続きの法制化と再審開始決定に対する検察官抗告の禁止を最優先の改正課題と位置付けているが、意見書にはこの2つにとどまらず、大正刑事訴訟法以来ほとんど手つかずの再審規定について抜本的な見直しを行い、多岐にわたる立法提言を行う。年度内の意見書発出を目指し、現在作業は大詰めの段階にある。

国会対策部会は、再審法改正を実現するために立法府である国会に直接働きかける部会である。超党派による議員連盟の結成を目指し、個々の議員への面談を重ねており、今後は各党内での勉強会の開催、院内集会の開催などを予定している。

会内連携部会は、各地の弁護士会に対し、再審法改正問題の啓蒙、世論喚起を目的とする様々な活動の企画、実践を要請する役割を担う。具体的には、各地での市民集会、シンポジウム、弁護士会内研修などの実施、各弁護士会の総会で再審法改正の決議を上げること、地方選出の議員への働きかけ、地方議会に対し、国会に再審法改正を求める意見書を採択するよう請願することなどを各地の弁護士会に依頼している。これに呼応するように、実現本部発足の前後を通じて各地の弁護士会が開催する集会や研修会も飛躍的に増加した。再審法改正問題プロパーの組織を設置する弁護士会も増えている。

対外連携部会は、市民団体、業界団体、労働組合など様々な団体との連携を試み、再審法改正の世論を醸成するための取組みを行う。広報部会は、国会議員や一般市民向けに再審法改正問題への理解・関心を高めるためのわかりやすい広報ツールの制作を手掛ける部会である。再審法改正ポータルサイトの構築、動画やパンフレットの制作を急ピッチで進めている。

私は再審法改正実現本部の本部長代行に就任した。設置から半年で、熱い思いをもった多くの弁護士たちの協力を得て、ここまで迅速かつ充実した活動を進められたことで、今後も日弁連が再審法改正運動を牽引し続けると自負している。

一方で、2022年には日弁連以外でも、再審法改正を目指す様々な団体によるイベントが各地で開かれた。特筆すべきは、5月27日に院内集会の形で開催された「再審法改正をめざす市民の会」結成3周年のイベント、「再審法改正をめざす議員と市民の集い」である。冤罪被害者やその家族が次々と画面に現れ、冤罪被害の実情と迅速な救済を願うオープニング動画から始まった集会には、与野党から多くの国会議員が参加し、党派を超えて法改正に取り組む決意が口々に述べられた。この集会を後援した日弁連からは、再審法改正問題担当の副会長2名が壇上に立ち、日弁連を挙げて再審法改正を実現させる旨の挨拶を行った。私が法改正の必要性について解説する基調報告を行った後、「映画人が切り撮る冤罪の実情」と題する、二人の映画監督と一人の冤罪被害者――布川事件で再審無罪となった桜井昌司さん、桜井さんがあらゆる困難をものともせず明るく前向きに生きる姿を追ったドキュメンタリー映画『オレの記念日』を完成させた金聖雄監督、そしてわが国の冤罪映画の金字塔である『それでもボクはやってない』の周防正行監督――による鼎談が展開された。会場とオンラインのハイブリッド開催で大盛会となったこの集会は、再審法改正が、理想ではなく実現可能な現実となりつつあることを強烈に印象付けた。

日本国民救援会が中心となって進めている、地方議会に対し、再審法改正を国会に求める意見書を採択することを要請する請願運動も地道な成果を上げている。22年12月現在、岩手県議会と１１３の市町村議会が意見書を採択した。今後は日弁連と各地の弁護士会がこの活動に参入し、さらに多くの自治体による意見書採択が期待される。

とはいえ、一般市民の間では、刑事司法の中でもとりわけ再審は遠い問題だと考えられているだろう。その中で、一筋の明るい光をもたらしているのが、この問題に関心を寄せる若者たちの存在である。京都弁護士会は、毎年恒例のイベント「憲法と人権を考える集い」で、「#えんざい～まちがいと向き合うこれからの日本の刑事手続き～」と題して、取調べの弁護人立会いの必要性と再審法改正問題を取り上げた。このイベントでは「Z世代」(概ね1990年代中盤から2010年代序盤までに出生し、生まれながらにデジタルネイティブである世代)に冤罪や再審の問題をわかりやすく伝えることを目標に掲げ、企画の段階から立命館大学、同志社大学の学生たちの協力を得た。大学生たちは、冤罪被害者本人に面談して取材したり、冤罪事件の発生現場に直接足を運んだりして自らが感じ、考えたことを、イベントの「基調報告」としてプレゼンした。

また、11月には京都府立嵯峨野高校2年生の生徒4名が、私の事務所を訪れた。嵯峨野高校は国からスーパーサイエンスハイスクール(SSH)に指定されており、人文・社会科学の分野でも、生徒自身が課題を設定し、その課題の解決を目指す「アカデミックラボ」と呼ばれる探究活動が行われている。

事務所を訪れたのは、研究課題として「冤罪からの救済」を選択した生徒たちである。拙著『大崎事件と私』や再審法改正に関する文献を読み進めるうち、私に直接話を聞きたい、ということになったそうだ。生徒たちは学びの中で感じた疑問を一つずつ私に問い、そこから議論を深めていったが、その質問は、「なぜ検察官は有罪にこだわるのか」「再審無罪となった事件について、その原因は調査されたのか」など、ことの本質を突く質問が多かった。生徒たちは今回の研究成果を独自の再審法改正案として取りまとめ、英語で海外にも発信するという。冤罪を「わがこと」として考えることのできる層が、若い世代に広がることこそが、再審法改正実現の鍵を握ると言っても過言ではない。

しかし、「行く年」は、明るい話題ばかりだったわけではない。22年を振り返る上で忘れてはならないのは、この1年、著名な再審事件での再審開始決定がなかったことである。3月に出された名張事件第10次異議審決定では、請求人が提出した新証拠たる鑑定や、今回初めて開示された、確定判決の認定と矛盾する供述調書をそれぞれ別個に検討する手法で証明力を過小評価し、再審を認めなかった。また、6月には大崎第4次再審請求審で、鹿児島地裁が請求棄却決定を出した。第3次再審とは異なり、被害者の死亡時期を明らかにする臨床医の鑑定の証明力を否定できないとしながら、死亡時期が不明であることを前提とした第3次の最高裁決定の結論に追従し、論理破綻した内容だった。また、大津地裁の再審開始決定からすでに4年以上が経過している日野町事件第2次再審の即時抗告審（大阪高裁）も、未だ決定が出ずにいる。冤罪被害者の迅速な救済が再審法改正の一番の目的であることからすれば、法改正の実現以前に、救済されるべき再審事件が解決を見ずにいる現実は極めて深刻であることを直視しなければならない。

２０２３年3月に決定が出る見込みとなった袴田事件第2次差戻後即時抗告審（東京高裁）では、これまでの審理経過から、再審開始の公算が高まっている。また、大崎第4次再審の即時抗告審でも、地裁決定の誤りは明らかであるため、弁護団は早期の判断を求め、これを受けた裁判所（福岡高裁宮崎支部）は、1月末で審理を終結し、決定に向かうことを明言した。日野町事件の再審開始決定にも論理則・経験則違反など見当たらない以上、開始決定が維持されなければならない。

袴田、大崎、日野町という、いずれも証拠開示が重要な役割を果たし、再審開始を経験したにもかかわらず、検察官の抗告で審理が長期化しているという共通項のある事件で、高裁による再審開始ラッシュとなれば、再審法改正を求める世論はいやが上にも高まるはずである。

２０２３年は、何としてもそのような年にしなければならない。

第21回
「エルピス」は希望か、災いか？

『創』23年3月号

関西テレビのホームページより

刑事裁判が描かれたテレビドラマを最終回まで見続けたことがほとんどない。あまりにも凄まじい現実とのギャップに、途中でくじけてしまうからだ。そうした中で2022年年の秋、「エルピス—希望、あるいは災い—」（フジ系列、関西テレビ制作）が周囲で話題となり、珍しく最終回まで視聴した。

このドラマは、安倍政権下での、権力への萎縮と忖度《そんたく》、体制批判報道へのあからさまな報復人事が横行し、内部では視聴率至上主義が幅を利かせ、セクハラ・パワハラも蔓延する18年から20年にかけてのテレビ局が舞台である。「報道のエース」からバラエティ番組に降格させられた女性アナウンサー・浅川恵那（長澤まさみ）と、そのバラエティ番組の若手ディレクター・岸本拓朗（眞栄田郷敦）が、10代の少女たちが犠牲となり、被告人の死刑が確定した連続殺人事件について、冤罪の可能性があるとの情報を得て、調査、取材を始める。その過程で突き止めた冤罪を裏付ける事実を報道しようとするが、上司やテレビ局上層部の圧力に阻まれ、浅川はやむなく上司の許可を得ずに、自らが出演するバラエティ番組でゲリラ放送したことで内外に波紋が広がる。浅川と岸本は数々の困難や妨害に直面し、時に挫折しつつも調査を進めると、真犯人を隠蔽《いんぺい》しようとする大物政治家の圧力が捜査に影響を与えていたことが判明する。大物政治家の側近となり、後継者と目される元政治記者の斎藤正一（鈴木亮平）は、浅川が報道部にいたときの先輩であり、恋人でもあったが、事件の真相が報道されるのを止めようと暗躍する――。

一視聴者としての率直な感想は「非常に質の高い社会派ドラマで、面白く、見ごたえ十分だった」というほかない。細部まで練られたシナリオによる緻密《ちみつ》でスリリングなストーリー展開。浅川と岸本が辿る、挑戦と挫折の繰り返しからの深い絶望、そして再生に至る道行きへの共感。重厚なトーンでありながら、エンタメ的要素も随所にちりばめられ、オープニング、エンディング、劇中音楽、主題歌にもセンスの良さとこだわりを感じる。長澤、鈴木、眞栄田ら出演俳優の渾身《こんしん》の演技にも手に汗を握らされ、ときに涙腺を刺激された。

テレビ局のバックステージもので、マスコミの本音や恥部が容赦なくえぐり出される「エルピス」は、プロデューサーの佐野亜裕美氏と脚本家の渡辺あや氏が6年越しで温めていた企画である。だが、企画はなかなかテレビ局に受け入れられず、佐野氏はTBSを退社して関西テレビに移籍、同局の制作で、ようやくこの稀有《けう》なドラマが世に出たという。

いざ放映されると、最終回を迎えないうちに、多くのメディアがこのドラマを紹介し、高く評価した。朝日新聞は佐野氏、東京・中日新聞は渡辺氏のロングインタビューをそれぞれ掲載し、東洋経済オンラインでは「時代に名を残す名作に化ける可能性を感じる」と評された。

マスコミの自己批判ともいうべき内容のドラマを、ほかならぬマスコミが歓迎する。「エルピス」

に「希望」を見出しているのは、閉塞感漂うジャーナリズム自身ではないだろうか。

ところで、「エルピス」は冤罪そのものを描いたドラマではない。しかし、このドラマのストーリーは「八頭尾山連続殺害事件」という死刑冤罪事件の真相究明を軸に展開しているし、オープニングには「このドラマは実在の複数の事件から着想を得たフィクションです」というテロップが掲げられている。そこで、「再審弁護人」の目線で、この作品における冤罪の描かれ方を見てみよう。

エンドロールには、「参考文献」として、9つの文献が挙げられている。そのうちの6点は、DNA鑑定により自白に追い込まれ、幼女誘拐殺人事件の犯人とされた菅家利和さんが、再審段階で行われたDNA「再」鑑定で再審無罪となった足利事件に関するものであり、「八頭尾山連続殺人事件」が、主として足利事件をベースにしていることがわかる。

もっとも、足利事件は死刑事件ではない。そこで加えられたと考えられるのが、福岡で発生した女児誘拐殺人事件の「飯塚事件」だ。元被告人の久間三千年さんは一貫して無実を主張していたが、足利事件で有罪の決め手とされたのと同じ手法によるDNA鑑定を有力な証拠として死刑が確定した。そして足利事件の再審請求でDNA再鑑定の実施が決まった直後に、まるで口封じのように久間さんの死刑が執行された。飯塚事件は死刑執行後の再審請求という重い十字架を背負いつつ、現在第2次再審請求審が福岡地裁に係属している。くだんの参考文献の中に飯塚事件をタイトルとするものはないが、日弁連が2019年の人権擁護大会で行ったシンポジウムの基調報告書をベースに書籍化した『21世紀の再審――えん罪被害者の速やかな救済のために』に、飯塚事件も取り上げられている。

また、参考文献には挙げられていないが、連続殺人事件の調査を始めた浅川恵那の机の上に、私が日弁連「再審における証拠開示に関する特別部会」の部会長を務めていたときに、同部会から刊行した『隠された証拠が冤罪を晴らす――再審における証拠開示の法制化に向けて』が置かれている。ドラマの設定が18年であり、この本はその年の刊行である。正確な時代考証からも、綿密な文献調査をしたことが窺《うかが》われる。

ドラマの中で浅川と岸本が行う「現場再現」で、検察側が主張する犯行ストーリーの時系列には無理があることを実証したエピソード、過酷な取調べに耐え切れず「許してください」と懇願したことを「自白した」と決めつける、当時の取調官の証言を疑問視するエピソード（足利事件の菅家氏の録音テープに、まさにこの状況が残されている）、再審請求（即時抗告審と思われる）で裁判所が突如DNA再鑑定を採用した際、弁護人が「退官前の裁判官によくあること」とコメントするシーン（ただし実際には、裁判長が定年退官前なので再審開始決定を書くのではないか、と予想された飯塚事件、大崎事件では再審請求が棄却されている）などから、これまで冤罪を描いたドラマとは比べものにならないほど、佐野氏と渡辺氏が冤罪や再審をめぐる実情を調べていることがわかる。

冤罪事件を素材にしたバックステージものという切り口も、多くの視聴者に注目されるという意味では正解だったと思う。この点、文春オンライン「実在の事件の扱いは、それで良かったのか？　今年最大の話題作『エルピス』、語られなかった『危うさ』」(このドラマに対する数少ない批判的な記事である）では、浅川と岸本の内面の葛藤や成長の物語の「背景」として、実在の事件のコラージュを用いたことは軽率ではないのか、という趣旨の批判がされている。しかし、冤罪を正面から取り上げるドラマでは、お茶の間の一般視聴者からは最初から見向きもされないだろう。華やかなテレビ番組の内幕を描く、長澤まさみと鈴木亮平が出ているドラマだからこそ、一般視聴者もチャンネルを合わせるのであり、その視聴者たちに、ここまで冤罪や再審の実情を知らしめ、話題に上らせたことが、私にとっては「エルピス」のもたらした「希望」だと思っている。

逆に、ドラマが回を重ねるうちに、私の中に危機感が芽生えたのも事実である。確定死刑囚を冤罪に陥れた原因は、大物政治家が、自分の最大の支持者の息子である真犯人を隠蔽するために、捜査機関に圧力をかけたことだった。しかし、圧倒的多数の冤罪事件は、有力政治家とはいえ一個人の圧力で作られるようなものではない。冤罪は、どこにでもある警察が、自ら描いた犯行ストーリーに沿うような証拠を集め、「犯人」と目した人物を責め立てて自白を搾《しぼ》り取り、それらの証拠をもとに検察官が起訴すると、「検察が有罪だと判断しているから間違いない」と裁判所も追従することで生まれる。ドラマの中で浅川が「冤罪を暴くには国家権力を敵に回す覚悟がいる」と言うが、冤罪を生み出す国家権力とは、片田舎の警察が描いた稚拙な犯行ストーリーでも、ひとたび有罪となったら最高裁までもがそれを死守しようとする、「組織」の力学である。そして組織を構成する者たちに、しばしば時の政権の影響が及ぶ。大崎事件第3次再審で、地裁・高裁が重ねた再審開始決定を取り消し、強制終了させたのは、全員が安倍政権のもとで任命された最高裁判事たちだった。

もう一つ違和感があったのは、マスコミと再審弁護人との関係である。浅川と岸本は八頭尾山連続殺人事件の再審請求を行っている弁護人とコンタクトを取りながら、事前に弁護人に知らせぬまま、虚偽の目撃供述をした証人の妻の新供述を報道した。これが原因となって目撃証人が逃亡するという事態を招き、弁護人になじられる。にもかかわらず、その後、岸本が関連殺人事件の物証を入手して依頼したDNA再鑑定によって真犯人が判明したとき、彼らはその結果をどう報じるかについて画策する一方、弁護団にこのDNA鑑定を「新証拠」として提供した様子はない。いかに裁判所が信用できなくても、冤罪被害者を無罪にするのは再審手続きしかないのだから、マスコミと弁護団が慎重に戦略を練るという場面が必要だったのではないか。

そして何より私が危惧するのは、ほかの多くのドラマもそうであるように、冤罪を晴らす方法が「真犯人の発見」だったことである。このドラマでは、逮捕当時死刑囚と生活を共にしていた少女の証言、前述した目撃供述の虚偽を明らかにする新証言など、有罪判決を動揺させる証拠が積み重ねられていたが、それらでは足りず、DNA鑑定で真犯人が明らかになったという報道（この報道自体が、ある意味「忖度」と「妥協」の産物であるのだが、ここでは深入りしない）で、ようやく死刑囚の冤罪が晴れ、再審無罪となる。

刑事裁判には「疑わしいときは被告人の利益に」という鉄則がある。再審にもこの原則は適用され、新証拠によって有罪判決に合理的な疑いが生じれば再審を開始しなければならない。にもかかわらず、「真犯人を連れてこなければ冤罪被害者を救済しない」と言わんばかりの判断がまかり通っている現実があるのは確かだ。しかし、それを前提としたドラマが重ねられれば、市民は「再審とはそういうものだ」と、現実を追認してしまうだろう。それは、冤罪被害者にとっての「災い」である。

一般視聴者に「疑わしいときは――」の原則を伝えることは難しいかもしれない。しかし、だからこそ、佐野氏と渡辺氏には、「真犯人が判明しなければ冤罪事件は解決しない」ドグマを撃ち破り、その先の地平を描いてほしい。それが「エルピスⅡ」のもたらす「希望」となるはずだ。

第22回 「日野町・袴田前夜」と「再審法改正意見書」

『創』23年4月号

日弁連制作の再審法改正チラシ「法との戦い」

第20回「再審をめぐる『行く年来る年』」で、私はラストをこう締めくくった。

「袴田、大崎、日野町という、いずれも証拠開示が重要な役割を果たし、再審開始を経験したにもかかわらず、検察官の抗告で審理が長期化しているという共通項のある事件で、高裁による再審開始ラッシュとなれば、再審法改正を求める世論はいやが上にも高まるはずである。

２０２３年は、何としてもそのような年にしなければならない」

わずか1カ月余で、その動きが、にわかに現実味を帯び始めている。

2月6日、袴田事件の差戻し後即時抗告審で、東京高裁は3月13日に決定を出すと告知した。さらに2月13日、今度は日野町事件の即時抗告を審理している大阪高裁が、袴田事件の決定日の２週間前にあたる2月27日に決定を出すと弁護団に通知した。いずれも地裁が再審開始の判断をした２つの事件で、高裁の判断が立て続けに出されることが決まったのである。

袴田事件と日野町事件は、ともに現在、第２次再審請求中である。袴田事件の第1次再審では地裁、高裁、最高裁すべてが再審請求棄却の判断だったが、終結までに実に27年もの歳月を要した。しかもその間、確定審での未提出証拠の開示は一切行われなかった。犯行着衣とされた「5点の衣類」に付着した血痕が、1年2カ月も味噌漬けにされていたとは思えないビビッドな色調だったことを示す写真や、巖《いわお》さんには小さすぎてはけなかったズボンに付いていた「B」というタグは、サイズではなく（検察官は「B」は大きいサイズを示しており、袴田さんがはけなかったのはズボンが味噌に漬かって縮んだためと主張していた）、色を表示したものであると明言した関係者の供述調書は、第2次再審になって初めて開示されたものである。

日野町事件では2006年3月に大津地裁（長井秀典裁判長）が再審請求を棄却した後、即時抗告審の審理中に請求人の阪原弘《ひろむ》さんが獄中で肺炎を患い、75歳で無念のうちに死去したことにより第1次再審は終了した。遺族が申し立てた第2次再審請求段階で初めて開示されたネガフィルムによって、阪原さんが、奪った金庫を捨てた場所を自主的に案内できたとされていた引当捜査報告書の写真の大部分が、実際には「帰り」に撮られたものを「行き」に撮ったように偽装していたことが判明した。

袴田事件でも、日野町事件でも、第2次再審で初めて開示されたこれらの証拠が、それぞれの再審開始決定に大きな影響を与えたことは言うまでもない。

しかし、両事件の再審開始決定に対し、検察官が即時抗告を行ったことで、審理は長期化する。袴田事件では抗告審の東京高裁（大島隆明裁判長）が4年3カ月の審理を経て再審開始決定を取り消したが、最高裁第三小法廷が、その大島決定を取り消し、審理を東京高裁に差し戻したため、静岡地裁（村山浩昭裁判長）の再審開始決定から9年後の今に至るまで、抗告審の審理が続いていたのである。

日野町事件では、大津地裁（今井輝幸裁判長）の再審開始決定に対する抗告審が係属した大阪高裁第二刑事部に、2020年6月、この事件の第1次再審で再審請求を棄却した長井秀典判事が人事異動により着任し、裁判長を務めると表明したことで大騒ぎになった。通常の裁判では同じ事件の前審に関与した裁判官が上訴審に関わることは法で禁止されているが、再審の場合は明確な規定がないことが招いた事態である。弁護団と支援者らの強い抗議により、係属部が第三刑事部に変更されたが、このような経緯もあり、大阪高裁での審理は4年半以上に及ぶことになった。

袴田事件はすでに事件発生から56年が経過し、巖さんは3月の決定のときには87歳を迎える。死刑囚として長年執行の恐怖に晒され続けたことで、精神を病んでしまった巖さんに代わり再審請求人となった姉のひで子さんは90歳だ。日野町事件は事件発生から38年、無実を訴え続けた弘さんはすでに亡く、弘さんの遺志を継いで第二次再審を申し立てた遺族たちも年齢を重ねている。

2つの事件で再審開始が維持されれば、画期的なニュースとして大々的に報じられるだろう。いや、すでに両事件の地元紙は、開始決定を想定した前打ち連載を始めている。『創』の次号が刊行されるときには日野町事件はすでに決定が出ていると思うと、執筆している私も落ち着かない。しかし、そのときに「良かったね」と手放しで喜ぶだけではダメだということを、我々は肝に銘じなければならない。

まずは、再審開始方向の決定が出ても、検察官がさらに不服申立て（特別抗告）を行う可能性があり、これを絶対に阻止する論陣を張らなければならない。一方で、再審開始が確定したとしても、証拠開示が遅れたことや、再審開始決定に対して検察官が即時抗告を行ったことで、これまでに費やされた長すぎる年月はもはや返ってこないことにも思いを致すべきである。冤罪被害者とその家族の人生被害が、筆舌に尽くしがたいまでに拡大した原因は、再審手続をめぐる法制度の不備にあり、日野町事件と袴田事件はまさにその不備の犠牲となった典型的事案であることを伝えなければならない。今この機会こそが、再審法改正の実現に向けた、千載一遇《せんざいいちぐう》のチャンスなのだ。

日弁連は2月17日、「平成3年案」以来、実に32年ぶりとなる「刑事再審に関する刑事訴訟法等改正意見書」を取りまとめ、2月22日の記者会見で公表した。NHKは当日の全国ニュースで報じ、東京新聞、静岡新聞、京都新聞も、日野町事件や袴田事件と絡めて改正意見書のもつ意義を記事にした。

この意見書は、再審に携わる数多くの弁護士が、足掛け3年をかけて、具体的な改正案を練り上げ、刑事法学者からの助言や、関連委員会の意見も反映して、ようやく完成したものである。「日野町・袴田前夜」に、この意見書を世に出すことができたのは、最高のタイミングだったと言えるだろう。

改正意見書の全文は日弁連の公式HPにアップされているので、ぜひともお読みいただきたいが、ここではそのポイントを紹介したい。改正案の基本的な視点は、次の6つである。

1　白鳥・財田川決定の趣旨の明文化と再審請求の理由の拡大

再審開始要件である「無罪を言い渡すべき《明らかな》新証拠」（新証拠の明白性）の判断について、新旧全証拠を総合評価すべきこと、その判断に際しても「疑わしいときは被告人の利益に」の鉄則が適用されることを示した最高裁白鳥・財田川決定の趣旨を明文化する。

死刑を基礎づける事実に誤認があることを理由とする再審（死刑の量刑再審）、重大な憲法違反を理由とする再審を認める。

2　裁判所の公正・適正な判断を担保する制度の整備

確定判決や過去の再審請求に関与した裁判官が、同じ事件の（新たな）再審請求に関与することを禁じる。

再審請求人の手続への関与を認め、重要な手続は公開の法廷で行う。

3　再審請求人に対する手続保障を中心とする手続規定の整備

再審請求手続期日の指定、期日調書の作成を義務付け、再審請求人に事実取調べへの立会を認める。

再審請求手続について国選弁護制度を導入する。

4　再審における証拠開示制度の整備

証拠の一覧表の提出命令、証拠の存否の報告命令を含む証拠開示の手続規定を整備する。

開示の前提として、記録及び証拠の保管および保存に関する規定も整備する。

5　検察官の役割の確認及び再審開始決定に対する検察官の不服申立ての禁止

冤罪被害者の救済という再審制度の目的、及び、再審請求手続の職権主義的構造に照らし、検察官は「当事者」ではなく、裁判所の職権行使にあたり「公益の代表者」として協力すべき立場であるから、これを踏まえた検察官の役割を確認する規定を設ける。

再審開始決定に対する検察官の不服申立てを禁止する。

6　刑の執行停止に関する規定の整備

再審請求段階で、検察官だけでなく裁判所も刑の執行停止ができること、死刑事件の場合、再審請求段階で刑の執行停止を義務化すること、再審開始決定による刑の執行停止の義務化（死刑事件の場合は拘置の執行停止も義務づける）など、刑の執行停止に関する規定を整備する。

この改正意見書は、これからの再審法改正活動、すなわち国会や法務省への説得、またそれを後押しするマスコミや一般市民、そして地方議会等への啓発活動にあたっての拠りどころとなるものである。今後はこの意見書をわかりやすく解説したチラシ・パンフレットや動画などの制作を進めたい。

日弁連が改正意見書を公表した前日である2月21日、国会では衆議院予算委員会第三分科会で、再審法の改正、特に証拠開示と再審開始決定に対する検察官の抗告について質疑が行われていた。この2つの問題については、2018年4月の衆議院法務委員会（質問者は共産党の藤野保史衆議院議員）で初めて取り上げられて以来、5年の間に、幾度か質疑が行われているが、今回の法務省刑事局長と法務大臣の答弁も、「再審請求審における証拠開示について一般的なルールを設けること自体が困難である。また、再審請求審は通常審と手続構造が異なるので、通常審の証拠開示制度を転用することは整合しない」「検察官が再審開始決定に対して抗告し得ることは検察官が公益の代表者として関わっている以上当然である。仮に検察官の抗告権を排除すると、違法不当な再審開始決定があった場合にこれを是正する余地をなくしてしまう」という、これまでの答弁をなぞったものだった。

しかし、これまでの質疑と決定的に異なるのは、質問者が与党自民党の塩崎彰久衆議院議員だったことである。党派を超えた多数の国会議員が再審の現状を把握し、法改正の必要性について認識を共有する時機が到来すれば、法務省も同じ答弁を繰り返すばかりではいられなくなるだろう。「その時機」は確実に、そして急速に、近づいている。

［追記］2月27日、日野町事件第2次再審について、大阪高裁は検察官の即時抗告を棄却し、大津地裁に続いて再審開始を認める決定をした。

第23回 開示ネガと写真があぶり出す冤罪

『創』23年5月号

再審開始決定直後の袴田ひで子さん（筆者は右）

年頭の本コラムで、２０２３年は、過去に再審開始決定を得ながら、検察官の不服申立てによって審理が長期化し、高裁で裁判をやり直すか否かの審理が続けられている３つの再審事件（日野町第２次、袴田第２次、大崎第４次）で相次いで決定が出る見込みであると予告していた。このうち、２月27日に日野町事件で大阪高裁が、３月13日に袴田事件で東京高裁が、相次いで再審開始を決定した。残念ながら、日野町事件は検察官が特別抗告したため、最高裁第二小法廷で審理が続くことになったが、袴田事件では検察官が特別抗告を断念し、１９８０年代の「死刑四再審」以来、実に36年ぶりとなる戦後５例目の死刑事件の再審開始が確定した。

ここでは、日野町、袴田、大崎の各事件に共通する、再審請求段階での証拠開示をめぐる実情に言及したい。とりわけ、ネガフィルムや写真の開示によって、捜査の違法や確定判決の矛盾があぶり出されたこと、そしてそのネガや写真が開示されたプロセスにも、甚だしい不正義があったことにフォーカスする。

日野町事件では、事件から3年以上経過した後に任意同行され、厳しい取調べを受けた阪原弘《ひろむ》さんが自白に追い込まれ、逮捕・起訴された。自白以外の決定的な証拠がない中、有罪の決め手とされたのは、阪原さんが、奪った金庫や死体の発見された場所に、自ら進んで捜査官を案内できたとする「引当捜査」に関する捜査報告書だった。しかし、第2次再審段階で裁判所の開示勧告によって開示されたネガフィルムから、金庫発見場所については「帰り道」で撮った写真が「行き」のものとして貼られていたこと、死体発見場所での再現では、まず阪原さんに、何も持たせずに「リハーサル」をさせてから、死体を模した人形を持たせて「本番」の写真を撮っていたことが判明した。有罪の決め手とされた証拠は、警察官が「インチキ」して作ったものだったのだ。

現在の第2次再審は、第1次再審の途中で阪原さんが服役中に病死したため、遺族が申し立てている「死後再審」である。もし、このネガフィルムが第1次再審で開示されていたら、阪原さんの命あるうちに救済が実現していたのでは、と思うと残念でならないが、このネガが第1次再審で開示されなかったのには理由がある。日野町事件は、第1次再審段階で、当時の安原浩裁判長（現弁護士）の訴訟指揮で、警察が検察に送致した証拠の目録（送致書）が開示され、さらに裁判長の求めに応じ、検察官がより詳しい証拠リストを作成、開示していた。当時の再審事件で証拠リストが開示されていた事件は極めて稀で、弁護団は、このリストに従って個別の証拠開示請求を行うことができたのである。

しかし、くだんのネガは、そもそも警察から検察に送致されていなかった。法律上、警察は収集した証拠を検察庁に送致しなければならない（刑事訴訟法246条）ことになっているが、証拠写真の元ネガまで送致するかは運用に委ねられている。しかし、ネガがなければ「引当捜査」がインチキだったことは永久に判明しなかったかもしれないのだ。今回の大阪高裁決定(石川恭司裁判長)は、引当捜査のうち、死体発見場所に関する証拠は、開示されたネガ等によって信用性に疑問が生じているとして、新旧証拠の総合評価によって再審開始を認めた。開示ネガが雪冤の原動力となったのである。

袴田事件では、袴田巖さんを有罪としたほぼ唯一の証拠は、袴田さんが犯行直後に味噌タンクに隠したとされる犯行着衣、いわゆる「5点の衣類」だった。しかし、発見されたのは事件から1年2カ月後、すでに裁判が進んでいる最中で、袴田さんは勾留されていた。弁護団は、支援者の協力のもと、血痕のついた布を実際に味噌漬けにする実験を繰り返し行った結果、1年2カ月味噌漬けにされた血痕には赤みは残らないと主張した。また、差戻し後の即時抗告審で弁護団は、血痕の赤みが消えるメカニズムを科学的に解明した鑑定書も提出した。これらを踏まえ、差戻し後の東京高裁決定(大善文男裁判長)は、5点の衣類が1年以上味噌漬けされていたことに合理的な疑いが生じており、事件から相当期間が経過した後に、袴田さん以外の第三者が味噌タンクに入れた可能性を否定できないと判断した。さらに、その「第三者」とは「捜査機関の者による可能性が極めて高い」とまで言い切り、事実上捜査機関のねつ造であると断定した。

しかし、この衝撃的な認定は初めてではない。9年前の静岡地裁の再審開始決定(村山浩昭裁判長)も、5点の衣類がねつ造である可能性を明確に指摘していた。そして、このような踏み込んだ認定を可能にしたのは、事件から約30年が経過した第2次再審請求審で、新たな5点の衣類のカラー写真が開示されたことによる。確定審段階の記録にも、5点の衣類のカラー写真は添付されていたが、その写真は赤茶色に褪《あ》せており、弁護団はその写真を見たときには、発見直前に警察が味噌タンクに入れたのではないかという発想はなかったという。しかし、第2次再審で初めて開示されたカラー写真には、とても1年2カ月味噌に漬かっていたとは思えない、白や緑の布地の色と、鮮明な赤色の血痕が写っていた。この開示写真こそが、弁護団が味噌漬け実験を始めた契機であり、裁判官たちに「捏造」の心証を抱かせたのである。

5点の衣類の写真をめぐっては、さらに検察官の不正義が重ねられた。静岡地裁の請求審段階では「ネガは存在しない」と回答していた検察官が、即時抗告後の東京高裁の審理で、写真の色について反論するために、突然5点の衣類のネガフィルムを証拠として提出したのである。証拠は検察官の私物ではなく、国民の税金を使って収集された「公共財」である。それを自らの都合で隠したり出したりするような検察官を、果たして「公益の代表者」と呼べるだろうか。

日野町、袴田の次に、高裁での再審開始決定が期待されている大崎事件でも、再審段階で開示されたネガフィルムが重要な役割を果たしている。しかし、そのネガが開示されるに至るまでの検察官の対応は、やはり「公益の代表者」とは程遠いものだった。その経緯を紹介する。

第2次再審の鹿児島地裁（中牟田博章裁判長）は、「第1次再審で任意開示したもののほかは存在しない」という検察官の回答、「存在したとしても、すべて検察庁に送致済みである」とする鹿児島県警の回答を鵜呑《うの》みにし、証拠開示に向けた訴訟指揮を一切行わないまま、再審請求を棄却した。弁護団の即時抗告を受けた福岡高裁宮崎支部の裁判長は、袴田事件で書面による証拠開示勧告を行い、600点もの証拠開示を実現させる流れを作った原田保孝判事だった。原田裁判長は大崎事件でも書面による証拠開示勧告を行い、あれほど「ない」と言っていたはずの検察、警察から合計213点もの証拠が開示された。そのうちの一つは、検察に送致されずに警察に保管されていた「ネガフィルム46本」だったが、ネガの現物は開示されなかった。検察官の話では、「フィルムケース内で腐食が進んでいて、写真としてプリントできないものがある」とのことだった。当時、高裁が再審を認めることを期待して審理を急いでいた弁護団は、取り急ぎプリントできる写真だけでも提示せよ、と要請し、500枚ほどのカラー写真が開示された。そしてこれらの開示後、検察官は「大崎事件の証拠はすべて開示した。『不見当』ではなく『不存在』である」と宣言した。

結局、第2次再審は棄却に終わり、弁護団は第3次再審の鹿児島地裁(冨田敦史裁判長)に、改めてネガ46本の現物の開示を求めたところ、裁判所は開示を勧告し、ネガの現物が開示された。ネガの入ったフィルムケースには番号が振ってあったが、「21番」だけが欠けていた。そこで弁護団が、21番ネガがあるはずだ、と主張すると、検察官は「フィルムケースは使い回しているので欠番が生じることもある」と口頭で回答した。裁判所が「もう一度調べ、書面で報告せよ」と命じたところ、数日後に検察庁から電話があった。担当検事はバツの悪そうな声でこう言った。「21番ネガ、ありました。あと17本ありました」——。第2次再審即時抗告審終結時の検察官の宣言は真っ赤なウソだったのである。

事件から37年もの歳月を経て、このとき初めて開示されたネガの中に、遺体で発見される3日前の夕方、自転車ごと側溝に転落した後、何者かに引き上げられて道路上に寝そべっていた被害者を搬送した近隣住民の一人が、自宅搬送時、被害者が自ら歩いて玄関に入っていった様子を現場で再現した写真があった。確定判決は、道路上に寝そべっていた午後6時頃から、殺害される午後11時ころまで、被害者は泥酔して前後不覚だったと認定していた。自宅に搬送された午後9時に、すたすた歩けた人間が、玄関の土間に置かれた状態で再び前後不覚になることはありえない。この写真は確定判決の犯行ストーリーと明らかに矛盾するものだったのだ。

3つの事件の再審段階で開示されたネガや写真は、違法捜査を暴き、有罪判決を揺るがす強力なツールとなった一方で、これらが開示されるにあたって検察官が抵抗したりウソを重ねたりして、いたずらに歳月を要したことが、冤罪被害の遅延を招いた。再審における証拠開示のルールがなければ、このような不正義が今後も続くことになる。法改正の必要性はここに極まったと言ってよい。

ところで、袴田事件では、検察官が独自に行った味噌漬け実験の結果、1年2カ月後も血痕には赤みが残ると主張していた。しかし、検察官が添付した写真について裁判所は、検察官が写真撮影用の白熱電球を照射して撮影しており、その場合の写真は、被写体の赤みが残りやすいと指摘した。そして、裁判官2名が静岡地検に赴いて検察官の実験結果を直接肉眼で確認した色を忠実に再現したのは、弁護人が撮影した写真の方だと判断した。

このことは、捜査機関が写真の色味を操作して、冤罪を作り出す危険があることを示唆している。特に、デジタル写真は、あとから簡単に編集でき、色味も変えられる。捜査機関が撮影した写真が、被写体の色を忠実に再現しているか、写真がどんな順序で撮られたかを検証するためには、写真データのプロパティを確認するしかない。

ネガフィルムが過去のものになった現代の刑事事件で、弁護人は、捜査報告書に貼られた写真をいっそう注意深く検討する必要が出てきそうだ。

第24回 再審公判のリアル(上)

『創』23年6月号

袴田事件再審開始決定後の弁護団の記者会見

検察官の特別抗告断念により、再審開始決定が確定したことで、再審事件としての袴田事件の焦点は、再審公判がどのようなスケジュールで行われ、巖《いわお》さんがいつ再審無罪のゴールに到達できるかに絞られることになった。

当初、検察官は再審公判での有罪立証を断念し、再審公判は早期に進行して年内にも再審無罪判決が言い渡されるだろうという予測が報じられていた。しかし、4月10日に静岡地裁で開かれた、再審公判に向けた第1回進行協議で、検察官は、再審公判で有罪主張するか否かの方針を留保し、「決めるのに3カ月もらいたい」と主張したという。検察官はその理由として、記録が膨大であるとか、証拠を改めて精査するために時間を要するなどとし、裁判所もその言い分を容れたと報じられている。再審公判がいつ開始されるかの見通しも明らかにならなかった。

しかし、確定判決を支える最大にしてほぼ唯一の証拠は「5点の衣類」であり、巖さんが有罪となったのは、これが犯行着衣と認定されたためである。しかし、東京高裁(大善文男裁判長)の再審開始決定は、巖さんが犯行直後に5点の衣類を味噌タンクに隠蔽したことを否定し、捜査機関のねつ造の可能性が極めて高いと断じたのであるから、今更記録を一から読み返さなくても、もはや有罪立証などできるはずはないではないか。そもそも、再審開始確定後の再審公判で、これまでの経過を完全にリセットして「ふりだしに戻った」かのような訴訟活動を行うことが許されるのだろうか――。

しかし、実は再審公判のあり方や実際の運用については、法律実務家や研究者にもあまりよく知られていない。文献も少ない。なにしろ、一段目の再審請求のハードルをなかなか越えられないため、研究の対象も弁護実践も、どうやって再審開始を勝ち取るかの解釈や戦略に集中してきたからである。多くの再審弁護団が、ハードルを越えた先の「まだ見ぬ地平」である再審公判まで考えを巡らせる余裕のないまま再審開始確定に辿り着き、そこから大急ぎで再審公判の準備を整えて実戦に臨むのだ。

拠りどころとなるべき条文に目をやっても、刑訴法451条に「裁判所は、再審開始の決定が確定した事件については、(中略)その審級に従い、更に審判をしなければならない」と書いてあるだけで、「更に審判」する方法は何も書かれていない。再審法改正の議論では、再審請求手続について条文が少ないことが必ず指摘されるが、実は再審公判についての手続を定めた条文も皆無といってよい。

このような状況だから、これまでに行われた各事件の再審公判の審理のありようは、実にバラエティに富んでいる。結論はすべて一審で無罪判決が確定しているが、そこに至る過程では、それぞれの事件の特性を踏まえつつ、裁判官・検察官・弁護人が暗闇の中を手探りで進んでいたことが窺える。

そこで、袴田事件の再審公判が始まるまでに、多くの人が知らない再審公判のリアルを探訪し、そこからあるべき袴田事件の再審公判の進め方を見出してみたい。前半の今回は、袴田事件と同じ死刑再審における再審公判の実情を紹介する。

１９８０年代の「死刑４再審」の再審公判に共通する大きな特徴は、すべての事件で検察官が冒頭陳述で有罪の主張を行い、最後の論告では死刑を求刑した点である。したがって、無罪を主張する元被告人・弁護人と、あくまで有罪を主張する検察官との間で、自白の任意性・信用性、再審請求段階で出された鑑定の信用性などをめぐる熾烈な攻防が再審公判の法廷で繰り広げられた。

免田事件では81年5月の第1回再審公判期日から、82年12月の再審無罪判決までに16回の公判期日が開かれ、18人もの証人尋問が行われた。また、裁判官が現場に赴き、元被告人である免田さんの捜査段階での自白による逃走経路を確かめるために、検証が2回も実施されている。

財田川事件では、弁護人が早期の再審無罪判決を求め、証人を最小限に絞るべきとの主張を行っていたにもかかわらず、81年9月30日の第1回公判期日から84年3月12日の再審無罪判決まで実に2年半にわたり36回の公判期日が開かれた。調べられた証人は16名。検察側の証人の大多数はこの事件の捜査に関与した警察官たちだった。

松山事件では83年7月12日の第1回公判から翌年7月11日の再審無罪判決までの間に9回の公判期日が開かれ、3人の鑑定人に対する証人尋問と、夜間の検証を含む裁判所による現場検証が実施された。島田事件でも、87年10月19日の第1回公判期日から89年1月31日の再審無罪判決までの間に12回の期日が開かれた。

死刑4再審は、事件から再審開始までの道のりも長く険しいものであったが、このように再審公判でも相当の時間と労力を要しており、死刑囚が雪冤を果たすことの困難さが如実に表れている。

しかも、4事件では再審開始決定とともに死刑の執行は停止されたが、弁護人による拘置の執行停止の要請にもかかわらず、拘置の執行は停止されなかった。元被告人が釈放されたのは、4事件とも再審無罪判決が言い渡された法廷においてである。このことに照らすと、今から9年前、静岡地裁でされた袴田事件の再審開始決定で、死刑の執行停止のみならず拘置の執行停止も決定して巖さんを釈放した村山浩昭裁判長の英断は特筆すべきものだったと言えよう。

全体としては検察官のあからさまなファイティングポーズと、それに伴う重めの審理という傾向が顕著である死刑4再審の再審公判であるが、興味深いエピソードも数多くみられる。

免田事件では検察官が——驚くべきことに再審公判になって初めて——、免田さんの自白による逃走経路が真実であることを立証するために、「免田さんが逃走中、実家に立ち寄り、かまどにあたって暖をとっているのを見た」という目撃証人の尋問を申請し、実際に証人尋問が実施された。この証人は、事件から30年後の再審公判になって初めて名乗り出たことについて、「再審開始決定があったことは、東京の新聞には出ていなかったから知らなかったが、再審公判が始まったことを知り、正義感から申し出た」と証言していた。しかし、裁判所は、再審開始決定が大きく報じられた東京の新聞33点を職権で証拠採用し、この目撃証人を事実上駆逐し、無罪判決を導いた。

財田川事件では、弁護人が第21回から第23回まで3回の期日を費やして詳細な被告人質問を行った。次いで、被告人の谷口繁義さんは、第24回期日では検察官の質問に答えたが、第25回の公判期日の冒頭で、「検察官の尋問に答えると、記憶があいまいではっきりしないことや、あとから教えられたものをその時の体験であるように述べてしまうような気がして、このまま尋問に応じると、間違ったことを判断されるおそれがある」と述べて、供述を拒否した。検察官による誘導尋問のリスクを自ら察知して供述拒否権を行使したのである。その後、裁判長が谷口さんに、裁判所からの質問にも答えないつもりか、と尋ねたところ、谷口さんは「そのつもりです」と答えた。ところが、第26回公判で、谷口さんは一転、こう述べて裁判所からの質問に答えたという。「前回、裁判所の質問には答えないと申しましたが、その後よく考えてみますと、そもそもこの再審は、私が裁判所を信頼して申し立てたのであって、その信頼する裁判所の質問に対して、当然答えるべきであると考えるに至りました」。

松山事件では、元被告人の斎藤幸夫さんが4人殺害の犯行後、自らの頭髪に返り血がついた状態で就寝したため血痕が付着していたとされる掛布団の襟当てが、確定判決で有罪の決め手とされたほぼ唯一の物証だった。しかし、再審段階で開示された県警の技官による鑑定（平塚鑑定）では「掛布団の裏には、人血痕は付着していないものと認める」とされており、確定審で提出された「80か所以上の血痕が付着している」という別の鑑定（三木鑑定）とは異なる結論となっていた。この「二重鑑定」によって、布団の襟当ての血痕は捜査機関の捏造による可能性が示唆され、再審開始の原動力になった。再審公判で裁判所は、この襟当て付き掛布団の押収時の写真と、平塚鑑定に添付されていた写真を1メートル大のパネルに拡大することを提案し、当事者双方の立会のもとで拡大作業を行い、職権でこれを証拠として採用した。再審無罪判決の中で裁判所は、三木鑑定にいう多数の血痕の付着はなかったとして、掛布団の襟当ては有罪証明の証拠とすることはできない、と判断した。

このように生々しい攻防が展開された死刑事件の再審公判であるが、いずれの事件でも再審公判の第1回期日前に半年程度を費やして、裁判所、検察官、弁護人の三者で事前の打合せを行っている。

そこでの検討の中心となったのは、確定判決の記録や再審請求段階で提出された証拠を再審公判でどのように取り扱うかだった。再審公判の性格をどのように捉えるかについては、確定判決の判決前の、証拠調べが終わったときの状態まで巻き戻して、その続きを再審公判で行うという「続審説」という考え方と、確定判決の裁判そのものを完全にリセットしてまったく最初からやり直すという「覆審説」という二つの考え方がある。

続審説では、通常の裁判の上訴審で原判決の破棄差戻しがされたときと同じように考えて、確定判決で取り調べ済の証拠については、当然に再審公判に引き継がれる（裁判所が職権で取り調べたという扱いにする）。一方、再審請求段階の証拠については、公開の法廷での審理を経ていないので、再審公判で改めて裁判所が当事者双方に証拠とすることの同意・不同意を尋ね、証拠の採否を決めることになる。覆審説では、確定審段階のものも含めて、すべての証拠について再審公判に提出するかの取捨選択、同意・不同意の見直しをすることになる。

わが国初の死刑再審公判となった免田事件では、3回の事前打合せを経て、裁判所が第1回公判期日における検察官の冒頭陳述の後、裁判所が、確定審段階で取り調べた書面と証拠物を職権で証拠として採用すると宣言し、続審説に従った審理を行った。また、検察官は再審請求段階で弁護人が提出した証拠を原則として不同意とする旨の意見を述べたが、裁判所は請求審の証拠のほとんどすべてを採用した。財田川事件でも、免田事件同様、続審説に拠った審理が行われた。

もっとも、その後の再審公判は、「続審」か「覆審」かのどちらかに統一されることはなく、事件ごとにさまざまな方式が採られている。次回でさらに紹介したい。

第25回
再審公判のリアル（下）

『創』23年7月号

23年5月19日「再審法改正をめざす市民の会」で話す村山浩昭さん（右）と水野智幸さん

前回は、袴田事件と同じ死刑再審4事件における再審公判の実情を紹介した。後編の今回は、21世紀に再審無罪となった著名事件の再審公判がどのように進められたのかを見てみたい。

元被告人側が申し立てた再審事件で、21世紀最初の再審無罪判決を勝ち取ったのは、2009年6月23日に東京高裁で再審開始決定がされた足利事件である。この事件ではDNA再鑑定の結果、菅家《すがや》利和さんの無実が明らかになったことから、再審開始決定に対し検察官は抗告しなかった。開始決定からわずか4カ月後の10月21日、宇都宮地裁で再審公判が開始され、翌10年3月26日に再審無罪判決が言い渡され、即日確定した。

再審公判に先立つ第1回三者協議の場で、検察官は当初から有罪立証は行わない方針を明確にし、確定審を完全にリセットする覆審説を前提に「有罪主張をしないのだから、証拠を取り調べる必要もなく、早期結審を求める」と主張した。

これに対し弁護側は、事件の真相を解明するためには、続審説に立って確定審段階の証拠調べを忠実に再現した上で、その続きとして新たな証拠調べも行うべきと主張した。その直後、菅家さんの別件での取調べを録音したテープが「発見」されたことをマスコミがスクープした。以上の経緯を受けて、裁判所は続審説に立った上で、再審公判の目的は、誤判原因の解明を目的とするものではないが、誤判であることを確定する前提として、有罪判決に至った確定審の手続きに違法があったかどうかを検討するために証拠調べを行うことは、刑罰法令の適正な運用や本人の名誉回復を図るという意味も有する再審公判の特殊性を踏まえれば、なお刑事裁判手続の枠内にある、と表明した。

このような審理方針のもと、判決までに6回の公判期日が開かれ、DNA再鑑定を行った鑑定人の証人尋問、発見された取調べテープの再生などが公開の法廷で行われた。その後の論告で検察官は菅家さんの無罪を主張し、謝罪した。判決期日では無罪の言渡しの後、裁判官3名も立ち上がって菅家さんに謝罪した。

足利事件の再審無罪判決の4カ月後である2010年7月から始まった布川事件の再審公判は対照的だった。公判前の進行協議の場で、弁護側は元被告人の桜井昌司さんと杉山卓男さんに早期の無罪判決をもたらすことを目標としながらも、足利事件同様、続審説に立って、確定審段階の証拠をすべて再審公判に引き継ぐべきと主張したのに対し、検察官は有罪の立証を行うと宣言し、1枚は被害者の口に詰められ、1枚は首を絞めるのに用いたとされた2枚のパンツのDNA鑑定まで請求した。

再審公判の冒頭で、裁判所は続審説に立ち、確定審で取り調べた証拠はすべて職権で改めて取り調べることを確認した。検察官は有罪立証のために150点を超える証拠を請求し、前述のDNA鑑定も請求した。また、再審請求段階で開示された、桜井さんや杉山さんと風貌の異なる2人組を目撃したとする女性の検面調書（確定審には提出されていなかった）については、検察官が作成したものであるにもかかわらず、証拠とすることに同意せず、この女性の証人尋問を請求した。裁判所はＤＮＡ鑑定については却下したが、女性の証人尋問は採用した。事件から43年も経過し、77歳になったこの女性を法廷に立たせたのである。

検察官は論告で、桜井さんと杉山さんに再び無期懲役を求刑した。翌年3月に予定されていた判決期日は東日本大震災の影響で5月24日に延期されたこともあるが、検察官の抵抗により、再審開始確定から無罪判決までに1年5カ月を要した。検察官は無罪判決に控訴するかの態度を明確にしないまま、控訴期限の14日間が経過したことにより、ようやく桜井さん、杉山さんの再審無罪が確定した。

その後の著名再審事件で、検察官が再審公判で有罪を争ったケースはない。しかし、これらの事件が再審無罪に至った経緯は実に多様である。

東京電力女性社員殺害事件、東住吉事件、湖東記念病院事件では、当初検察官は有罪主張の方向で立証を検討していた。東京電力女性社員殺害事件では、再審公判に向けた進行協議の途上で、検察官が被害者の爪片や着衣に付着した血痕について、独自にＤＮＡ鑑定を行っていた。何としてもゴビンダさんを有罪にしたいがための鑑定だったが、結果はゴビンダさんではなく、被害者の膣内容物のＤＮＡ鑑定で検出された、真犯人とおぼしき別の男性のＤＮＡと一致するという「オウンゴール」だった。この事件は一審では無罪判決、控訴審で逆転有罪だったため、弁護人は検察官に対し、そもそもの控訴を取り下げるよう求めたが、検察官はこれに応じず、再審公判は控訴審の審理のやり直しとなった。ここに至ってようやく検察官は無罪主張に転じ、控訴は棄却、当初の一審無罪判決が確定した。

東住吉事件でも、再審開始決定が、火災の原因は元被告人の車両のガソリン漏れが風呂の種火に引火した可能性を認め、そもそも放火殺人事件は存在しなかったと判断したにもかかわらず、検察官は再審公判での有罪立証に備えてこの車両を押収しようとした。裁判所は押収を認めなかったが、弁護人の立会のもと、検察官に車両を見分させた。見るべき成果はなく、結局検察官は有罪立証を断念した。

湖東記念病院事件でも、2019年4月の第1回進行協議において、検察官は再審公判で有罪主張する方針を表明していた。しかし、9月になって検察官は突如有罪立証を行わないと方針転換した。翌月、検察官は、再審開始決定後初めて滋賀県警から送致された証拠117点を開示、その中には、この事件で「殺人事件の被害者」とされた高齢男性を解剖した医師が、死因は「痰詰まりによる死亡」＝自然死の可能性を指摘していたことを示す捜査報告書があった。検察官の突然の方針転換が、これらの証拠の存在を知ったからであることは容易に想像がつく。

かくして、東住吉事件も湖東記念病院も、再審公判段階では検察官は有罪立証をしなかったが、積極的に無罪の主張もせず、「裁判所に適切な判断を求める」と裁判所に下駄を預けてしまった。

この2つの事件でも、裁判所は続審説に立ち、確定審段階の証拠はすべて引き継いで職権で取り調べることを宣言した。また、再審請求段階で弁護側が提出した証拠についても、公判で取り調べることについて検察官が概ね同意したため、東住吉事件では1回、湖東記念病院事件では2回の公判期日で審理が終結し、比較的早期の無罪判決言渡しが実現した。特筆すべきは、これらの事件では、確定審段階での自白調書も一旦は引き継がれて職権で取り調べられたが、再審公判の審理を経て、捜査段階での取調べの違法を理由に自白の任意性が否定され、判決では証拠から排除されたことである。

以上の21世紀の再審公判は、いずれの事件でも裁判所が続審説に立って審理を行ったが、これと異なる展開を見せたのが松橋事件である。この事件では当初から検察官は有罪立証を行わない立場を明確にしていたが、裁判所に対し、確定審、再審請求で取り調べたすべての証拠を取り調べて判断するよう求めた。しかし裁判所は再審公判に向けた進行協議で、「本人の高齢化や体調からすると、速やかに判決を出すことが必要である。確定審や再審請求審での証拠をすべて調べると判決言い渡しまでかなりの時間を要するため、検察官が有罪を争わないのであれば、自白調書等は調べなくてもよいのではないか」と提案した。そして裁判所は覆審説に立ち、確定審の証拠を引き継がず、自白調書や凶器に関する証拠も採用しない方針を示した。

再審公判で裁判所は、確定審、再審請求審で提出された証拠のうち、弁護側が証拠とすることに不同意とした自白調書や凶器に関する証拠を却下した。その結果、有罪を立証する証拠がなくなったことで、審理は1回で終結、再審開始決定から5カ月後の２０１９年3月28日、85歳の宮田浩喜さんに再審無罪が言い渡され、即日確定した。もっとも、このような審理については、再審公判を冤罪原因も含めた真相究明の場とすべきと考える立場からの強い批判がされた。しかし、高齢で健康状態が危ぶまれた宮田さんの命あるうちに再審無罪を獲得することを最優先としたことは当然であり、だからこそ弁護団も裁判所の方針に賛同したのである。また、本件では熊本地裁で再審開始決定をした裁判長が、再審公判の裁判長を務めたことから、すでに本件の証拠を知り尽くしていたという事情もあった。

ここまで見てきたとおり、再審公判の審理のあり方は、正解が一つというものではなく、確定審、再審請求審それぞれの証拠関係、検察官の有罪主張の有無、被告人や再審請求人の年齢などを勘案して、法曹三者が事案ごとに最適な審理を構築することが求められていると言えよう。では、袴田事件の再審公判はどのように進められるべきか。この点をめぐっては弁護団内でも激しい議論が交わされているようであるが、これまでの再審公判の実例を踏まえた私見を述べておきたい。

袴田巖さんの87歳という年齢と、心身の状態を考えると、やはり最優先すべきは迅速な再審無罪判決の獲得だろう。すでに再審請求段階で42年もかけて審理された事件を、検察官のいう「覆審」として、確定審も含めたすべての証拠を一から吟味するのはナンセンスである。一方で、同じ覆審でも松橋事件のように、有罪方向の証拠をはじめから排除して無罪の結論を導くと、袴田巖さんの自白の任意性や5点の衣類がねつ造であることの判断がされずに終わることになり、不満が残るだろう。

そうすると、東住吉事件や湖東記念病院事件の再審公判のように、裁判所は続審説に従って、確定審段階の証拠をすべて職権で採用し、再審請求段階の証拠で弁護側が請求したものは、検察官に同意を促して迅速に審理を進める訴訟指揮を行うべきである。そして、再審公判では端的に袴田さんの自白の任意性と5点の衣類のねつ造について捜査機関の違法を認定し、証拠から排除すれば、有罪の立証は不可能になるのだから、それをもって速やかに無罪判決を言い渡すべきではないだろうか。

この事件にはそれ以外にも多くの疑惑の証拠があり、本来であれば、これらも含めて再審公判で解明すべきかもしれない。しかし、それでは公判の審理期間が長期化し、袴田さんはなかなか再審無罪のゴールにたどり着けないだろう。もとより袴田事件については、徹底した誤判原因究明が必要であり、それは再審公判ではなく、例えば国会内に設置する特別調査委員会のような第三者機関が担うべきである（このことについては後日改めて論じたい）。

第26回

大崎事件再審、4度目の最高裁へ

『創』23年8月号

2023年6月5日、大崎事件の第4次再審の即時抗告審を審理していた福岡高裁宮崎支部（矢《や》数《す》昌雄裁判長）は、弁護側の即時抗告を棄却した。地裁・高裁が重ねた再審開始決定を取り消して第3次再審を強制終了した、あの最高裁決定（小池決定）の結論に盲従した今回の決定（矢数決定）は、ある刑事法学者が「1年前の地裁決定の劣化コピー」と酷評したほど、明らかな判例違反や著しい事実誤認のオンパレードだった。

弁護団は1週間後の6月12日に特別抗告を申し立て、審理の場は最高裁に移ったが、ここで改めて大崎事件の概要と累次の再審の経緯を振り返り、そこから4度目の特別抗告審を展望する。

6月5日、決定後の東京での弁護団会見（中央が筆者）

そもそも大崎事件とはどういう事件か

大崎事件は1979年10月12日、原口アヤ子さんの義弟・四郎（アヤ子さん以外はすべて仮名）の遺体が自宅横の牛小屋で、堆肥に埋められた状態で発見されたことから発覚した事件である。

警察は遺体発見直後から殺人事件と断定して捜査を開始し、四郎の長兄でアヤ子さんの当時の夫だった一郎と、次兄の二郎を任意で取り調べたところ、2人は四郎を殺害して死体を遺棄したと自白し、逮捕された。

その後警察は、アヤ子さんが四郎に生命保険をかけていた事実を突き止め、「近親者による保険金目当ての殺人」という見立てのもと、さらに一郎と二郎を追及したところ、一郎はアヤ子さんの指示で犯行に及んだと自白を変遷させ、死体遺棄については二郎の息子・太郎も加担したと供述、太郎とアヤ子さんも逮捕された。太郎はほどなく死体遺棄を自白し、起訴直前に二郎もアヤ子さんの関与を認めた。

3人の「共犯者」は、法廷でも争わず、有罪判決に控訴もせず、ただちに服役した。一方、アヤ子さんは逮捕時から一貫して否認したが、懲役10年の有罪判決を受け、控訴、上告も棄却され、満期服役した。

見込み捜査が招いた冤罪の構図

四郎は遺体となって発見される3日前の夕方、自宅から1・5㎞ほど離れた道路脇の側溝に転落、何者かによって道路に引き上げられ、午後6時頃から8時半過ぎまで2時間半以上、路上に横たわっていた。この状況を知らされた近隣住民のIとTが、軽トラックで四郎を迎えに行き、四郎を荷台に「放り込むように」載せて自宅まで搬送していた。四郎は日頃から酒癖が悪く、酔っぱらって道路に寝たりすることもあったため、IとTはこの日も四郎が泥酔していると思っていたが、実際は転落事故により重傷を負っていた可能性があった。しかし、本件を近親者による殺人事件と見立てた捜査機関は、四郎の転落事故について捜査せず、証拠も収集しなかった。

四郎を解剖した鹿児島大学の城哲男教授は、四郎の頸椎の前に出血があり、他に致命傷となるような外傷がなかったことから、四郎の死因を「頸部に外力が加わったことによる窒息死」と鑑定した（城旧鑑定）。しかし、解剖に要した時間はわずか1時間10分で、しかもこのとき城教授は、捜査機関から四郎の転落事故のことを知らされていなかった。

城旧鑑定以外に殺人・死体遺棄を裏付ける客観的証拠はなく（確定判決はタオルによる絞殺と認定したが、そのタオルすら特定されていない）、アヤ子さんの有罪の根拠とされたのは「共犯者」の自白と、これを補強するとされた親族・ハナの目撃供述だけだった。しかし、「共犯者」3名はいずれも知的障がいを抱えた「供述弱者」で、現に一郎と二郎は証人として出廷したアヤ子さんの公判で、尋問に対して満足に語れなかった。それでも裁判所は、彼らが犯行をすらすら自白しているように記載された検察官調書を有罪の証拠として採用した。

「共犯者」たちは後に、厳しい取調べに屈して自白したが、自らも犯行に関与していないと主張した。一方、確定審の時点では、アヤ子さんも、その弁護人も、「男たちはクロ」だと考えていたため、確定審での争点は「アヤ子さんの関与の有無」だけだった。しかし、四郎がIとTによって自宅に搬送されたことを知っていたのはアヤ子さんだけだったので、仮に「共犯者」たちが真犯人であれば、アヤ子さんなしの犯行はありえないという事情があった。弁護人の誤った弁護方針も、冤罪を招いた原因の一つである。

そして、本件で誤判を招いた最大の要因は、殺人を前提としない死体遺棄事件はいくらでもあるにもかかわらず、「死体遺棄イコール殺人」との見立てのもとで捜査が進められたことである。そして、歴代の判断者たちも、「死体を埋めたのは殺した者」との思い込みのもと、「死体遺棄の犯人」を特定できなければ、アヤ子さんたちの無罪を認めないという呪縛に捉われ続けたのである。

第1次から第3次に至る再審の経緯

第1次再審の新証拠は、城教授が四郎の転落事故を知った後、死因を窒息死とした自らの鑑定を否定し、頸椎前の出血は転落の際に首が過伸展したときにできたものだとして、事故死の可能性を指摘した「城新鑑定」だった。捜査機関の依頼で解剖を行った法医学者が、自らの鑑定の誤りを認めて弁護側の証人となったケースは、本件をおいて他にない。

請求審の鹿児島地裁は、この城新鑑定等により、旧鑑定の証明力が揺らいだとして新旧全証拠の総合評価を行い、「共犯者」らの自白の信用性も否定して、再審開始を決定した（笹野決定）。しかし、これに検察官が即時抗告を申し立て、福岡高裁宮崎支部で取り消され（岡村決定）、結局第1次再審は棄却に終わった。

第2次再審では、法医学鑑定に加え、一郎と二郎の自白には、体験していないことを語っている兆候（非体験性兆候）がみられると結論づけた供述心理鑑定（大橋・高木第1鑑定）を新証拠として提出したが、請求審の鹿児島地裁は、証拠開示に向けた訴訟指揮も、鑑定人の証人尋問も行わずに請求を棄却した（中牟田決定）。これに対し、即時抗告審の福岡高裁宮崎支部は、書面による証拠開示勧告を行い、213点もの未開示証拠の開示が実現した。また、鑑定人の証人尋問も実施し、供述心理鑑定の証明力を認めて、一郎と二郎の自白の信用性は「それだけでは高くない」と判断した。しかし、ハナの目撃供述が信用できるから、翻って自白も信用できるとして再審請求を棄却した（原田決定）。

第3次再審での新証拠は、四郎の死因を「出血性ショックによる事故死」と鑑定した法医学鑑定（吉田鑑定）と、ハナの目撃供述を分析した供述心理鑑定（大橋・高木第2鑑定）だった。請求審の鹿児島地裁は両鑑定の証明力を認め、新旧全証拠の総合評価では大橋・高木第1鑑定も加えて検討し、「共犯者」らの自白及びハナの供述の信用性を否定し、再審開始を決定した（冨田決定）。これに検察官が即時抗告したが、福岡高裁宮崎支部も再審開始を維持した（根本決定）。

もっとも、根本決定が再審開始を認めた理由は冨田決定のそれとは大きく異なっていた。根本決定は供述心理鑑定の証拠能力を否定する一方、吉田鑑定の証明力を高く評価し、四郎の死因が事故死であるとすれば、IとTによって自宅に運ばれた時点で四郎はすでに死亡していたか瀕死の状態だった可能性があり、「午後9時過ぎに（泥酔しているが）生きている四郎を土間に放置して帰った」とするIとTの供述の信用性にも疑問が生じるとした。そうだとすると、午後10時半ころ四郎方に様子を見に行ったアヤ子さんが、土間で泥酔して前後不覚になっている四郎を目撃し、日頃の恨みが募って殺意が芽生えたとする確定判決の犯行ストーリーは成り立たなくなるとして、再審開始の結論を維持した。根本決定は、確定判決の有罪認定が「生きている四郎を土間に放置して帰った」とするIとTの供述を前提としていることを初めて明らかにしたのである。

しかし、検察官の特別抗告を受けた最高裁第一小法廷は、2019年6月25日、検察官の抗告には理由がないとしながら、職権で調査した結果、地裁と高裁の決定は「取り消さなければ著しく正義に反する」として両決定を取り消し、自判して再審請求を棄却した（小池決定）。

小池決定は、吉田鑑定は死因に関するもので「死亡時期」を明らかにしたものでないから、自宅に到着した時点で四郎が死亡または瀕死の状態にあったと断定することはできないとした上で、根本決定によれば、死体遺棄の犯人はIとTということになるが、そのような事態は「全く想定できない」とし、「共犯者」らの自白やハナの供述の信用性は「相応に強固」であるから、確定判決の有罪認定は揺らがない旨、理由も示さずに決めつけたのだった。

第4次再審をめぐる戦略

地裁と高裁が重ねた再審開始決定を取り消して「強制終了」した小池決定の衝撃は大きかったが、根本決定と小池決定により、本件の争点は、四郎の「死亡時期」と「生きている四郎を土間に放置して帰った」とするIとTの供述の信用性に絞られた。そこで弁護団は、四郎は自宅到着前に死亡していた可能性が極めて高いとする救命救急医の鑑定（澤野鑑定）と、IとTの供述を異なる手法で分析した二つの供述鑑定（稲葉鑑定、大橋・高木第3鑑定）を新証拠として、第4次再審を申し立てた。

澤野鑑定は、これまで「絞殺の所見か否か」という点でのみ注目されていた四郎の頸椎前の出血を、転落事故により頸椎を支えている前縦靭帯が損傷したことによるものと鑑定した。そして、救命救急医としての豊富な経験から、このような所見のある患者は、頸椎の骨折がなくても頸髄（頸椎の中を通っている神経の束）を損傷しており、四郎が転落事故後、道路に引き上げられてから2時間以上路上に寝そべっていたのは、泥酔のためではなく、低位頸髄損傷により運動麻痺を起こしていたからであると鑑定した。そして、前縦靭帯の損傷により頸部が不安定となっていた四郎は、本来であれば頸部を固定して搬送しなければならなかったところ、そのような知識もなく、四郎を泥酔状態にあると勘違いしたIとTが、四郎を軽トラックに放り込むなどの不適切な方法で救護したことから四郎の頸髄損傷が悪化し、高位頸髄損傷による呼吸麻痺に陥って数分で死亡したことがほぼ確実であると結論づけた。

澤野鑑定によって、確定審において「タオルによる絞殺」を裏付ける証拠であった城旧鑑定の信用性が否定されるだけでなく、供述鑑定とも相まって「生きている」四郎を自宅の土間に放置して帰ったとするIとTの供述の信用性にも当然に合理的疑いが生じる。何よりも、四郎は自宅到着後にアヤ子さんたちによって「殺される」前に、すでに死亡していたのであるから、アヤ子さんと「共犯者」らによる殺人・死体遺棄事件はそもそもありえないことが明らかとなった。

地裁決定の誤りを上塗りした高裁決定

請求審の鹿児島地裁（中田決定）は、澤野鑑定が四郎の死因及び死亡時期を「転落時に生じた頸髄損傷がIとTの搬送によりさらに悪化し、数分で呼吸停止により死に至った」とした点は、「可能性があることを否定はできないという限度」と、控えめな表現ながらも証明力を認めた。そして澤野鑑定が、確定判決を支える旧証拠のうち、四郎の死因を頸部圧迫による窒息死と鑑定した城旧鑑定の証明力を減殺したことを認め、形の上では他の旧証拠との総合評価へと進んでいる。

しかし、中田決定は、澤野鑑定はＩとＴの供述の信用性には影響しないと判断し、それ以上の総合評価を行うことなく澤野鑑定の明白性を否定した。このため、供述鑑定についても、「共犯者」らの自白やハナの供述の信用性についても、具体的な検討はほとんどされていない。

澤野鑑定は、四郎がＩとＴの不適切救護によって自宅到着前に死亡していたことを初めて指摘し、「死因」のみならず「死亡時期」を明確にしたのであるから、その証明力を認める以上、「生きている」四郎を自宅の土間に置いたというＩとＴの供述の信用性に影響を及ぼさないことなどありえない。しかし、中田決定は「ＩとＴが死体遺棄の犯人とは考えられない」という、まったく別の問題を持ち出して、澤野鑑定のＩ・Ｔ供述への波及を遮断しているのである。

さらに中田決定は、ＩとＴの供述が信用できる理由の一つとして、「四郎が自宅到着時に立てた」と一致した供述をしていることを挙げている。この点について、Ｔが四郎を自宅に送り届けた場面の再現写真が第３次再審で開示されており、これによれば四郎は自分でトラックの荷台から降り、歩いて玄関に入っている。ところが確定判決は、四郎が転落事故後に道路に引き上げられた午後６時過ぎから、殺害時刻と認定された午後11時頃まで、ずっと「泥酔して前後不覚だった」と認定している。四郎が自宅に送り届けられたのは午後９時過ぎであり、そこで自ら立って歩けた人間が、その後再び土間で泥酔して前後不覚になることはありえない。中田決定は、四郎の自宅到着時のＩとＴの供述が一致していることにのみ目を向けるという視野狭窄《きょうさく》に陥り、確定判決の認定と明らかに矛盾する誤りを犯したのである。

しかし、今回の福岡高裁宮崎支部の矢数決定は、かくも破綻《はたん》した中田決定を「論理則、経験則等に照らしておおむね不合理なところはなく、当裁判所としても是認することができる」と擁護した。矢数決定も、澤野鑑定によって、四郎が搬送時に頸髄損傷を悪化させて自宅到着前に死亡した可能性を認め、これが城旧鑑定の証明力を減殺することを認めながら、「城旧鑑定は、各確定判決の有罪認定とその証拠関係の中で有罪認定の証拠として重要な位置を占めるものではなく、城旧鑑定の証明力が減殺されても、客観的状況から推認できる事実や、一郎及び二郎の各自白により、四郎の死因である頸部圧迫による窒息死という認定は維持され、確定判決の事実認定に合理的な疑いを抱かせるものではないのであるから、新旧全証拠を評価し直す必要性は認められない」として、新旧全証拠の総合評価を放棄した。

言うまでもないことだが、再審開始要件である新証拠の明白性（刑訴法435条6号）については、最高裁判例である「白鳥・財田川決定」が「新旧全証拠の総合評価」によって判断すべきと判示し、以来これが判例の基準となっている。新旧全証拠の総合評価の手法をめぐっては長きにわたる見解の対立があるものの、少なくとも判例実務では、まず新証拠がその立証命題を共通する旧証拠の証明力を減殺するかを検討し、これが肯定された場合には、新証拠のみで確定判決を覆すほどの強力な証明力が認められない場合であっても、新旧全証拠の総合評価によって確定判決に合理的な疑いが生じれば、明白性が肯定されるという二段階の総合評価を経ることが確立されている。つまり、新証拠が立証命題を共通する旧証拠の証明力を減殺した場合には、新旧全証拠の総合評価を「行わなければならない」のである。

したがって、澤野鑑定が城旧鑑定の証明力を減殺した以上、「新旧全証拠を評価し直す必要性は認められない」と言い切った矢数決定は、明らかに判例に違反している。しかも、矢数決定はその理由付けとして、城旧鑑定が確定判決の有罪認定を支える証拠構造の中で重要な位置を占めていないことを挙げている。しかし、城旧鑑定は確定審の「検甲第1号証」、すなわち検察官がもっとも重要な客観証拠として提出したものであり、確定判決もこの鑑定を根拠として「頸部圧迫による殺人」を認定した最重要証拠である。その証明力が減殺されたということは、もはや絞殺を裏付ける客観証拠が消滅したことを意味する。にもかかわらず、矢数決定は「城旧鑑定の証明力が減殺されても、客観的状況から推認できる事実や、一郎及び二郎の各自白により」四郎の死因である頸部圧迫による窒息死という認定は維持されると強弁している。澤野鑑定によって改めて信用性が吟味されなければならない「立証の対象」である旧証拠、それも供述弱者である「共犯者」らの自白を、澤野鑑定の明白性を否定するという「立証の根拠」に用いてしまっているのだ。論理則も何もあったものではない。矢数決定には他にも著しい事実誤認が多々あるが、この部分だけで、論理的破綻は誰の目にも明らかであろう。

大崎事件があぶり出した再審法の不備

大崎事件は、2月に大阪高裁で再審開始がされたものの検察官が特別抗告を行った日野町事件、3月に差戻後即時抗告審の東京高裁での再審開始が確定した袴田事件と並んで、再審法改正の必要性を象徴する事件である。高裁での判断は日野町・袴田と大崎とで明暗を分けたが、そのことが、なおさら現行再審制度の理不尽を浮き彫りにしている。

大崎事件が世に知られるようになったのは、同じ事件であっても担当裁判官のやる気次第で証拠開示が実現したりしなかったりするという「再審格差」が如実に表れたことがきっかけだった。第1次再審段階で、確定審に提出しなかった初期の供述調書などの一部を検察官が任意に開示していたが、まだまだ未開示証拠があると考えた弁護団は、第2次再審段階で、他の事件での開示の実例や刑事法研究者の意見書などを添えて、裁判所に対し、未開示証拠の開示を強く求めた。

しかし、前述のとおり、請求審（鹿児島地裁）の中牟田博章裁判長は、証拠開示に向けた訴訟指揮を一切行わなかった。一方、即時抗告審（福岡高裁宮崎支部）の原田保孝裁判長は、袴田事件で再審開始決定を出した静岡地裁の村山浩昭裁判長の前任者で、袴田事件での証拠開示を実現させた「実績」があり、大崎事件でも書面による証拠開示勧告を行った。検察官は裁判所の勧告にそのまま応じることはしなかったが、これを契機として、２１３点もの証拠が新たに開示された。このとき検察官は「これで大崎事件には未開示証拠は存在しない」と言い切った。

ところが第3次再審の請求審で、鹿児島地裁の冨田敦史裁判長がさらに証拠開示勧告を行ったところ、志布志警察署から18本のネガフィルムが新たに開示された。検察官のくだんの回答は虚偽だったことになる。

この、最後の最後に開示された18本のネガの中に、前述のIとTの供述の矛盾を明確にした、Tによる四郎の搬送時の現場再現写真が含まれていた。もし、この開示証拠が第1次再審段階で開示されていたら、IとTの供述の矛盾にもっと早く目が向けられ、２００２年に鹿児島地裁のした再審開始決定が高裁で取り消されることもなかったかもしれない。

再審における証拠開示規定の不存在が、再審請求手続における証拠開示をめぐる攻防を長期化させるとともに、無実を示す証拠の開示が遅れることで、冤罪被害者の救済を遠のかせるという不正義を生み出している。証拠開示手続を明文化すれば、再審の審理が今よりずっと迅速に進むことは火を見るよりも明らかである。

加えて、裁判をやり直すかどうか決めるだけの再審請求段階を、とてつもなく長く険しいものとしているのが検察官の抗告である。すでにみたとおり、大崎事件は3度にわたり再審開始方向の判断がされた、わが国で唯一の事件である。それなのに未だ解決を見ていないのは、すべての開始決定に検察官が抗告し、上級審で開始決定が取り消されたからである。

累次の再審で、再審請求を認めた裁判所は、「共犯者」の自白にも「ハナの目撃供述」の信用性にも疑問を差し挟んできた。何より、本件が絞殺による殺人事件であることの唯一の客観証拠とされた城旧鑑定が、城教授本人によって訂正されたという経緯もあり、確定判決の有罪認定を支えていた証拠はすでに瓦解している。にもかかわらず抗告が繰り返され、上級審で再審開始が取り消されることで、あたかもこれらの積み重ねがリセットされたかのように、再審請求人がこれまでとは別の新証拠を準備して新たな再審請求を行わなければならないという現状は、誤判冤罪の救済のみを目的とする再審制度の理念とは、明らかに相容れないものである。

仮に検察官が再審開始決定に不服であっても、その先の再審公判で有罪主張ができるのであるから、再審公判の手前で抗告を繰り返す必要性は皆無である。検察官の「再審妨害」によって、アヤ子さんの命あるうちの雪冤が果たせないかもしれないという悪夢を断ち切るためには、再審開始決定に対する検察官の抗告を、明文をもって禁止するしかない。

さらに高まる再審法改正の機運

袴田事件の再審開始が確定し、巖さんの再審無罪が確実視される一方で、44年間無実を訴え続けているアヤ子さんは雪冤が果たせぬまま厳しい闘いを強いられていることで、再審法改正に向けた世論はさらなる高まりを見せている。

日弁連再審法改正実現本部では、全国各地の弁護士会の会長を含む全理事による国会議員への要請行動、地方公共団体の首長への賛同の呼びかけ、再審法改正を求める意見書を地方議会に採択させるための請願などの諸活動を、急ピッチで進めている。

矢数決定の翌日である6月6日、日弁連は「再審法改正を求める院内集会」を衆議院第2議員会館で開催した。大崎事件弁護団事務局長としての私は、前日の宮崎での不当決定の衝撃から立ち直る暇もなく、再審法改正実現本部本部長代行として会場に赴いたのだが、そこには、議員本人が32名も出席するという目を見張る状況が待っていた。出席議員の所属政党は、主要政党（自民、公明、立憲民主、国民民主、維新、共産、社民、れいわ）すべてにわたっており、ほぼ全員が挨拶に立ち、再審法改正に向けて前向きな発言が相次いだ。超党派による取組みの必要性を明言した与党議員もいた。集会の前に寄せられた賛同メッセージも合わせると、１００名を超える国会議員が法改正の必要性に言及したことになる。

今や再審法改正は目標や理想ではなく、実現へのカウントダウンという新たなフェイズを迎えたと言っても過言ではない。

最高裁の誤りは最高裁で正すしかない

話を大崎事件に戻そう。

中田決定や矢数決定が論理的に破綻しているのは、第４次再審では澤野鑑定という「死亡時期」を明確にした新証拠を突きつけられているのに、死亡時期が特定できないことを前提とした上で「ＩとＴが死体遺棄の犯人とは考えられない」などと断じた第３次の最高裁（小池）決定の結論に未だ追従しているからである。

下級審が最高裁に忖度《そんたく》して、再審の扉をこじ開ける勇気を持てないのであれば、過去に最高裁がした誤りを正せるのは、同じ最高裁しかない。

大崎事件の４度目となる特別抗告審は、２０２０年に袴田事件の再審開始を取り消した東京高裁の決定を差し戻し、再審開始確定のきっかけを作った最高裁第三小法廷に係属した。矢数決定の10日後に96歳となったアヤ子さんの存命中に再審の扉が開く希望が見えてきた。

かつて3度の上告審を経て無罪判決が確定した「八海事件」では、2度目の上告審（最高裁第一小法廷）で有罪方向の破棄差戻しを受けた広島高裁が言い渡した有罪判決を、3度目の上告審である最高裁第二小法廷が破棄自判して無罪を言い渡した。この事件を映画化した『真昼の暗黒』のラストシーンで、高裁で死刑判決を言い渡された主人公が叫ぶ台詞をもって今回のコラムを終えたい。

「おっかさん、まだ最高裁判所があるんだ」

第27回

『見直そう！再審のルール』

『創』23年9月号

見直そう！再審のルール
この国が冤罪と向き合うために

『見直そう！再審のルール』

２０２３年７月10日、検察官は袴田事件の再審公判で、袴田巖さんの有罪を立証する方針であることを明らかにした。筆者は第24回と25回で「再審公判のリアル」と題して、１９８０年代の「死刑四再審」と、21世紀に再審無罪となった著名再審事件の再審公判の実情を伝えるとともに、袴田事件における、あるべき再審公判の進め方について私見を述べた。その拙稿で紹介したとおり、死刑四再審では４件すべてで検察官が再審公判でも元被告人の有罪を主張し、論告では改めて死刑を求刑したのであるが、判決はいずれも無罪だった。そして、それまでは有罪を主張し、死刑を求刑していた検察官は、無罪判決に対しては控訴せず、すべて一審で再審無罪が確定している。

これらの「前例」を踏まえると、死刑事件である袴田事件の再審公判で検察官が有罪を主張することは、まったくの予想外ではなかった。また、静岡地裁、東京高裁の両再審開始決定の中で、確定判決で犯行着衣とされた「５点の衣類」について、捜査機関による証拠のねつ造の可能性を指摘されたことに対して、このまま黙っては引き下がれないという「組織のメンツ」から、検察官が最後まで抵抗することも想定の範囲内ではあった。

それでも、巖さんの87歳という年齢と、釈放から9年が経過した今も拘禁症で心を破壊されたままである状況、そして何より、再審開始の確定までに、第1次、第2次あわせて42年もの間、巖さんと姉のひで子さんが送るはずだった平穏な人生を根こそぎ奪ったことに思いを致し、検察官が今度こそ「公益の代表者」として、一刻も早い再審無罪判決に向けて、再審公判の迅速な進行に協力することを期待せずにはいられなかった。しかし、その期待はまたしても完膚なきまでに裏切られた。

ただし、この問題を、「再審公判で検察官が有罪を主張するのはけしからん」と単純に論じてはならない。ことの当否はともかく、いまの日本の再審制度が「再審請求」と「再審公判」という2段階の構造を採り、再審請求段階では職権主義（請求人の再審請求に理由があるかどうかを裁判所が職権で判断するという二者構造）のもと、検察官は「当事者」という地位を与えられていないが、再審公判では、検察官は再び「当事者」として関与することが予定されており、有罪の主張もできると考えられているからである。一方で、再審公判は、「無辜（無実の人）の救済」を目的とする再審制度の中に位置づけられる手続であることも念頭に置かなければならない。さらに、再審公判で検察官が有罪主張をすることの妥当性は、その前段階である再審請求手続の実情を踏まえて考える必要がある。

仮にわが国の再審が、再審請求段階で検察官が迅速に証拠を開示し、裁判所が、有罪か無罪かの結論はともかく、判決を見直す必要があると判断すれば速やかに再審開始を決定し、ただちに再審公判に進むという制度になっていれば、再審公判で検察官が再度有罪を主張し、裁判所が有罪か無罪かの結論を改めて判断することも、あながち不合理とは言えないだろう。

翻って今回の袴田事件の再審はどうであったか。第1次再審には27年間もの歳月を要し、その間弁護人が繰り返し証拠開示を求めても、証拠開示手続を定めたルールがないことを理由に検察官は証拠開示を拒み、裁判所も証拠開示に向けた勧告や命令を出さなかった。第2次再審段階で、巖さんの死刑確定から30年が経った2010年になって、ようやく裁判所が証拠開示勧告を行い、これを受けて、確定審段階では提出されなかった600点もの証拠が初めて開示された。その中に、あの「5点の衣類」の鮮明なカラー写真や、そのうちのズボンに付けられていた「B」というタグが、色を示すものであるという証拠が含まれていた。控訴審の法廷で、くだんのズボンは小さすぎて袴田さんには穿《は》けなかった。しかし、検察官は「ズボンに付いている『B』というタグは大きいサイズを示すもので、ズボンは味噌に漬かって縮んだから巖さんには穿けなかった」と主張していた。このとき検察官は「B」は色だと知っていながら「サイズ」であると強弁していたことが、再審段階での証拠開示によって明らかとなったわけである。

14年3月、静岡地裁は、これらの開示証拠も踏まえ、「5点の衣類」のねつ造可能性を指摘して再審開始を決定した。しかし検察官は、これを不服として即時抗告を申し立てた。この即時抗告審で、検察官は自らの主張のために、それまで「不存在」と回答していた「5点の衣類」の写真のネガフィルムや、巖さんの取調べを録音したテープを証拠として提出した（検察官は過去に「不存在」と回答していた証拠を自ら提出したことについて、このとき謝罪している）。

その後、即時抗告審の東京高裁が4年余りの審理の末に再審開始決定を取り消し（18年6月）、さらに最高裁がその東京高裁の決定を取り消して審理を東京高裁に差し戻し（20年12月）、ようやく今年の3月に東京高裁で再審開始が認められ、確定したことは周知のとおりである。検察官は差戻し後の即時抗告審の審理において、血染めの衣類を1年2カ月味噌に漬ける実験を行い、その結果を東京高裁の2人の裁判官が直接目視して、「血痕に赤みは残らない」ことを確認した。これが、「5点の衣類」は巖さんが犯行直後に味噌タンクに隠し、その後発見されるまで1年2カ月味噌に漬かっていたのではなく、発見される直前に何者かが味噌タンクに入れたものであり、その「何者か」とは、事実上捜査機関である可能性が極めて高いという判断を導いた。

検察官が袴田事件の再審公判で有罪の主張をするということ、しかもその主張立証の内容が「1年2カ月味噌に漬かっても血痕には赤みが残る」というものであることが、どれほど見苦しく、正義に悖《もと》るものであるかは、ここまで述べた経緯に照らせば、もはや多言を要しないだろう。袴田事件における検察官の有罪立証方針は、とりもなおさず、わが国の再審請求手続に関する法制度の機能不全と、それに伴う冤罪被害者へのあまりに重すぎる負担を、この上もなく鮮明に、浮き彫りにしたのである。

袴田事件の迅速な再審公判によって巖さんの一刻も早い救済を実現すべく、マスコミと世論が一体となったキャンペーンを展開することは、もとより極めて重要である。その一方で、検察官が再審公判で堂々と有罪の主張立証を行うことが許容されうるのは、まずもって再審請求人の負担を軽減し、迅速な再審公判への移行を可能とする再審請求手続が法制化されることが大前提である、ということを、今こそ法務省と検察官に理解させなければならない。再審請求人の負担を軽減するために最も必要なのは、証拠開示手続の明文化であり、迅速な再審公判への移行にとって不可欠なのは、再審開始決定に対する検察官の抗告を認めないことである。

このような切迫した状況の中、筆者はこのほど一冊の書籍を共著で刊行した。『見直そう！　再審のルール：この国が冤罪と向き合うために』（安部祥太＝鴨志田祐美＝李怡修編著。現代人文社）である。冤罪はどうして起こるのか、日本の再審制度はどうなっているかを具体的に示し、再審法改正の必要性をわかりやすくコンパクトに伝えることを目的として編集、著作した。

この本はまず、「えんざい」というタイトルの小説から始まる。これは2022年12月に京都弁護士会が主催したイベント「憲法と人権を考える集い」のために同会が制作し、会場で放映したドラマ動画『なぜ人は「やっていないこと」を自白するのか～えん罪を生み続ける国、日本～』をノベライズしたものである。就活に励んでいた普通の大学生が、ある日突然身に覚えのない犯罪で逮捕、起訴され、有罪判決が確定、刑務所で服役中に再審請求を行う、というストーリーから、まずは読者にこの大学生の目線で冤罪を「体験」してほしい。そして以後の本文では、この小説のシーンから説き起こす形で、冤罪が生まれる原因や、再審制度の現状と問題点などを解説する構成になっている。さらに最終章では、日本の刑事訴訟法を「お手本」にして刑事司法制度を構築した台湾と韓国の、再審をめぐる改革の動きを紹介した。一足先に改革が実現した「変わる台湾・韓国」と、「変わらない日本」の違いはどこにあるのか――。そこに、わが国で再審法改正を実現させるためのヒントが隠されている。

本文のほかに、刑事手続を俯瞰《ふかん》できる図表、より関心を高めるためのコラムやトピックを散りばめ、巻末付録として、冤罪被害者本人によるトークセッション（徳島弁護士会主催の再審法改正市民集会で行われたもの）、23年2月に日弁連が公表した「刑事再審に関する刑事訴訟法等改正意見書」（要約版）、冤罪事件の一覧表なども収録した。これ一冊で「冤罪と再審のリアル」がわかる、一般市民向けの再審の教科書であると自負している。一人でも多くの市民、マスコミ関係者、そして立法に携わる国会議員たちに読んでいただきたい。また、特に若い人々に、冤罪や再審に関心をもってほしいとの思いから、大学やロースクールの教材、高校の現代社会の発展教材としても使えるようなレベルの本にしたつもりである。

本書を手に取ったら、表紙カバーをご覧いただきたい。抜けるような青空の下、洗濯したての真っ白なTシャツが干されている。再審法改正という青空が「濡れ衣」を晴らすというイメージである。ところが、カバーを外すと青空の部分は漆黒になる。これがまさしく日本の再審の現状であるという暗喩が、カバーの内に込められているのだ。

そして、この本の帯には袴田巖さんとひで子さんのツーショット写真と「巖はこの48年間、大変な苦労をしてきました。弟の48年間を無駄にしないように、どうか、みなさま、再審法改正をよろしくお願いいたします」というひで子さんのメッセージを配した。「弟の48年」とは、巖さんが身体拘束されていた期間である。これから先、確実に再審無罪のゴールにたどり着けたとしても、死刑執行の恐怖が巖さんの心を破壊した、気の遠くなるような歳月を巻き戻すことはできない。しかし、巖さんの苦難の歴史がこの国の再審制度を変えて、これ以上冤罪被害者が長期にわたり苦しむ事態を防ぐことこそが、その48年を、ただの「損失」で終わらせない唯一の方法であると、ひで子さんは訴えているのだ。

ひで子さんの、この痛切なメッセージに応えることができるか。いま、この国の司法に携わる者、立法を担う者、メディアとジャーナリズム、そして主権者であるすべての国民の真価が問われている。

第28回

「物言う冤罪被害者」桜井昌司さんの死を悼む

『創』23年10月号

台湾イノセンスプロジェクトの大会で熱唱する桜井さんとピアノを弾く筆者

２０２３年8月23日、私は、再審法改正の必要性を説く高知弁護士会主催の勉強会の講師を務めるため、伊丹空港に向かっていた。空港に着くか着かないかのタイミングでスマホをチェックすると、複数のラインやメールが、その日の朝、桜井昌司さんが亡くなったことを伝えていた。目の前が真っ暗になり、全身の力が抜けてしまった。地に足がつかない状態で、手荷物を預け、保安検査場をくぐり抜け、ラウンジの椅子に坐り込んだ。この日の高知地方は猛烈な雷雨に見舞われており、私の搭乗機は1時間以上出発が遅れたため、ラウンジで2時間近くを過ごすことになった。そしてその時間の中で、桜井さんとの様々なシーンが、あふれ出すようにあとからあとからあとから蘇ってきた。

桜井さんは冤罪被害者や家族たちのヒーローだった

私が弁護士になったのは２００４年の10月。大崎事件弁護団の一員となったのはその2カ月後、第一次再審で鹿児島地裁がした再審開始決定が福岡高裁宮崎支部で取り消され、弁護団が最高裁に特別抗告を申し立てたときだった。

大崎事件の第1次再審が「天国から地獄への転落」を味わった直後に、水戸地裁土浦支部で再審開始決定が出たのが桜井昌司さんの布川事件（第2次再審）だった。大崎事件弁護団が第2次再審に向けてなかなか体制を立て直せず、もがき苦しんでいた時期に、布川事件は高裁でも再審開始が維持され、最高裁で確定した。私が桜井さんと初めて出会ったのはこの頃である。

大崎事件の支援者たちは、事件発生時に近い毎年10月中旬頃に、「現地調査」と銘打って、事件関連現場を直接見て歩き、弁護団と学習会を行う。桜井さんは、この現地調査に何度か参加してくださっていた。私が弁護人として初めて現地調査に参加したとき、桜井さんは遠路鹿児島に駆け付け、まだ元気だった原口アヤ子さんと親しげに会話を交わしていた。しかし、弁護団に入って間もない当時の私は、2人の姿を遠くから眺めることしかできなかった。

ところが、その数カ月後、日弁連の再審部会の委員となった私は、東京・霞が関の弁護士会館のエレベーターの前で偶然桜井さんと鉢合わせになった。すると桜井さんは私に近づき、「アヤ子さんを早く無罪にしてあげてよ。俺なんかよりもっとずっと早く勝ってなきゃおかしいんだよなぁ」と人懐っこく笑った。桜井さんは、どこの馬の骨とも分からないような新米弁護士の私を「大崎事件の弁護人」として認識していたのである。桜井さんの超人的な記憶力にはしばしば驚かされたが、これがその最初だった。

21世紀の再審開始ラッシュの先駆けとして再審無罪を勝ち取り、その後の国家賠償請求でも国（検察）、県（警察）双方に勝訴して確定した「完全勝利者」となった桜井さんは、冤罪被害者やその家族たちのヒーローだった。これまで、雪冤の後に、自らの冤罪体験を語った者は少なからず存在していたが、桜井さんは、それにとどまらず、冤罪を訴える元被告人やその家族を「冤罪仲間」と呼んで支援し続けた。原口アヤ子さんは歳を重ね、自宅から施設へ、そして病院へと生活の本拠を移したが、そのすべての場所に何度も赴き、激励した。第2次、第3次、第4次と新たに再審を申し立てた際には裁判所の門前に詰めて弁護団にエールを送ってくれた。後に雪冤を果たした東住吉事件の青木惠子さんも、湖東記念病院事件の西山美香さんも、過酷な再審の闘いを続けられたのは、桜井さんの支援があったからこそ、と口を揃える。

一方、桜井さんは日本の歪んだ刑事司法の実態を舌鋒鋭くえぐり出し、警察・検察を糾弾し、取調べの録音録画や再審法改正といった法制度の改革提言にも切り込む論客だった。聞く者を惹きつけ、心を揺さぶる話術は天才的であり、2016年の刑事訴訟法改正の際は衆議院法務委員会で参考人として質疑を受けた。

2012年の九州弁護士会連合会シンポジウム（取調べの全面可視化と全面証拠開示）、19年の日弁連人権擁護大会シンポジウム（再審法改正）など、数え切れないほどの集会に登壇した。

話術だけではない。達筆で文才もあり、作詞作曲も手掛け、歌唱力も抜群であることは周知のとおりである。刑務所で出されたスパゲティが、ロウソクのような味で不味かったことからパスタが苦手だったが、志布志事件の支援者に教えられた現地の食堂のペペロンチーノに惚《ほ》れ込んだかと思うと、すぐに自分で美味しいパスタを作れるようになったという。家庭では料理だけでなくＤＩＹも手掛けた。

「不運だったけど不幸ではなかった」

まさに口八丁手八丁、八面六臂《ぴ》、しなやかで強靭だった桜井さん。22年10月に公開された金聖雄監督のドキュメンタリー映画『俺の記念日』の公式サイトに、私は次のようなコメントを寄せた。

《昌司さんと出会ってもう10年以上になる。冤罪事件の救済や再審法改正に向けた活動でともに闘い、時にはライブコンサートで同じ舞台にも立った。

歌、文筆、料理、庭仕事…と何でもこなす器用さ、聴衆層に応じて臨機応変に対応できるスピーチの上手さ、何より人を惹きつけて止まない包容力に接するたびに「神様がこの人を選んで、この過酷な運命を背負わせたとしか考えられない」と常々感じていた。

この映画を観て、その思いがますます強くなった。

そのような存在である昌司さんのドキュメンタリーだから、どんなにストーリーが練られた上質なドラマよりも、どれほどプロットの巧みなフィクションよりも、ずっと面白いのだ。

しかも金監督は、昌司さんのすべてをつぶさに描き切るのではなく、彼の日常を淡々と描くことで、観る側に「想像するのりしろ」を残してくれた。

観客の皆さんにはぜひ、ポジティブで楽観的で明るい昌司さんの向こうに、冤罪にどれほどの理不尽と苦悩と怒りが渦巻いているかを、想像していただきたい》

冤罪被害者になったことは「不運だったけど不幸ではなかった」と言い切る桜井さんだが、その言葉の向こうには、とてつもない絶望と懊悩《おうのう》の日々があったはずだ。布川事件の第1次再審では、地裁、高裁、最高裁のいずれも再審開始を認めなかった。無期懲役刑で服役していた桜井さんは、両親の死に目に会うことができず、最高裁の棄却決定を獄中で知らされた。ひとたび再審請求棄却が確定すると、またふり出しに戻って、無罪を言い渡すべき明らかな新証拠を携えて地裁への再審請求から始めなければならない。布川事件では第1次再審の終結から第2次再審の申立てまでに9年かかった。その間に桜井さんは仮釈放が認められて出所したが、第2次申立てまでの「待ち時間」はいかばかりであっただろう。外では明るく振る舞う桜井さんだが、長期の身体拘束の後遺症に苦しめられた。夜中に突然団地の窓から飛び降りようとする桜井さんを、出所後結婚した妻の恵子さんは必死で体を押さえて止めたという。

第2次再審は地裁も高裁も再審開始だったが、検察官は最高裁に特別抗告まで行って抵抗した。地裁・高裁で2連勝した事件に対して検察官が特別抗告したのは、布川事件が初めてである。桜井さんは再審が開始されてもなかなか再審公判に行きつけない辛酸《しんさん》も味わった。

そして再審公判で検察官はなお有罪を主張し、論告では再び無期懲役を求刑するという暴挙に出た。過酷な取調べで冤罪を作り出し、無実の証拠を隠したまま有罪判決をもぎ取り、再審開始にも抗告を繰り返してきた検察が、最後の最後まで反省も謝罪もせず、有罪判決に固執する姿に、桜井さんは国賠まで闘って真実を明らかにするしかないと覚悟を決めた。

桜井さんと私は、冤罪を憎み、この国の刑事司法を変えるために闘う「同志」だった。しかし、当事者と弁護士には超えられない壁もある。東住吉事件で、元被告人の朴さんがガソリン7リットルをガレージに撒《ま》いて、ターボライターで火をつけて放火したという自白が有罪の証拠とされたが、再審での大がかりな再現実験で、同じ方法で放火すればすぐに爆発的燃焼となり、火をつけた本人は火だるまになることが実証された。このとき桜井さんが「検察官は有罪だと主張するなら、自分でガソリンを撒いてターボライターで火をつけて焼け死ねばいい」という趣旨のコメントをしたことに、私はさすがに「焼け死ねばいい」という表現はよくないと指摘した。すると桜井さんは激怒して「腐れ検察にはこれぐらいのことを言わないとダメだ」と耳を貸さなかった。

ライブコンサートで9年間共演

それでも、立場を超えて心を通わせる「同志」でいられたのは、2人を繋ぐ音楽があったからだ（このことについては、本書第2回「音楽の力」で言及した）。桜井さんと私は2011年から19年まで実に9年間、毎年博多でささやかに行っていたライブコンサートで共演した。彼は自ら作詞作曲した曲を、私のピアノ伴奏で歌ってくれた。台湾イノセンスプロジェクトの大会で桜井さんが記念講演に招かれたときも、現地のピアニストではなく、私にピアノを弾いてほしいと言ってくれたため、私は大会の公式プログラムに「伴奏者」として名前が載るという栄誉に浴した。桜井さんがラジオパーソナリティを務めていた「桜井昌司の言いたい放題！　人生って何だ!!」にゲスト出演したときも、「バンド仲間」と紹介され、私の作った「アヤ子のうた」の弾き語りをオンエアしてくれた。大崎事件の支援者の主催で、原宿のスタジオで桜井さんと共演したのは、彼が発起人となって設立した「冤罪犠牲者の会」の結成集会の前日だった。

21年4月に行われた、桜井さんの著書『俺の上には空がある広い空が』（マガジンハウス刊）の出版レセプションでは、私にもステージで「アヤ子のうた」を披露する機会を与えてくれた。同じ頃に私が刊行した『大崎事件と私―アヤ子と祐美の40年』（LABO）の出版記念パーティがコロナで流れたことを知っての、粋《いき》な計らいだった。その4日前に投稿された、私の本を読んでくれた桜井さんのブログを読み返すと、涙腺ダムが決壊してしまう。ここに、そのダイジェストを紹介させてほしい。

涙腺ダムを決壊させた桜井さんのブログ

《鴨志田弁護士の書いた本、『大崎事件と私』を、やっと入手した。

電車の中で読み始めたが、鴨志田弁護士の故郷である鎌倉の地での青春時代から始まり、鹿児島県の片田舎と言って良い大崎町であった冤罪事件の歴史と鴨志田弁護士の人生を重ねた中身は、冤罪被害者である原口アヤ子さんの「無実の罪を晴らしたい」とする真っ直ぐな意志と想いを柱として、そこに重ね合わせた同じ女性としての鴨志田弁護士の人生は、お二人が会うべくして出会い、闘うべくして闘っている感動の人間ドラマだ。この本に書かれた二人の女性の生き様は、余りにも鮮烈であり、余りにも過酷であり、愚直なまでに真っ直ぐだ。

俺は鴨志田弁護士に、特別な親愛の情を持っている。失礼な言い方になるが、仲間、同志的な想いだ。

鴨志田弁護士の夫君は癌と闘病する中、第3次再審が最高裁判所で不当に退けられたときに「ここが潮時だろう」と大崎事件の再審弁護人を辞退するように語られたそうだ。

再審弁護士として任務などに集中する余りに事務所経営が傾き、体調不良を重ねる「妻」を案じる、余程の想いからの進言だったろう。しかし、鴨志田弁護士は第4次再審を嵐のような勢いで提起した。しかも、1年の時も経ないで「再審を開始することは著しく正義に反する」と述べて原口アヤ子さんの積年の想いを侮辱した最高裁判所の決定の過ちを決定的に否定する医学鑑定書も添えた再審申立書を提出したのだ。鴨志田弁護士の原口さんの想いに重ねた闘いの意志と行動を読み重ねては、自分の闘いの想いが蘇って、何度も涙を流した。

身も心も重ねたように原口アヤ子さんの冤罪を背負って闘う鴨志田祐美弁護士の姿には、改めて俺の同志でもあり、闘う仲間だという想いを勝手に深めている。

この鴨志田弁護士の著書、『大崎事件と私』が、より多くの人に読まれて理不尽に冤罪を背負わされる仲間の存在に心を寄せる人が増えて、冤罪が解決しない原因でもある再審法の不備を是正する法改正と冤罪を生まない法改正を求める我々冤罪犠牲者の声に耳を傾けてくれる人が増えて欲しいと願うばかりだ》

夫と同じタイミングで大腸がんに

桜井さんのブログにも書かれているが、私の夫にステージ4の大腸がん（S状結腸がん）が見つかったのは、大崎事件第3次再審で最高裁が再審開始を取り消した3カ月後の19年9月25日だった。そして、その2日後の9月27日に驚くべきメールが桜井さんから届いた。

《まだ恵子さんと恩人、他に3人にしか報告してないけど、どうやら大腸癌になったようです。しかも、肝臓に転移の疑いもあるとか。別に、それはそれで覚悟だし、俺は予想通り。何も変わってないから心配しなくて大丈夫だからね。抗癌剤は使わない、もちろん放射線はやらない、手術しない、と、今は考えてる。来月の徳島から北海道。何も変わってないから、宜しく！》

「徳島から北海道」とは、前述した日弁連人権擁護大会シンポジウムと、その翌日に札幌で行われた桜井さんと私の「ビッグ対談」（２人とも身長１５０センチ前後なのに…）と銘打った集会のことだ。この激動のスケジュールの最中に、夫と桜井さんは同じタイミングで同じステージ４の大腸がん（桜井さんは直腸がん）と宣告されたのだ。

食事療法と温熱療法を選択した桜井さんと異なり、通常の医学的治療法を選択した夫だったが、桜井さんより2年も早く還らぬ人となった。桜井さんは、自分も闘病中なのに、いつも夫のこと、私のことを気遣ってくれていた。とにかく気持ちの細やかな、優しい人だった。表では「腐れ検察」とか言っているが、私には「検察も警察も、俺はもうとっくに許してるんだよ」と打ち明けもした。

桜井さんは京都で温熱治療を受けていたので、私が京都に拠点を移したことを喜んでくれた。映画のプロモーションで京都を訪れた22年10月27日には《俺は京都にいたんですよ、56年前。あの頃には行けなかった店で、ぜひ！　もちろん俺の奢りだよ》という飲みの誘いのメールも来ていた。

しかし、23年になると、メールは痛みで活動がままならなくなったという内容に変わってきた。4月29日に届いた最後のメールには《直接、抗癌剤を注射する方法になりそう。肝臓癌は、特に抗癌剤に弱いのだとか。まずは直腸癌から》とあった。湖東記念病院事件の国賠期日の傍聴に訪れたのが、桜井さんと直接お目にかかった最後になったが、尻の痛みがひどいと言ってすぐに帰ってしまったため、ほとんど話をすることもできなかった。

私は夫が亡くなる前に自宅で過ごした2カ月を思い出した。息子夫婦と3人、在宅介護、看護を行い、自宅で看取った夫の最期の日々は、痛みとの格闘だった。一晩中獣のような唸り声を上げる日が何日も続いた。桜井さん本人も、そして支え続けた恵子さんも、本当に辛く厳しい日々だったに違いない。

同志を失い、体の半分がもがれたような気持ちは、当分消えないだろう。しかし、「物言う冤罪被害者」として孤高の闘いを続けた桜井さんの思いを受け継ぎ、いまでは青木恵子さんや西山美香さんが各地で冤罪被害の実情を訴え、また、「冤罪仲間」の支援に全国を奔走している。袴田事件の再審開始確定で、なかなか動かなかった再審法改正の機運も、ここにきて急展開を見せている。

桜井さん、本当にお疲れ様でした。ゆっくり休んでください。貴方が生きているうちに再審法改正を実現できなかったのは、本当に悔しく悲しいけれど、生き残った私たちが必ず実現してみせると、貴方がかつて、自由を渇望して見上げた広い空に誓います。

今まで、ありがとう。そっちの世界でも、いつか私のピアノで歌ってください。

第29回

いざ、再審法改正秋の陣へ！

『創』23年11月号

日弁連の再審法改正特設サイト「ACT for RETRIAL」。左下のQRコードからアクセス可

袴田事件の再審公判が、２０２３年の10月から24年の３月にかけて行われる見通しとなったことが報じられている。この半年は、袴田巖《いわお》さんが再審無罪を勝ち取るまでの長い長い闘いのラストスパートであると同時に、再審法改正の実現に向けた正念場でもある。

その「再審法改正秋の陣」を前に、22年６月に発足した日弁連再審法改正実現本部のここまでの活動について、改めて振り返っておきたい。

再審法改正実現本部は、小林元治・日弁連会長が本部長として陣頭指揮にあたり、それを日弁連の元会長２名や、再審弁護の経験豊富なベテラン弁護士からなる７名の副本部長が支えている。52の弁護士会長を含む約70名の日弁連理事も全員が実現本部員である。実現本部内には、具体的な活動に合わせて、改正法案作成部会（森下弘部会長）、国会対策部会（徳田靖之部会長）、会内連携部会（秋田真志部会長）、会外連携部会（泉澤章部会長）、広報部会（亀石倫子部会長）が置かれている。現場の運営管理と内部調整を担うのは上地大三郎事務局長、そして実働の中心となる本部長代行を不肖鴨志田が務めている。

総勢130名を超える実現本部が、この1年余りの間にどのような活動を行い、成果を上げてきたかを紹介する。

まず、再審法改正活動の核となるのは、言うまでもなく、あるべき改正法を示すことである。実現本部では本年2月、これまでの「平成3年案」から実に32年ぶりとなる、具体的な改正条項案を盛り込んだ「刑事再審に関する刑事訴訟法等改正意見書」を公表した。同意見書については、本書第22回で紹介し、かつ全文が日弁連のサイトにアップされているので、ぜひお読みいただきたい。

次に、再審法改正は立法問題であるから、何と言っても国会への働きかけが最重要である。5月12日、日弁連執行部と、全理事を含む実現本部員が議員会館を回り、国会議員たちに再審法改正の必要性を直接訴えた。その後も、各弁護士会が地元の国会議員への働きかけを続けており、アプローチした議員の数は400人を超えた。そして、9月現在、与野党合せて93名の議員から日弁連に対し、再審法改正への賛同メッセージが寄せられている。

6月6日には衆議院第二議員会館で再審法改正を求める院内集会を開催、主要政党のすべてから32名の議員がリアル出席した。登壇した袴田ひで子さんが「巖はこの48年間（注：袴田巖さんが獄中に拘束されていた期間）、大変な苦労をしてきました。弟の48年間を無駄にしないように、どうか、みなさま、再審法改正をよろしくお願いいたします」と訴え、これに呼応するように、リアル出席した議員全員が、会場で再審法改正が急務であるという趣旨の挨拶を行った。これが契機となって、与野党双方で党内勉強会やヒアリングを行う動きが加速している。

国会での法改正を実現するためには、世論の後押しも欠かせない。実現本部発足前から、日本国民救援会など民間の団体の請願により、地方議会が国会に対して再審法の改正を求める意見書を採択する動きがあったが、日弁連もこの活動に加わり、地方議会への働きかけを行っている。23年9月時点で岩手県議会と142の市町村議会が、国会に再審法改正を求める意見書を採択している。そして現在、複数の県議会で意見書採択の動きが進められている。

また、各地の弁護士会の働きかけにより、地方公共団体の首長からも少しずつ賛同メッセージが寄せられ始めている。東京23区では、世田谷、中野、杉並、豊島、渋谷の各区長が再審法改正への賛同を表明した。また、名張事件の地元である名張市など、5つの市の市長からも賛同メッセージが届いた。全国市長会では今後、日弁連からの要請書を市長会のHPにアップして周知を図る意向であるという。

国会議員や地方議会、首長への働きかけについては、各地の弁護士会や弁護士がそれぞれの地元でもつ人脈の活用が欠かせない。もっとも、これまで、弁護士の中で再審に関わったことのある者はごく少数であり、著名な刑事弁護人であっても再審事件を手掛けたことはないという弁護士が多数を占めるという状況だった。再審は「職人気質で変わり者の弁護士が、何十年にもわたって手弁当で活動する特殊な領域」と捉えられていたのである。そこで、日弁連を挙げて再審法改正に取り組む前提として、弁護士会内の世論を高めることも重要課題となった。実現本部では各地の弁護士会に、再審法改正の実現を訴える総会決議の採択や、「再審法改正全国キャラバン」と銘打った、シンポジウム、市民集会、映画上映会、会内研修などのイベントの開催を求めた。弁護士会の総会には、年に1度の定期総会と、必要に応じて開かれる臨時総会があるが、その回数は決して多くない。しかし、実現本部の設置から1年余りで、すでに52の弁護士会のうち38の弁護士会が決議を採択した。

再審法改正全国キャラバンも、最初の開催となった22年10月以降、北は旭川から南は沖縄まで、各地でまんべんなく開催されており、今後開催されることが確定している企画も合わせると、その数は50近くに上る。

会員数が100に満たない小規模の弁護士会や、著名再審事件の経験のない弁護士会にとって、いきなり大規模なイベントを企画することは難しい。このため、まずは弁護士会内で会員向けの勉強会を企画してほしいと呼びかけた。私はこれまで、この会内勉強会の講師として10を超える弁護士会に赴いた。大崎事件や袴田事件の実情、そしてこれらの事件が浮き彫りにした現行再審法の不備を説明すると、「人権擁護の担い手」である在野法曹たる弁護士の琴線に触れるのか、どの弁護士会も「これはやらなければ」という気持ちになってくれるのが嬉しい。その中で、22年の会内勉強会に訪れた岐阜県弁護士会が、23年は一般向けの市民集会を開催してくれた。その企画力と独創性は抜群だった。集会の名称を議論しているときに、生まれ変わるという意味で「Ｒｅｂｏｒｎ」という名称にしようということになったらしい。しかし、弁護士の一人が綴りを誤って「Ｒｅｂｏｎｅ」とメモしたのを見た別の弁護士が「骨から叩き直す」という意味か、とツッコミを入れ、そっちの方が面白いということになったそうで、付いたタイトルは「Ｒｅ：ＢＯＮＥ再審制度～再審法を骨から叩き直す～」だった。そして、開催前から「＃さいほね」というネーミングでＳＮＳ上に発信するなど、精力的な広報活動を展開した。

イベントの会場は岐阜市立図書館などの入る公共施設「岐阜メディアコスモス」内のオープンスペース「ドキドキテラス」という、施設内を歩いている市民が自由に立ち寄ることのできる空間だった。現に、集会中に「何をやっているんだろう」と足を止めて、そのまま参加してくれた通りすがりの一般市民もいた。集会のメインイベントであるトークセッションのゲストは、２０１４年に静岡地裁で袴田事件の再審開始決定を出した当時の裁判長だった村山浩昭弁護士。彼は開会前に会場を下見し、この空間を絶賛したという。「僕はねぇ、辻説法みたいに、通りすがりの人を相手に直接話がしたかったんだよ」という村山弁護士は、トークセッション本番の、会場の観客との距離が近く、その反応が手に取るようにわかるライブ感の中で、「言いたいことは全部言えた」と頬を紅潮させていた。村山弁護士は打ち上げ懇親会の終了間際に、「僕は今日の集会を一生忘れないと思う」との言葉を残し、岐阜を後にした。

岐阜県弁護士会の熱の入れようはそれだけではなかった。弁護士会バンド「G-BENS」のギタリストであるアッキーこと小林明人弁護士が、私が大崎事件の原口アヤ子さんのために作詞作曲した「アヤ子のうた」を連日猛練習し、集会の開始前とラストに会場でライブ演奏してくれたのだ。「アヤ子のうた」をギター伴奏で歌うのは初めてだったが、小林弁護士のギターとバックボーカルは素晴らしく、会場の聴衆を魅了した。日弁連から「やれ」と言われてやっているのではなく、岐阜県弁護士会のメンバー一人ひとりが再審法改正の実現という目標のために、全身全霊をかけて、しかも楽しみながら準備を進め、集会を成功に導いたことが身に染みてわかった。岐阜県弁護士会の神谷慎一会長は、集会後に「会長の任期を終えても、再審法が改正され、真実人権救済の制度になるまで、関わり続けることを約束します」とのメールを送ってくれた。

岐阜県弁護士会だけではない。各地の弁護士会がそれぞれ創意工夫を凝らしたイベントを開催したことで、再審法改正に向けた世論は確実に高まっている。７月に開催された三重弁護士会主催の市民集会には、三重県議会から７名もの議員が参加し、ほぼ全員が最後まで会場に残って熱心に話を聞いてくれた。

話を日弁連再審法改正実現本部の活動に戻そう。各地でのイベントが、いわば「打ち上げ花火」的スポット営業であるのに対し、より広く持続的に世論を高めるためには、24時間３６５日、年中無休の「通し営業」のような広報活動も必要である。そのニーズに応えるために、日弁連は今般、再審法改正の特設サイト「ACT for RETRIAL」を開設した。周防正行監督と村木厚子さんの対談動画、ジャーナリスト長野智子さんによる小林元治日弁連会長へのインタビュー動画、再審法改正に関心を持ち、校内で研究発表を行った京都府立嵯峨野高校の生徒２人とその保護者へのインタビュー記事など、盛りだくさんのコンテンツを、実現本部の広報部会が驚異的なエネルギーと速度で完成させた。注目すべきは、袴田ひで子さん、東住吉事件の青木惠子さん、湖東事件の西山美香さんといった冤罪被害当事者のリレーメッセージのあとに、６月の院内集会で挨拶に立った与野党の著名議員たちのメッセージ動画もアップされていることである。これを見れば、再審法改正はもはや「するかしないか」ではなく、「どのような内容の改正にするか」を議論する段階にあることがわかるはずである。

この熱量をそのままに、いや、さらにヒートアップさせて臨む「再審法改正秋の陣」。時まさに来たれり、である。

第30回

袴田再審公判前夜

『創』23年12月号

本稿を執筆している現在、袴田事件の再審公判は「まだ見ぬ世界」である。36年ぶりに開かれる死刑事件の再審公判の舞台となるのは、奇しくも36年前に「死刑4再審」のラストとなった島田事件の再審公判と同じ、静岡地方裁判所である。

正直に告白すると、私にとって、死刑4再審の再審公判の状況は、文献によって獲得した「知識」に過ぎず、「体験」ではない。死刑4再審のうち、免田・財田川・松山の3事件の再審無罪判決は私が大学生のとき、島田事件の再審無罪判決は会社員時代だったが、覚えているのは「再審無罪」の大きな見出しが躍った判決時の報道ぐらいである。いずれの事件でも1年以上、財田川事件では実に2年半もかかった再審公判の状況をつぶさに追った記事や、再審制度の問題点に踏み込んだ番組にリアルタイムで接した記憶はない。

今回は、再審公判が始まる前から、新聞では連載記事が、テレビでは特集番組が組まれている。再審公判の進め方を協議する非公開の進行協議期日の内容も、弁護団の記者会見などをもとに、その都

10月21日、沖縄でのシンポジウム
(沖縄弁護士会撮影)

度詳細に報じられた。再審公判でも有罪主張する方針を打ち出し、「5点の衣類」が袴田さんの犯行着衣であることを主張立証の中心と据える検察官が、法医学者7名の連名による鑑定書を新たに提出し、鑑定を行った法医学者の証人尋問も申請する意向を示していることから、審理の長期化が危惧されたが、裁判所は2024年年3月27日までに12回の公判期日を開いて審理を終結させ、その後判決に向かうと伝えられた。しかし、確定審、2度にわたる再審請求審で提出された膨大な証拠のうち、再審公判で検察官・弁護人のそれぞれが請求する証拠の取調べだけで、かなりの日数と時間を要することも予想され、3月での結審を危ぶむ声も上がっている。やはり実際に公判期日が開廷しない段階では先行きを見通すことは難しいようである。

袴田巖さんの心身の状況を踏まえ、弁護団が出廷免除の申立てを行い、これを受けた静岡地裁の國井恒志裁判長が巖さんと面会、さらに、巖さんの釈放後の日記のコピーなどが提出されたことも報じられた。10月24日に巖さんの出廷免除が決定され、第1回公判では姉のひで子さんが巖さんに代わって罪状認否を行う見通しも伝えられている。

事件から57年もの歳月を経て、ようやく行われることとなったやり直しの裁判、しかも捜査機関がねつ造した証拠によって無実の巖さんをあわや死刑にしようとしたと断じられる可能性の高い再審公判には、当然のことながら、国内外から極めて高い関心が寄せられている。ところが、今回使用される法廷は、傍聴席が50に満たない規模だという。傍聴席の抽選は宝くじなみの当選率になるかもしれない。しかも抽選の整理券はリストバンド方式（傍聴希望者に抽選番号が記載された紙のリストバンドが巻かれ、当選しても手首から外すと無効になる）で、当選した整理券を別の人に融通することができない扱いになるらしい。これでは憲法の保障する「裁判の公開」の要請を充たさないとして、大学教授、弁護士、ジャーナリストらがメンバーとなっている「司法情報公開研究会」や、日本プロボクシング協会など複数の支援団体が、当日の空き法廷を開放し、再審公判を「ビデオ中継」するよう求めた。結局、裁判所がこれに応じない方針を明らかにしたが、このような経緯が複数のメディアで報じられることも、これまでの刑事裁判の報道からすれば異例と言えるだろう。

「袴田再審公判前夜」の熱気が日に日に高まりを見せる中、第1回公判まであと6日という10月21日、静岡から遠く離れた沖縄で、袴田事件を誰よりも知る2人が顔を揃えたシンポジウムが開催された。沖縄弁護士会主催の「袴田事件から学ぶ――冤罪、再審、死刑――」と題するその集会で講演を行ったのは、免田事件が再審無罪となった1983年に裁判官に任官し、2014年3月、袴田事件第2次再審（静岡地裁）で再審開始決定を出した村山浩昭・元裁判長と、財田川事件・松山事件が相次いで再審無罪となった1984年に袴田事件弁護団に加入、以来39年にわたり袴田事件の再審弁護に身を捧げてきた小川秀世・袴田事件弁護団事務局長である。

パネルディスカッションでは、この2人が肩を並べて壇上に座った。同じ事件で再審開始を勝ち取るために粉骨砕身してきた弁護人と、死刑確定から34年の歳月を経て、初めて再審の重い扉を開き、巌さんを釈放した裁判長が、それぞれの立場から再審制度の不備がもたらす困難な状況と理不尽を語り尽くす――、それはまさに奇跡の時間だった。同じ壇上でコーディネーターを務めた私も、再審法改正の実現に向けた歴史的瞬間を共有していることを実感し、心が震えた。

再審における証拠開示の問題について、小川弁護士は「出てきた証拠は、いい証拠（巌さんの無罪を示す証拠）ばっかりなんですよ。こんなものを隠して巖さんを死刑にしようとしていたんですね」「請求審段階では裁判所から開示を求められても『不存在』と回答していた取調べの録音テープや5点の衣類のネガを、検察官自らが後の即時抗告審で自分たちの主張立証のために提出してきたこともあった」と検察官の不誠実な対応を批判した。村山元裁判長も「そもそも再審制度の目的は、できるだけ早く冤罪を救済することであるのに、そのために再審請求人にどんな権利が認められるのかが法律にまったく書いていない」「再審を開始するには、無罪を疑わせる新規明白な証拠を提出しなければならないが、そもそも請求人側が新証拠を出すこと自体、相当困難である。だから証拠開示が決定的に重要なのに、死刑4再審後、検察官が証拠開示に消極的になったことで、再審のハードルが上がってしまった。極めて深刻な問題である」と指摘した。

再審開始決定に対して検察官が抗告をし、一度は開始決定が取り消され、結局再審開始確定までに9年もの歳月を要したことについて、小川弁護士は「今、検察官は再審公判で有罪立証すると言っている。再審開始の確定までに議論を尽くしたはずの『5点の衣類』の色の問題について、検察官は『再審請求と再審公判は手続きが別だから』と言って、再審公判でも同じ問題を蒸し返そうとしている。それなら、あれほど長い期間を費やして再審請求をやる必要はなく、検察官の抗告は禁止すべきだ」と憤った。

村山元裁判長は「自分が再審開始決定を出したときは、間違いなく抗告されるだろうと思っていた」と冷静に振り返ったが、劇的な瞬間はそのあとに突然やってきた。コーディネーターを務めた私が「直接申し上げにくい質問ではありますが、では、即時抗告審で自分の決定が取り消されたときには、どのような思いでしたか?」と尋ねると、村山元裁判長は急に表情をゆがめ、目に涙を浮かべて「巖さんとひで子さんに本当に申し訳ないと思った」と言葉を絞り出した。それからすぐに「かつては、検察官の抗告にあまり疑問を持っていなかったが、袴田事件を経験して、今では検察官の抗告は『再審妨害』だという鴨志田さんの意見に与するようになった。もっと言えば『百害あって一利なし』だ」と、再びもとの口調に戻って発言を続けたが、村山元裁判長の涙は、検察官抗告の理不尽と残酷さを何よりも雄弁に物語っていた。

ディスカッションの最後に、村山元裁判長は「法律や制度は変えられる。冤罪救済の目的に近づく法律に、みんなの声で変えていきましょう」と会場に呼びかけた。その聴衆の中には、地元の高校生や、現役の裁判官もいた。

沖縄のシンポジウムには、地元沖縄のメディアだけでなく、袴田事件の地元静岡の新聞記者も駆けつけ、さらにNHKの「クローズアップ現代」のスタッフも東京から飛んできており、第1回公判直後の放映に備えていると言っていた。これらのマスコミ関係者が集会終了後の打ち上げ懇親会にも参加して、袴田事件と再審制度の問題をどのように伝えたら、多くの一般市民に共感をもってもらえるか、酒席のあちこちで熱心な議論を展開していた。夜が更けても空気が熱を帯びたままだったのは、南国沖縄の地だからというだけではなさそうだった。

いよいよカウントダウン状態となった再審公判のスタートを前に、私自身も複数の地元テレビ局から、前打ち番組でのインタビューや、公判当日の夕方のニュースのスタジオ生出演の依頼を受けている。袴田事件の弁護人でも直接の関係者でもないのに、これほど取材を受けるのは、もちろん筆者が日弁連の再審法改正実現本部の中心メンバーであるからだが、報じる側が、これは袴田事件の再審無罪を「ゴール」とするのではなく、再審制度の不備をあぶり出し、法改正につなげる「スタート」として捉えていることの証左でもある。

死刑4再審の再審無罪ラッシュのときこそが、現行刑事訴訟法の制定後、否、それ以前の大正刑事訴訟法以来ほとんど見直されることのなかった再審手続のルールを改訂する千載一遇のチャンスだったはずだ。あのときに法改正が実現していれば、「5点の衣類」のねつ造を示す証拠はもっと早く開示され、一度の再審開始決定だけで再審公判に進み、巖さんは拘禁反応で心身が破壊される前に再審無罪となって、ひで子さんとともに穏やかな人生を過ごすことができていただろう。

袴田事件の第1次再審（地裁、高裁、最高裁のすべてで再審請求棄却）の終結までに27年もの歳月を要した理由の一つは、再審請求を行った時期に、ちょうど島田事件の再審公判が同じ静岡地裁に係属していて、袴田事件の審理が後回しにされたことで、地裁の審理だけで13年もかかったことだった。袴田事件は、いわば、死刑4再審の相次ぐ再審無罪という輝かしい時代の陰で犠牲となった再審事件であると言えなくもない。だからこそ、その轍《てつ》を二度と踏んではならないのである。

36年ぶりに巡ってきた、法改正の世論を高める絶好機、その追い風は今、最大瞬間風速である。

第31回
市民に閉ざされた裁判所

『創』24年1月号

東京地方裁判所

拙著『大崎事件と私―アヤ子と祐美の40年』に、次のようなくだりがある。第2次再審で供述心理鑑定を行った心理学者への証人尋問を担当した私が、その準備を行っているシーンである。
《このころの私は、ここぞという尋問などのときには、長めの髪をカチューシャで止めて気合を入れて法廷に立つことが多かった。この日の尋問でも、リハーサル段階からカチューシャを付けて臨んだところ、佐藤博史弁護士が「勝負カチューシャ」と命名してくれた。ところが、そこで「伝説の元刑事裁判官」木谷明弁護士が、あの少しトーンの高い軽やかな声で「鴨志田先生、法廷では『鉢巻き』は禁止されているんじゃないの?」とツッコミを入れてきた。「木谷先生、何をおっしゃいます!これは『鉢巻き』じゃありません。『カチューシャ』ですってば!」と私が口をとがらせると、周りにいた弁護団メンバーは一同大爆笑となった》
このときは爆笑で終わったこのエピソードだが、今、裁判所では笑えない事態が続出している。木谷明弁護士が「法廷では鉢巻きは禁止」と言った根拠は、昭和43年に定められた「裁判所の庁舎等の管理に関する規程」(庁舎管理規程）にある。その12条は「管理者は、庁舎等において次の各号の一に該当する者に対し、その行為若しくは庁舎等への立入りを禁止し、又は退去を命じなければならない」とした上で、同条10号に「はちまき、ゼッケン、腕章その他これらに類する物を着用する者」を挙げている。この規程にいう「庁舎管理権」の目的は「庁舎等における秩序の維持と災害の防止」であり、「管理者」とは最高裁にあっては事務総局経理課長、高裁にあっては事務局長、地裁・家裁にあっては所長である。

庁舎管理権は裁判所の行政作用だが、これとは別に、個々の法廷で行われる裁判においては、裁判長が法廷内の秩序維持にあたる（裁判所法71条1項)。このため、裁判長は、司法作用の一環として、裁判所法71条2項に基づき、「法廷における裁判所の職務の執行を妨げ、又は不当な行状をする者に対し、退廷を命じ、その他法廷における秩序を維持するのに必要な事項を命じ、又は処置を執ることができる」とされている。「法廷警察権」と呼ばれる権限である。

ここ最近、この「庁舎管理権」や「法廷警察権」をタテに、裁判所が入廷者の服装等に過剰な対応を示したり、不合理な入廷拒否を行ったりするケースが相次いでいる。

２０２３年年6月22日に開かれた、湖東記念病院事件国賠訴訟の期日に、原告の西山美香さんは、白色で「ＩＮＮＯＣＥＮＣＥ ＰＲＯＪＥＣＴ ＪＡＰＡＮ」という文字が書かれた黒色Tシャツを着用して出席した。期日は滞りなく終了し、裁判所はもとより、被告である国や滋賀県からも、西山さんがそのTシャツを着用していることについて問題視する声は上がらなかった。

ところが、その数日後、大津地裁の書記官から原告代理人の弁護士に電話があり、地裁所長と民事部裁判長からの伝達であるとして、西山さんがくだんのTシャツを着るのは、政治的なメッセージのある鉢巻きを持ち込むのと同じなのでやめてほしい、次回以降は上着を羽織るか、もしくは原告の出席を断ることも検討する旨を伝えてきた。原告代理人がこのような制限を加える法的根拠を問いただしたところ、庁舎管理規程11条（「管理者は、庁舎等の管理のため必要があると認めるときは、庁舎等又はその内部の室に立ち入ろうとする者に対し、その人数、時間若しくは場所を制限し、又は立入りを禁止する等必要な措置を講じなければならない」）及び12条（前述）であると回答した。さらに裁判所からは、「裁判長は、法廷警察権との関係でも、法廷で当事者といえども、メッセージ性のある服装は止めていただきたいとのことである」との見解が示された。

このような裁判所の対応に対し、弁護団は猛反発し、このような庁舎管理権や法廷警察権の行使を撤回するよう求める意見書を裁判所に提出した。西山さんが「INNOCENCE PROJECT JAPAN」とプリントされたTシャツを着るのは「政治的なメッセージのある鉢巻きを持ち込むのと同じ」なのだろうか。「イノセンス・プロジェクト・ジャパン」とは、アメリカを発祥の地とし、世界に広がりを見せる「イノセンス運動」を参考に、2016年に日本で設立された、冤罪の救済や誤判の検証を目的として活動する民間団体で、弁護士、刑事法研究者、自然科学の専門家、一般市民など多様なメンバーで構成されている。もとより政治的な団体ではないし、くだんのTシャツには、その団体の名称以外にスローガンもメッセージもプリントされていない。これを「政治的なメッセージのある鉢巻き」と同視するのはどう考えても無理があるだろう。

仮に、この文字に何らかのメッセージがあるとしても、それは「冤罪を防止する」「冤罪被害を救済する」といった非政治的なものである。冤罪被害を受けた当事者である西山さんが、そのメッセージに共感し、連帯の意を表明するためにTシャツを着用したのであれば、それは憲法21条の保障する「表現の自由」として最大限尊重されなければならない。

憲法の保障する人権の中で、わけても表現の自由には「優越的地位」が与えられているとされ、表現行為に対する規制は、害悪を引き起こす明白かつ現在の危険がある場合に限定されるべきと解釈されている。具体的には、庁舎管理規程により規制をするのであれば、「庁舎等の秩序維持に支障になる具体的なおそれ」がなければならず、法廷警察権により規制をするのであれば、「裁判所の職務の執行を妨げ、又は不当な行状をする」場合でなければならない。しかし、前述のとおり、期日での審理は平穏に滞りなく終了したのであり、庁舎等の秩序の維持や法廷での裁判所の職務の執行に支障が生じたといった事実は一切なかった。それを事後的に咎《とが》め立て、今後は西山さんの出席を断ることも検討するなどと通告する裁判所の対応は、表現の自由に対する過度の制約であり、明らかに違憲・違法である。しかし、弁護団からの撤回要求に対し、裁判所は今日に至るまで応じていない。

このような行き過ぎた服装等の制限はほかの訴訟でも問題となっている。6月26日、東京高裁で行われた安保法制違憲訴訟の控訴審で、法廷で傍聴しようとした男性が、胸の部分に「no war」と書かれたTシャツを着用していたことを警備員に咎められ、胸の文字部分を書類ファイルで隠して入廷することを余儀なくされた。また、福岡地裁に係属していた同性婚訴訟では、6月8日の判決期日に、性の多様性を象徴するレインボーカラーの衣服や服飾品を着用しての入廷が厳しく制限された。腕時計のバンドや靴下といった、袖や裾をまくらなければ見えないような部分でさえ、レインボーカラーであることを理由に着用を制限されたという。裁判所側は「裁判長の指示により、レインボーカラーの服飾品のうち裁判体（裁判官）や当事者が認識できるようなものの着用を認めなかった」と説明したと報じられているが、それが具体的に裁判所の職務の執行にどのような支障を生じさせるかについては明らかにされていない。そもそもこの訴訟の、11回にわたる審理中に同様の制限がされたことはなかった。すでに判断が定まった判決日に限って制限を行うのも不可解である。

実はつい最近、私自身も裁判所による「過剰対応」を経験した。10月27日、静岡地裁で行われた袴田事件の第1回公判期日である。この歴史的な裁判を傍聴しようと、静岡地裁前には早朝から多くの傍聴希望者が詰めかけた。裁判所はこの日、袴田事件以外の刑事裁判の期日は入れず、刑事法廷を使用したのは1件だけだったのに、裁判所はなぜか一番大きな法廷を使わず、傍聴席がわずか48しかない法廷を使用した。そのうちの約半数がマスコミ席となったため、20数席しかない一般傍聴席をめぐって200人以上が抽選の列に並んだ。抽選の列の先頭に、支援者さんたちと並んでいた私が裁判所職員の指示に従って裁判所の敷地内に入ろうとしたとき、帽子を取るように言われた。支援者さんたちが「袴田さん支援クラブ」のお揃いのピンクの帽子を被っていたため、それを問題視しての対応だと考えられるが、私はいわば「巻き添え」をくらった状態となった。このことについては、当日静岡地裁前で取材を行っていた江川紹子さんがX（旧Twitter）に、「鴨志田弁護士が裁判所職員に命じられて、トレードマークのベレー帽を脱がされた」とポストしたが、私はここで「場外乱闘」のようなことになって再審公判の進行に影響が出ては申し訳ないと思い、自身での発信は控えていた。

ところが、同じ袴田事件の第3回再審公判期日に、さらに驚くべき事態が発生していたことを知った。ジャーナリストのN氏が傍聴席の抽選に当たり、入廷しようとしたところ、ポケットの中に携帯電話（いわゆるガラケー）が入っていたことを理由に、法廷に入ることを拒絶されたというのだ。裁判所側は事前に「通信機器の持ち込みは禁止」と告知したと主張。同氏はそのような告知は認識しておらず、「手荷物はあるか」と問われ、手ぶらだったので「ない」と答えた後、ポケットに携帯電話があることを指摘され、「持ち込めないのなら預けますよ」と素直に差し出したにもかかわらず、入廷を拒否された。もとより故意に持ち込もうとしたわけではなく、録音機能もないガラケーを、強硬に持ち込み禁止にする理由も不明である（裁判所HPの「傍聴の手引き」には、「携帯電話等音の出る機器をお持ちの方は、法廷内では電源をお切りください。また、危険物や撮影・録音ができる機器等は、許可なく法廷内に持ち込むことはできません」とあり、撮影、録音機能のない携帯電話の持込みは禁止されていない）。乗客の安全確保のため厳格に行われる空港の手荷物検査でさえ、持ち込み禁止品が見つかった場合、それを廃棄したり特別な手続きで預ければ、搭乗を拒否されることはない。

袴田事件をめぐっては、支援者やジャーナリストなどの団体が、再審公判を大きな法廷で行うよう、また別室でのモニター傍聴を認めるよう、再三にわたり静岡地裁に要請してきたが、受け入れられずにいる。裁判の公開が憲法で保障されているのは、その手続きが第三者である市民の前で行われることで、裁判の公正・公平を担保するためである。袴田事件のような、日本の刑事裁判史上極めて重要な意義をもつ裁判を、なぜ小さな法廷で行い、ヒステリックなほどの入廷制限を行うのか。

裁判所は、権威を振りかざす「御白洲」ではなく、主権者である市民に国が司法サービスを提供する場所である。人権を守る最後の砦という崇高な役割を裁判所に委ねた日本国憲法が泣いている。

第32回
「アリバイ協議会」の罠

『創』24年2月号

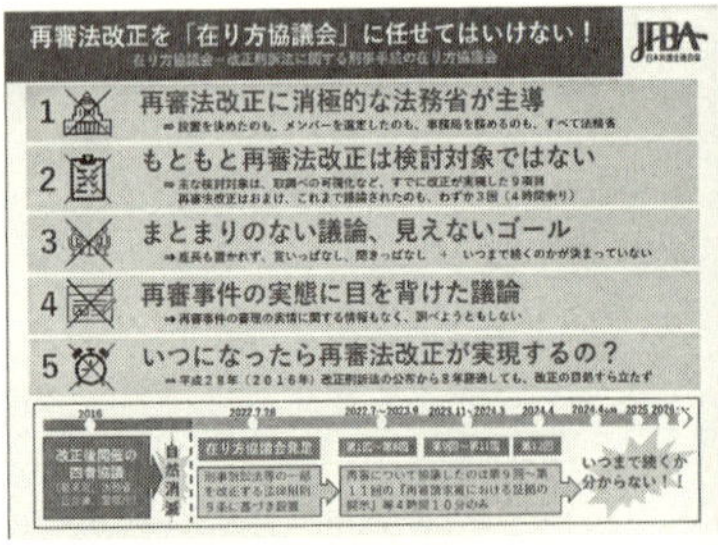

日弁連制作のチラシ「再審法改正を『在り方協議会』に任せてはいけない！」

再審法改正に向けた活動に明け暮れた２０２３年があっという間に過ぎ、いよいよ改正が実現する歴史的な24年の年明けを、期待に胸を膨らませて迎えるはずだった。

本書・第29回の時点で「93名」と紹介していた、再審法改正に賛同メッセージを寄せた国会議員の数は12月15日時点で１５４人にまで増え、同じく11月号の段階では「岩手県議会と１４２の市町村議会」と書いていた、国会に対し再審法改正を求める意見書を採択した地方議会の数は、「北海道議会、岩手県議会、山梨県議会と１６３の市町村議会」に増加した。北海道議会は全会一致での意見書採択である。本丸の国会でも、それを取り囲む地方議会でも、再審法改正実現に向けたうねりが日に日に強く確かなものとなり、袴田事件の再審無罪と時を同じくして、法改正まで一直線に進むことができる、と手ごたえを感じていた。

ところが、である。臨時国会終了間際のタイミングで突如暗雲が垂れ込め始めた。自民党のパーティ券「裏金」問題である。与党はこの問題で浮足立ち、野党は政権交代のチャンスと色めき立っている。ここまで与野党を問わず多くの国会議員に直接再審法改正の必要性を説き、党派を超えて理解と共感を積み上げてきたのに、永田町の激震でそれが一気に吹き飛び、「再審法改正？　この非常時にそれどころじゃない」と後回しにされる危機が現実のものとなろうとしている。そしてこの状況が、政治主導による迅速な法改正という最短ルートから道を逸れ、隘路《あいろ》に迷い込むリスクを高めている。

法務省は、少し前から、この隘路に誘い込むための巧妙な罠を仕掛けていた。22年7月に設置された「改正刑訴法に関する刑事手続の在り方協議会」（長ったらしいので「在り方協議会」と呼ぶ）である。法務省のＨＰには、在り方協議会の開催の趣旨として、次のように記されている。「刑事訴訟法等の一部を改正する法律（平成28年法律第54号）附則第9条により法務省が行う検討に資するため、同法による改正後の規定の施行状況をはじめとする実務の運用状況を共有しながら、意見交換を行い、制度・運用における検討すべき課題を整理する」

ここにいう「附則第9条」とは、16年に改正された刑事訴訟法の「おまけ」として付けられた条項である。このときの改正では、法制審議会「新時代の刑事司法制度特別部会」での議論を経て、通常審における証拠開示制度の拡充（証拠の一覧表の交付制度など）や、取り調べの録音録画制度の導入などが実現したが、同部会で議論されていた、再審における証拠開示制度の実現は見送られ、取り調べの録音録画の対象となる事件も裁判員裁判対象事件と検察の特捜事件に限局された。特に、再審における証拠開示については、同部会の裁判官委員だった小川正持委員（東京電力女性社員殺害事件の再審開始決定と再審無罪判決の裁判長）が、再審段階における証拠開示の必要性を述べていたのに、その後突如裁判官委員が交代、後任の角田正紀委員が「一口に再審請求事件といっても、事案の内容とか性質とか、それから再審請求の理由、さらには事件の証拠構造、これらは文字どおり千差万別でありますので、再審請求審における証拠開示について何か一般的なルールを見出そうとしても、非常に困難な作業である」と前任者の意見を切り捨て、ルール化が見送られるという経過を辿った。

特別部会の有識者委員だった村木厚子さんや周防正行さんは、法務省主導で結論が取りまとめられていく中、有識者連名での意見書を提出するなどして抵抗し、残した爪痕が、くだんの「附則第9条」なのだ。同条は3項からなり、いずれも政府に検討や見直しを課す内容である。第1項では、改正刑事訴訟法の施行後3年を経過した時点で、取り調べの録音録画の実施状況を踏まえて制度の在り方を検討すること、第2項では、その他の改正項目についても施行3年後に見直すことを定めている。そして第3項で、法改正が実現しなかった複数の項目について、改正法の公布後、必要に応じ、「速やかに」検討を行うことを定めており、その筆頭が「再審請求審における証拠の開示」である。

このうち、附則9条3項に列挙された項目については、2017年3月に、検討の場として「刑事手続に関する協議会」が設置された。メンバーは最高裁、法務省（検察）、警察、日弁連の四者であったことから、通称「四者協議」と呼ばれ、法務省が運営を主導した。会議は非公開とされ、議事録も公表されていないため、議論状況の詳細は不明である。しかし、現在に至るまでの7年近くの間で、正式な協議会が開催されたのは1回のみであり、幹事会は18回開催されたが、再審における証拠開示が実質的に議論されたのは4回のみで、議論は平行線だったと伝えられている。そして、22年1月以降は幹事会も開催されず、事実上の休眠状態となって現在に至っている。

話を22年7月に設置された「在り方協議会」に戻そう。こちらは、有識者（刑事法学者、ジャーナリスト）、法曹三者、警察庁及び法務省の担当者で構成され、議事録も公開されている。しかし、座長も置かれず、配布資料や議事の進行はやはり法務省の主導である。

そもそも、在り方協議会は、その設置時期から見ても、附則9条1項・2項の「改正刑事訴訟法施行3年後見直し」を主たる目的として設置されたものであることは明らかである。開催趣旨に「同法による改正後の規定の施行状況をはじめとする実務の運用状況を共有しながら、意見交換を行」う、とあることからも、改正が実現した事項の見直しの場として設置されたとみるのが自然である。

ところが、「改正が実現しなかった項目」を検討するために設けられた「四者協議」が事実上休眠状況となる中で、いつの間にか「在り方協議会」の方で再審における証拠開示を議論する、という話が浮上してきた。23年2月、第212回通常国会の衆議院予算委員会（第3分科会）で自民党の塩崎彰久衆議院議員が、再審における証拠開示の検討状況を質問したところ、政府委員として答弁に立った法務省刑事局長が次のように答弁した。「再審請求審における証拠開示につきましては、（中略）附則第九条第三項におきまして、検討を行うことが求められております。そこで、平成二十九年三月から、この検討に資するよう、（中略）刑事手続に関する協議会を開催し、協議が行われてまいりました。そして、令和四年七月からは、（中略）改正刑訴法に関する刑事手続の在り方協議会というものを開催しておりまして、同協議会におきましては、取り調べの録音、録画制度や合意制度など、法改正によって導入された各制度に加えまして、再審請求審における証拠開示についても協議が行われる予定となっております。法務省といたしましては、附則の趣旨を踏まえて、これらの協議会が充実したものとなるように、適切に対応してまいりたいと考えております」

刑事局長の答弁では、２０１７年３月に設置された「四者協議」がその後どうなったのかについて、さらに四者協議と「在り方協議会」との関係性についてもスルーされている。塩崎議員は、この答弁を受け「在り方協議会の中で再審手続における証拠開示の在り方についてもしっかり検討を進めていくという御答弁をいただきました。大きな前進だと思います」と持ち上げたが、続いて、過去の４回の協議会では、すべて取り調べの録音録画が検討されており、再審における証拠開示はいつになったら議論されるか、と法務大臣に質問したところ、齋藤健法務大臣（当時）は、「同協議会では多くの項目を取り上げる予定となっていますので、今後の進め方などについては構成員の方々の御意見を踏まえつつ決めていかなくてはならないということでありますので、御質問の点について現時点でお答えすることは困難であります」とお茶を濁した。法制審で改正を見送り、四者協議でも進展を見なかった再審における証拠開示の問題を、在り方協議会にスライドさせても、改正が実現している項目が優先され、ますます先送りになることは目に見えているではないか。

もっとも、それから半年が過ぎ、事態に変化が生じた。袴田事件の再審公判が始まり、マスコミも連日再審法改正の必要性に言及するようになったからか、突如23年11月8日の在り方協議会で再審における証拠開示が議題となった。11月9日、臨時国会の参議院法務委員会で、公明党の伊藤孝江議員が再審における証拠開示の審議状況について質問したところ、法務省刑事局長が「昨日開催された第9回会議においてこの点について議論が行われたものでございます」と答弁し、続いて小泉龍司法務大臣が「今現在、在り方協議会、刑事手続の在り方協議会においてまさに協議が行われつつあるわけでございまして、その結論をしっかりと踏まえたいと思います」と述べ、今後は在り方協議会で法改正に向けた議論が着々と進められることになったかのような印象を国会サイドに与えた。

しかし、在り方協議会の実情は、決してそのようなものではない。

法務省や最高裁は、再審開始決定が極めて少なく、新証拠の提出や再審理由の主張自体がないなど、取るに足らない事件が多数であるといったデータばかりを示す一方、有識者委員から、裁判所が証拠開示勧告や命令をした件数、それによって再審開始がもたらされた件数について質問されると、そのようなデータはないと回答した。これに対し有識者委員が「死刑の無罪や無期の冤罪とか、そういうものが1件でも2件でも出ているという前提がある。それは被告人の人生を棒にふる人権侵害。ほとんどが取るに足らない申し立てだからといって制度を改善しなくていいことにはならない。さきほどから統計がほぼなくて状況がわからない。課題を議論するには個別の事件に踏み込んで、過去の冤罪事件の当事者や弁護団、裁判官らにもヒアリングをする必要があると思う」と至極もっともな意見を述べても、法務省側から「ここは法制度を検討する場であるから個別の事例に立ち入る必要はない」とシャットアウトされる始末である。実態を把握せずに法改正の議論が進むことなど考えられない。

そもそも法務大臣は、11月1日の参議院予算委員会で「再審制度の在り方について様々な御意見を踏まえて、現時点において直ちに手当てを必要とする不備があるとは認識しておりません」と答弁していた。法務省が主催する協議会は、いかにも検討しているフリをして、この問題に政治家が首を突っ込まないようにさせる「アリバイ協議会」に他ならない。

２０２４年、いま何よりも必要なのは、「アリバイ協議会」の罠にはまらず、国会主導の最短ルートで法改正を実現させるための圧倒的な世論である。

第33回

議員アンケートと西嶋弁護士の「遺言」

『創』24年3月号

前列左から西嶋勝彦弁護士、筆者、周防正行さん、江川紹子さん

元日の能登半島地震、2日の航空機衝突事故という、文字通りの「激震」で始まった2024年だが、再審をめぐる報道にも、年明けから大きな動きがあった。

袴田事件の再審公判が行われている静岡県の地元紙・静岡新聞は、再審開始が確定するよりも前の22年の年末から「最後の砦―刑事司法と再審」と題する長期連載企画を続けている。24年1月10日付の静岡新聞朝刊では、その「最後の砦」の記事が一面トップに掲載された。見出しには「再審法『改正必要』185人」とある。同新聞社が23年11月下旬に、全国会議員を対象に実施した、刑事訴訟法の再審規定（再審法）に関するアンケート結果を報じる内容である。今回は、このアンケート結果と、同紙自身による分析記事を紹介し、わが国の立法府で今、再審法改正問題がどのように受け止められているかをあぶり出してみたい。

アンケートに回答したのは全国会議員711人中187人。全体の回答率は26・3％だったが、回答率は与野党で顕著な差が出た。自民党の回答率はわずか2・9％、公明党の回答率も15・3％にとどまったのに対し、野党全体の回答率は61・4％だった（日本共産党とれいわ新選組の回答率は100％だった）。本稿執筆時点で、日弁連に再審法改正について賛同メッセージを寄せている国会議員の数は与野党合計で158人に上っているが、そのうちの42人は自民党議員である。しかし、静岡新聞のアンケートに回答した自民党議員はわずか11人だった。党として回答を回避したことが窺える。

回答控えの傾向については後述することにして、アンケートの回答結果に目を向けると、トップの見出しにあったように、再審法の改正について、「改正する必要がある（169人）」「どちらかといえば改正する必要がある（16人）」と回答した議員の合計は185人で、全体の99％に上っている。残りの2名は「分からない」との回答であり、「改正する必要はない」と答えた議員が皆無だったことは特筆に値する。

改正の具体的項目についての設問では、まず、検察官に証拠開示を義務付けるべきかという質問に対しては、「義務付けるべき（165人）」「どちらかと言えば義務付けるべき（18人）」の合計183人、実に97・8％が、再審における証拠開示制度の必要性を認めた。また、現在の再審請求手続が非公開で行われていることを前提に、証人尋問等の事実調べは公開すべきか、との質問に対し「原則として公開の法廷で行うべき（147人）」「どちらかといえば公開の法廷で行うべき（30人）」の合計177人、94・6％が、公開の法廷で審理を行うべきと回答した。一方、再審開始決定に対する検察官の不服申立てを禁止すべきか、という問いに対しては、「禁止するべき（106人）」、「どちらかといえば禁止するべき（50人）」と答えた人は156人で、全体の83・4％にとどまった。

最後に「どのように立法すべきか」という、法改正のプロセスを問う質問に対しては、「閣法による（96人）と回答した議員が「議員立法による（27人）」と回答した議員数を大幅に上回った。回答者の89％が野党議員でありながら、「閣法によるべき」との回答が半数を超えた点は極めて注目すべきである。一つには、刑事訴訟法という基本的な法律の改正を議員立法で行うことのハードルの高さを念頭に置いていると思われるが、再審の手続規定の整備は、与野党の対立構造とはならず、むしろ与党主導で改正を牽引すれば、野党もこれに応じるというメッセージと読み取ることもできよう。立憲民主党の泉健太代表は「長年放置してきた政府の責任であり、改正は閣法で対応すべき。取り組みが見られなければ議員立法で対応したい」と回答している。

静岡新聞は、このアンケート記事を掲載した翌日（1月11日）から、アンケート結果を分析した深掘り記事を「最後の砦」で5回にわたって連載した。まず第1回では、与党議員（自民・公明）の回答率がわずか4・6％にとどまった点にフォーカスし、「与党議員の〝沈黙〟」の理由について、「現時点において直ちに手当を必要とする不備があるとは認識していない」と表明している「政府への配慮」が背景にあると指摘した。また、「再審法の改正に取り組んでも票にならない」と言い切る議員が存在すること、自らは証拠開示にも検察官の不服申立て禁止にも賛成しつつ、「普通の国会議員にとっては遠い世界の話だとしか考えられない」「現状では議員の多くは興味を持っていない」と述べる、弁護士出身の自民党議員のコメントも紹介されている。

しかし、このような与党議員の消極姿勢が世論と乖離《かいり》していることを、連載記事は第2回で鋭く指摘している。静岡新聞社は、毎年末に18歳以上の県民に意識調査を行い、翌年の年頭の紙面で結果を紹介している。2022年と23年は2年連続で再審法制についても尋ねており、23年12月の意識調査で再審法制を整えるべきと回答した人の割合は65・5%で、前年比7・6ポイントの上昇だった。逆に整える必要がないと回答した人の割合はわずか3・9%、前年比2・8ポイントの減少だった。そして、同じ意識調査において、再審法制の見直しについて政府・与党の姿勢を問うと「検討している姿勢は全く見えてこない」「あまり見えてこない」との回答が全体の72・3%に上り、しかも自民党支持者の60・1%、公明党支持者の71・4%がそのように回答しているという。

国会での議論が盛り上がらないことについては、「袴田巖死刑囚救援議員連盟」の事務局長を務める自民党の鈴木貴子衆議院議員が、貴重な示唆を与えている。鈴木議員は、「大方の議員は司法の判断に口を挟むことはできないと考えている」と指摘した上で、それを「三権分立の考え方を誤解している」と説く。三権分立とは、異なる権限を与えられた国家機関が相互に抑制・均衡することで、国家権力の暴走を防止するシステムである。鈴木議員はそのことを「本来は必要に応じて適切に声を上げること、チェックすることが求められている」と適切に解釈し、再審法改正を「司法への干渉」と敬遠するような国会議員に警鐘を鳴らしているのだ。

連載記事は、再審法改正に対する法務省の「岩盤」ともいうべき消極姿勢についても触れている。公明党のある議員が「法務省と日弁連ではスタンスが根本的に違う」と指摘したことを挙げ、法務省は「『確定判決による法的安定性の要請と個々の事件における是正の必要性との調和点をどこに求めるか』という姿勢を崩していない」と指摘、とりわけ再審開始決定に対する検察官の不服申立てについて、国会答弁で法務省刑事局長が「抗告し得るということは公益の代表者として当然」と言い切ったことを紹介している。再審開始決定に対する検察官抗告を禁止すべきと答えた議員の割合が、他の設問に比べて少なかったのも、このような法務省の見解が影響していると考えられる。

本コラムでは前回、「『アリバイ協議会』の罠」という、やや刺激的なタイトルで、再審法改正の問題を「改正刑訴法に関する刑事手続の在り方協議会」の議論に委ねてしまうことの危険性を説いた。静岡新聞の連載記事でも、第3回を丸ごと使ってこの問題に言及している。与党議員でアンケートへの回答を寄せたのはごく少数だったが、回答を寄せた自民党議員が異口同音に「協議会の議論を注視したい」「見守りたい」と記載していることに着目したのだ。袴田事件の地元、東海ブロック選出の公明党議員で、党の法務部会長を務める大口善徳衆議院議員も、「再審制度の在り方について日弁連や法務省などからヒアリングを行い、検討している」とする一方で、「法務省の『改正刑訴法に関する刑事手続の在り方協議会』の議論を注視している」と回答している。

大口議員がいみじくも「法務省の」と記載しているように、この協議会は法務省が事務局を務め、進行も資料の調整も行っている。詳細は前回のコラムを読んでいただきたいが、何よりも「現時点で法改正の必要はない」とのスタンスを明確にしている法務省のコントロールの下に置かれた協議会では、改正に向けた迅速かつ積極的な議論など期待できるはずがないのだ。

連載第4回にインタビュー記事が掲載された井柳美紀・静岡大教授（政治学）は、「政治が判断すべき領域があり、まさに再審に関することは法務省が当事者であるので政治的な判断を要する。少なくとも、当事者を一歩出た場所での議論が必要だ。政治の司法への介入ではなく、あるべき司法制度を熟議することを意味する」と述べ、再審法改正が国会の主導で行われるべきことを明示している。

連載の最後に登場したのは、小林元治・日弁連会長（再審法改正実現本部本部長）である。「再審法改正は票にならない」という与党議員の声に「国民の代表として国会に送られた議員は人道上の問題に取り組まなくてはいけない」「票にならないから関係ない、は短絡的な見方だ」と切り捨て、裏金問題に揺れる自民党の現状を踏まえ「このような時だからこそ、再審法の改正という人権・人道上の課題に向き合い、冤罪被害で苦しむ人たちの救済を実現することは信頼を回復する上でも大きな活動になる」と指摘する。その上で、具体的な法改正のプロセスについて「与党の理解・推進力と野党の協力が必要。議員主導によるプロセスに乗せたい」「与党に立法チームを立ち上げてもらうと同時に、超党派の議員連盟で支えてもらうことも必要だと思っている」とビジョンを示した。

静岡新聞の1月14日付朝刊には、アンケート連載記事の第4回の隣に、袴田事件弁護団長の西嶋勝彦弁護士の訃報を報じる記事が掲載された。島田事件の再審無罪を勝ち取った直後、同じ静岡地裁に第1次再審請求が係属中だった袴田事件の弁護を引き受けた。30年以上にわたる闘いの末、あと数カ月で再審無罪のゴールに手が届くというところまで来たというのに、西嶋弁護士が待ち望んだ無罪判決の日に在廷することは永久にできなくなってしまった。あまりに残酷で非情な現実。再審法の不備に命を削られるのは、冤罪被害の当事者やその家族だけではないのだ。

「連載の最中に西嶋先生の訃報に接し、改めて再審法の不備を痛感しました。西嶋先生と最後にお話しをした昨年末、先生は法改正への決意とともにアヤ子さんのことを心配されていました」

「最後の砦」取材班の記者が筆者に宛てた短信に、こう書かれていた。再審法改正と、大崎事件の原口アヤ子さんの救済――。それは、八海事件、仁保事件、徳島ラジオ商事件、島田事件、袴田事件など、日本の刑事裁判史上に残る冤罪事件の弁護活動に生涯を捧げた西嶋弁護士からの「遺言」である。

第34回

袴田事件と名張事件の「光と影」

『創』24年4月号

袴田事件の再審公判が、再審無罪のゴールに向けて進む中、日弁連の支援する、もう一つの死刑再審事件の請求棄却が確定した。名張事件第10次請求である。

いわゆる「死刑4再審」(免田、財田川、松山、島田の各事件)で、4人の死刑囚が相次いで再審無罪となった1980年代の後、再審開始に至る事件が激減し、「冬の時代への逆流」と呼ばれた90年代に、日弁連の支援する二大未解決死刑再審事件として厳しい闘いを続けてきたのが、袴田事件と名張事件だった。

21世紀に入り、名張事件は第7次請求審(名古屋高裁第一刑事部)で2005年4月、再審を開始する決定が出された。このとき第1次請求の特別抗告審が最高裁に係属中だった袴田事件は、9年後の14年3月、第2次請求の静岡地裁で再審開始決定がされた。しかし、両事件はその後も苦難の道のりを歩む。名張事件は検察官の異議申立てにより名古屋高裁第二刑事部で再審開始が取り消されたが、弁護側の特別抗告により、最高裁第三小法廷が高裁の取消決定を破棄、審理を名古屋高裁に差し戻し

名張事件の再審請求人・岡美代子さん
(再審請求中に獄死した故・奥西勝さんの妹)
(日本国民救援会提供)

た。袴田事件でも、静岡地裁の再審開始決定に対し、検察官が即時抗告を申し立て、これを受けた東京高裁が再審開始を取り消した。そして名張事件と同様、弁護側の特別抗告を受けた最高裁第三小法廷が高裁の取消決定を破棄、審理を東京高裁に差し戻した。

二つの事件が明暗を分けるのはここからである。袴田第2次は、23年の3月13日、差戻し後の東京高裁が検察官の即時抗告を棄却し、再審を認めた静岡地裁の決定を維持した。この決定に対し、検察官が特別抗告を断念したことにより、当初の開始決定から9年の歳月を経て、ようやく再審開始が確定した。

一方、名張第7次では差戻し後の高裁が、またしても再審開始決定を取り消し、最高裁で確定した。一度は開いた再審の扉が再び閉ざされたまま、第7次請求は終結した。獄中で無実を訴え続けた奥西勝さんは、第9次請求中の15年10月4日、八王子医療刑務所で89歳の生涯を終えた。そして亡き兄の遺志を継いで妹の岡美代子さんが申し立てた第10次請求が、今般棄却に終わったのである。

名張事件には、他の死刑再審事件と大きく異なる点が一つある。それは、一審判決（津地裁）が無罪だったということである。一審の無罪判決に対し、検察官が控訴し、控訴審の名古屋高裁で逆転有罪、しかも死刑判決が言い渡された。名張事件は、日本の刑事裁判史上、一審の無罪判決が上訴によって覆された後、死刑が確定した唯一の事件である。

このことが、名張事件の再審請求手続を特殊なものにしている。袴田事件も、死刑四再審も、再審請求は地裁に申し立てられているが、名張事件はそうではない。刑事訴訟法438条が「再審の請求は、原判決をした裁判所がこれを管轄する」と定めているため、高裁での逆転死刑判決が確定した名張事件では、再審請求は名古屋高裁に申し立てられる。

通常の裁判では控訴審を担当する高裁が、再審請求ではいきなり第一審として対応することが果たして妥当かという議論もあるが、さらなる問題は、高裁決定に対する不服申立ての場面で顕在化する。地裁が行った再審の決定に対しては即時抗告がされ、上級裁判所である高裁が地裁の決定の当否を判断する。しかし、高裁の決定に対する不服申立ては、同じ審級である高裁に対する「異議申立て」になる。同じ程度のキャリア、スキルをもつ別の裁判官たちが、いわば同僚が行った決定の当否を判断することになるのだ。しかも名張事件を管轄する名古屋高裁には刑事部が2つしかない。第7次再審では、同じ名古屋高裁の第一刑事部の再審開始決定を、隣の第二刑事部が取り消した。まるで「後出しじゃんけん」のように、常に後の裁判体が行った判断が優先されてしまうのである。

ここで改めて、名張事件の概要と確定判決の事実認定を確認しておく。1961年3月、名張市内の公民館で行われた生活改善クラブ「三奈の会」の総会後の懇親会で出されたぶどう酒を飲んだ女性のうち、5人が死亡、12人が中毒症状で入院した。飲み残りのぶどう酒から有機リン系の農薬成分が検出され、毒物混入による集団殺人事件として捜査が開始された。連日の長時間にわたる取調べの末、奥西さんが犯行を自白し、逮捕された。

確定判決は、奥西さんが愛人と妻との三角関係を清算するために両名を殺害しようと企て、自ら公民館にぶどう酒を運び入れ、公民館に誰もいなくなった隙にぶどう酒を開栓し、持参した農薬「ニッカリンT」を混入させてから替栓をし直して懇親会に提供。懇親会でぶどう酒を飲んだ愛人と妻を含む女性5人を殺害したと判断した。

確定判決が奥西さんを有罪とした根拠は大きく分けて、①犯人がぶどう酒にニッカリンTを混入させた場所は公民館内であり、そこでの犯行が可能だったのは、公民館に10分間ただ一人でいた奥西さんのみであることを示す情況証拠、②公民館内で発見されたぶどう酒の替栓に印象された傷跡が、奥西さんの歯によって刻まれたものであるとした3つの鑑定、③奥西さんの自白、の3点である。

日弁連が名張事件の支援を開始したのは1977年の第5次再審からである。第5次請求で弁護団は、前述の証拠群のうち、②の鑑定が、写真の倍率を操作するなどして奥西さんの歯痕と一致するかのようにねつ造した、不正なものであることを裏付ける新証拠を提出した。最高裁は、新証拠によって3つの鑑定の信用性が大幅に減殺することは認めたが、新旧全証拠を総合評価すると、①の証拠群によって、奥西さんの犯行と認めることができ、これに③の自白も総合すれば、確定判決の有罪認定に合理的疑いは生じないとして、再審請求を棄却した。

一度は再審開始が認められた第7次請求では、弁護団は混入された毒物は「ニッカリンT」ではなく、別の有機リン系農薬であることを示す科学的な分析結果を新証拠として提出した。本件で使用された毒物がニッカリンTではないとすると、「奥西さんが事前にニッカリンTを購入し、事件後にはそのニッカリンTの所在が不明になった」という事実は、奥西さんの犯人性を裏付ける力を失い、ニッカリンTを混入させたとする奥西さんの自白とも矛盾することになる。

弁護団の行った実験において、ニッカリンTに含まれた成分が、本件の毒物入りぶどう酒では認められなかったことが判明した。しかし、再審請求を棄却した裁判所は、ニッカリンTに認められた成分は実験の過程で形成されたもので、事件検体の方は同じ成分が時間の経過によって分解され消失したために出なかったという「仮説」によって新証拠の明白性を否定した。

しかし、累次の再審で、確定判決を支えていた多くの証拠の価値が揺らいでおり、奥西さんの自白の信用性にも疑問が生じている。あとは「犯行の機会があったのは、犯行場所である公民館に10分間一人でいた奥西さん以外にはいない」という①の証拠群が崩れれば、確定判決の有罪認定はもはや維持できなくなる。

弁護団は第10次再審で、まさにこの「10分間問題」を粉砕する新証拠を携えた。それは、ぶどう酒の瓶口に貼られていた封緘紙の裏面には、製造時の瓶詰めの際に使われたCMC糊とは別に、洗濯糊として使われるPVA糊の成分が検出されたことを示す新鑑定（糊鑑定）だった。これにより、真犯人が封緘紙を二度貼りした可能性が生じる以上、犯行場所が公民館であって、奥西さんしか犯行機会がないという確定判決の事実認定には合理的な疑いが生じることになる。

しかし、請求審の名古屋高裁第一刑事部は、鑑定人の証人喚問や証拠開示勧告など、必要な事実の取調べを一切行わずに再審請求を棄却した。同じ名古屋高裁の第二刑事部が行った異議審では、確定審の事実認定と矛盾する内容を含む事件関係者の供述調書が初めて開示されるなどしたが、それぞれの証拠を総合的に評価することなく、個別に証明力を否定して請求棄却の判断がされた。

今回の最高裁第三小法廷による特別抗告棄却決定でも、4人の裁判官による多数意見は糊鑑定の証明力を否定した。その理由として、事件当時の封緘紙や糊の成分自体が確定し難く、封緘紙の採取・保管過程で何らかの物質が付着した可能性もあること、鑑定人の回答に変遷や曖昧な点があることなどを指摘している。

このように、再審事件で弁護人が提出した科学鑑定に対し、事件当時の再現性が十分でないことや、鑑定人が明確な回答を留保したことを理由に明白性が否定されるケースは多い。しかし、事件から長い年月が経過した事件に完全な再現性を求めるのは不可能を強いるに等しく、科学に対する良識がある専門家ほど、謙虚さから断言を避けるものである。結局のところ裁判所が再審請求人に「無罪の証明」を課していることに他ならない。

一方、宇賀裁判官の反対意見は、糊鑑定に科学的証拠としての高い信用性を認め、同鑑定が「10分間問題」に関する証拠群の証明力を減殺すると判断した。そして、第5次再審における、歯痕鑑定に疑問を生じさせた証拠や、第7次再審における、本件毒物がニッカリンT以外の農薬である疑いを生じさせた実験結果など、過去の再審で提出された新証拠も含む新旧全証拠の総合評価の結果、犯行の機会に関する情況証拠から、奥西さんが本件犯行を犯したと認めることはできず、奥西さんの自白の信用性にも多大な疑問が生じており、確定判決の有罪認定には合理的な疑いが生じているとして、本件について再審を開始すべきと結論づけた。

宇賀反対意見は、再審における新証拠の明白性判断は、新旧全証拠の総合評価によること、そこに「疑わしいときは被告人の利益に」の鉄則が適用されることを宣言した白鳥・財田川決定に忠実に従った判示だった。他の4人の裁判官が、これほど詳細で的確な反対意見を無視し、差戻しすらせずに再審請求を棄却してしまうところに、現在の最高裁の機能不全を感じずにはいられない。

それにしても、名張事件と袴田事件の明暗はどうして生じてしまったのか。著名刑事弁護人で、名張事件の弁護団員でもある神山啓史弁護士の言葉を思い出す。「名張7次で開始決定が出て、奥西さんの死刑の執行停止が決定したときに、弁護団が『拘置の執行停止』まで求めなかったことが悔やまれてならない」——。

静岡地裁で袴田事件の再審開始決定がされたとき、裁判所は死刑のみならず拘置の執行停止を決定し、袴田巖さんを釈放した。これにより、巖さんは確定死刑囚という身分のまま、社会に出た。多くの市民が浜松の街を闊歩《かっぽ》する巖さんの姿を目にすることで、巖さんを一刻も早く救済すべきという世論が自然と形成されていったことは間違いない。

一方で、奥西さんは再審開始に伴い、死刑の執行こそ停止されたが、釈放はされなかった。その後再審は取り消され、奥西さんは医療刑務所に収監された状態でこの世を去った。奥西さんは一般市民から「遠い存在」のままだったのだ。

先月94歳となった岡美代子さんは、兄のために第11次再審請求を行う意向を明らかにしたという。名張事件の救済なしに、日本の再審の未来はない。

第3章

袴田事件再審無罪

2024年9月19日 日比谷野音での大集会
「今こそ変えよう！再審法～カウントダウン袴田判決」

第35回
3月の「ホップ・ステップ・ジャンプ」

『創』24年5月号

「1月は行く、2月は逃げる、3月は去る」などと言われ、とかく慌ただしい年度末である。裁判官にも人事異動を前に結論を出したいというモメントが働くからか、3月の日付の判決・決定は比較的多い。再審事件の開始決定や再審無罪判決にも3月の日付をよく見かける。

私が弁護人を務める大崎事件で、最初の再審開始決定がされたのは2002年3月26日だった。日弁連の支援事件が軒並み苦戦していた時代に、鹿児島の無名の事件で、白鳥・財田川決定の手法に忠実に新証拠の明白性を判断し、再審開始決定が出たことは、驚きと喜びをもって受け止められた。

しかし、当時画期的と評された決定は、検察官の即時抗告を受けた福岡高裁宮崎支部で取り消された。それから13年を経て、第3次再審で再び鹿児島地裁が再審開始を決定し、18年3月12日、今度は高裁も再審開始の判断を維持した。しかしこの決定も、検察官に特別抗告され、最高裁で「強制終了」の憂き目に遭った。そして、当時94歳の原口アヤ子さんのために、弁護団が絶望の淵からすぐに立ち上がり、第4次再審を申し立てたのは、20年3月30日だった。

院内集会で顔を揃えた（右から）桜井恵子さん、袴田ひで子さん、小林元治日弁連会長（当時）、筆者

その翌日である20年3月31日に再審無罪判決が言い渡されたのが、湖東記念病院事件（第2次再審）である。この事件では、再審請求審の大津地裁は再審を認めなかったが、即時抗告審の大阪高裁が逆転で再審開始を決定した。検察官は特別抗告したが、最高裁は抗告を棄却して再審開始を確定させた。19年3月18日のことだった。

このように、多くの再審事件で3月に判断がされたのであるが、何といっても3月に事件が劇的に動いたのは袴田事件である。5点の衣類について、捜査機関のねつ造であると認定し、袴田巖さんに対する死刑の執行のみならず、拘置の執行も停止し、巖さんを釈放した静岡地裁の決定は14年3月27日だった。しかし検察官の抗告により一度は東京高裁で取り消され、さらに最高裁がそれを取り消し、差戻し後の東京高裁が再審開始を認めたのが9年後の23年3月13日、検察官が特別抗告を断念し、再審開始が確定したのが3月20日だった。

袴田事件の再審開始決定が確定した23年3月以降、再審をめぐる情勢に大きな変化が生じた。単なる事件報道を超え、再審制度や法の不備について踏み込んだ内容の連載記事や特集記事が活字メディアに掲載され、テレビでもドキュメンタリー番組や特集番組などが次々と放映されたこともあり、一般市民には遠い世界だと思われていた再審の問題が広く知られるようになった。世論の追い風を受け、前年6月に再審法改正実現本部を立ち上げた日弁連は、法改正実現に向けた国会へのロビイングを強化した。23年度は3度にわたり、全国の弁護士会の会長を含む日弁連の全理事が国会議員会館に赴き、「ローラー要請」を行った。その結果、24年3月までに185人の国会議員が再審法改正への賛同メッセージを寄せている。23年6月に行われた日弁連主催の院内集会では32人の国会議員が本人出席し、法改正に前向きな挨拶を行った。

日弁連では毎月の理事会で「再審法改正実現本部・理事会内本部会議」を開催し、理事や各地の弁護士会に再審法改正に向けた積極的な取組みを要請し続けた。現在、全国に52ある弁護士会のうち51の弁護士会が再審法改正を求める総会決議を採択し、「再審法改正全国キャラバン」と銘打った各地でのイベントの開催は50以上にのぼる。私自身も、北は旭川から南は沖縄まで、30を超える弁護士会に招かれ、全国の弁護士に再審法改正の必要性を訴えた。この問題の重要性を理解した各地の弁護士会は地元選出の国会議員はもとより、当地の地方議会や自治体の首長にも活発なロビイングを行った。当初は市民団体が先鞭をつけていた、国会に再審法の改正を求める意見書を採択するよう地方議会に請願する運動に、各地の弁護士会からの働きかけが加わったことで、意見書採択の自治体数は飛躍的に増加した。3月末時点で、北海道、岩手県、群馬県、山梨県、静岡県、三重県、京都府の7道府県議会と230近い市町村議会が意見書を採択した。茨城県知事、奈良県知事、札幌市長、前橋市長、奈良市長、東京23区の5区長も個別に再審法改正への賛同メッセージを寄せている。

そして、袴田事件の再審開始確定から1年の間に、これほどのうねりを見せた再審法改正へのムーブメントが、ついにこの3月11日、新たな段階に至った。国会内に再審法改正をめざす超党派の議員連盟が設立されたのである。すでに報じられているとおり、議連の呼びかけ人には自民党の麻生太郎副総裁のほか、公明党の山口那津男代表、立憲民主党の泉健太代表、日本維新の会の馬場伸幸代表、国民民主党の玉木雄一郎代表といった各党の党首が名を連ねた。設立時までに134人が議連に入会し、設立総会には50人を超える議員が出席した。歴史的な議員連盟設立にあたっての設立趣意書を、以下に全文引用する。

えん罪は、犯人とされた者やその家族の人生を大きく狂わせ、時にはその生命をも奪いかねない国家による最大の人権侵害である。えん罪の発生を防ぐとともに、不幸にしてえん罪が発生した場合、これを速やかに救済することは、国の基本的責務である。

これまで死刑事件では4件の再審無罪判決が確定し、また、死刑事件以外でも、再審により無罪判決が確定する事件が相次ぐなど、近年、えん罪や再審をめぐって大きな動きがあり、国民の関心も高まっている。

しかし、再審無罪判決が確定するに至るまでには何十年もの時間が費やされた。しかも、10年、20年、時には人生の大半をかけて無実を訴えても、えん罪を晴らすことができないまま無念の死を遂げる者も少なくない。えん罪被害者の救済には、幾多もの困難と長い年月を要しているのが実情である。

日本国憲法は、無実の者が誤って処罰されることのないよう、刑事手続における基本的人権の保障と公正な裁判を実現すべく詳細な規定を置いた。これを受けて、戦後、刑事訴訟法の全面改正が行われ、最近においても、証拠開示制度の整備、国選弁護制度の拡充、取調べの録音・録画等、刑事手続の改善が進められている。しかし、再審の手続について定める刑事訴訟法「第四編 再審」（再審法）は、戦後の改正からとり残され、日本国憲法の理念が反映されていない。今なお戦前の規定を踏襲しているため、条文数も少なく、審理手続きを具体的に定めた規定はないに等しい。えん罪被害者の速やかな救済が実現しないのは、このような再審法の不備が原因である。

えん罪被害者の速やかな救済のためには、捜査機関の手元にある証拠を利用できるようにすることも含め、再審手続の明確化、透明化を図るとともに、えん罪の疑いがあることが明らかになったときは、速やかに裁判のやり直しを行うことができるよう、法整備を行うことが必要である。

えん罪被害者の名誉と尊厳の回復のために、間違った有罪判決は、速やかに是正されなければならない。そのことは、司法に対する国民の信頼をより確固たるものにすることにも寄与する。再審事件の報道を契機として国民の再審制度への関心が高まり、法改正の必要性が喫緊の課題として認識されるに至った今こそ、制度改革に取り組む時期が来ている。

我々は、えん罪被害者の速やかな救済を目的とする再審法改正を早期に実現すべく、「えん罪被害者のための再審法改正を早期に実現する議員連盟」を、ここに設立する。

議連の会長には自民党の柴山昌彦・元文部科学大臣が就任し、設立総会では「無実の罪で刑に処せられた方々は筆舌に尽くしがたい苦労をする。これまで再審法改正について様々な議論がされてきたが、なかなか具体的な成果が出てこない。ぜひみなさまのパワーを法改正という形で結実させていきたい」と、政治主導で法改正を実現させる決意を表明した。幹事長には立憲民主党の逢坂誠二代表代行、事務局長には自民党の井出庸生議員がそれぞれ就任した。

議連の入会者は24年3月末時点で170人となった。今後はまず法務省、最高裁、日弁連、冤罪被害者やその関係者、犯罪被害者などからヒアリングを行い、改正が必要な点やその内容を整理していく方針であるという。

議連設立の翌日となる3月12日、日弁連は議連の設立を内外にアピールすべく、議連のメンバーを招いた院内集会を開催した。ゲストには、冤罪被害者の家族として再審の闘いを支え続けてきた、袴田事件の袴田巖さんの姉・ひで子さんと、布川事件の故・桜井昌司さんの妻・恵子さんをお迎えし、再審法改正への思いを語っていただいた。袴田ひで子さんは壇上で「こんなにうれしいことはない。冤罪事件では大勢の方が大変苦しんでいる。巖の48年間の刑務所生活の思いを良い方向に進めてほしい」と声を詰まらせながら議連設立の喜びをかみしめていた。

議連の設立はゴールではなく、再審法改正の実現に向けてようやくスタートを切ったという段階である。しかし、日弁連が1962年に最初の再審法改正に関する意見書を公表してから60年余りが経過した中で、この3月が、法改正の実現に最も近づいたといえることは間違いないだろう。

もっとも、現行刑訴法の施行から75年間、一度も改正されなかった法制度を変えることは容易ではない。法務・検察の抵抗はますます強硬になってくるだろう。この分厚い岩盤を打ち砕くことができるのは、やはり圧倒的な国民世論の後押ししかない。政情が不安定な時期だからこそ、「再審法改正に取り組まなければ次の選挙で勝てない」と思わせるほどの世論の醸成が今後の課題である。

24年3月27日、日弁連再審法改正実現本部は、本部長である小林元治・日弁連会長を先頭に、袴田事件の再審公判の天王山となる「5点の衣類」の色問題に関する証人尋問が行われている静岡の地に赴いた。再審法改正の必要性を訴える街宣行動や、静岡県知事・静岡市長への要請、記者や市民への勉強会を行うためである。静岡地裁前でビラを撒いている実現本部のメンバーの中に、10年前のこの日、この場所で再審開始決定を出し、巖さんを釈放した村山浩昭・元裁判長の姿もあった。再審を審理した経験が、退官後の彼を再審法改正運動へと駆り立てているのだ。

3月の「ホップ・ステップ・ジャンプ」が、この国の再審の歴史を変えていく。

第36回

「虎に翼」と刑事司法

『創』24年6月号

NHK「虎に翼」ホームページより

２０２４年４月からスタートしたＮＨＫの連続テレビ小説「虎に翼」が快調だ。主人公で伊藤沙莉が演じる猪爪寅子《ともこ》のモデルは、わが国で女性初の弁護士となった３人のうちの１人で、後に女性初の裁判所長となる三淵嘉子さんである。

ドラマの前半では、女学校を卒業した寅子が法律の道を目指すことを決意し、法改正により、女性の弁護士資格取得が可能となる見通しとなったことを受けて設置された大学専門部女子部法科を経て、男子学生が学ぶ法学部に編入。卒業後、高等文官試験司法科（現在の司法試験）に合格して弁護士となるプロセスが描かれ、後半では、戦後、裁判官となった寅子が、日本国憲法で個人の尊厳と男女平等が保障された新しい社会で、民法（家族法）の改正、そして、家庭内の紛争と少年事件への対応に特化した、家庭裁判所の創設に主導的な役割を果たしていく姿が描かれると予想される。

司法が舞台の朝ドラは１９９６年の「ひまわり」以来、実に28年ぶりである。近時は弁護士や裁判官を主人公とするドラマも増え、冤罪、再審にまで言及するものも出てきているとはいえ、昭和初期から戦後にかけてという時代背景の中での司法ドラマが現代のお茶の間でどう受け止められるだろうかと案じつつ、視聴し始めた。本稿執筆時点でドラマは第４週までが終了したが、いい意味で想定をはるかに超える反響を呼んでいる。

視聴者の共感を呼んでいるのは、女性への蔑視や差別が人々の意識やしきたり、法や制度の隅々までに蔓延し、女性たち自身もその価値観を諦めや絶望とともに受け入れている状況のもとで、その圧倒的な理不尽に「はて?」と立ち止まり首を傾げ、現状打破を試みようともがく寅子の姿である。優秀な成績で女学校を出ても、「頭の悪い女のふりをして結婚し家庭に入るのが幸せ」と決めつけられて納得できず、「地獄への道」である法学生になったものの、人々の生活を守る武器となるはずの法律は、婚姻中の妻を「無能力者」と規定して財産管理権を著しく制限し、女性に門戸を広げるはずの弁護士法改正もなかなか実現しない。脱落者が相次ぐ中、女子部存続のための起死回生の企画として行った法廷劇が男子学生の心無いヤジで台無しにされたとき、寅子に法律への道を勧めた教授は、男子学生を制止する行動も取れず、小さな咳払いしかできない。しかもその法廷劇の元となった事例を、学長が「愚かでか弱い女性を守る女性法律家」を印象付けるために改変していたことまで発覚する。表向きは女性の社会進出を歓迎するポーズを取りながら、本音では女性が自分と同じ世界で対等に活躍することなど想定すらしていない男性社会を、吉田恵里香氏の脚本が見事にあぶり出している。

法律家を目指して学び舎に集う女子学生たちは、それぞれに過酷な生い立ちや環境を背負っていることも次第に明らかにされるが、「虎に翼」で描かれるこれらの状況は、現代の日本社会にも厳然と残っている。ジェンダーギャップ指数が１４６カ国中１２５位（２０２３年）と先進国中最低の日本のあちこちで、圧倒的な理不尽を目の前にして、傷つき、闘い、道を切り開いた多くの女性たちが、毎朝、寅子たちに自らの姿を重ね合わせながら、固唾《かたず》を飲んでドラマの展開を見守っているのだ。

さて、寅子が弁護士になるまでのプロセスが描かれているドラマの前半を見ていると、そこにとどまらず、日本の司法制度の歴史そのものを垣間見せようという制作側の意図もうかがえる。寅子たちが法廷を傍聴したシーンで出てくる、別居した妻が夫に対し、嫁入り時に持参した振袖などの私物の返還を求めた裁判や、法廷劇の脚本に取り上げられた事例は、いずれも実際の裁判例をベースとしている。そして、第4週の終盤で、寅子の父で帝都銀行の経理課長である猪爪直言が贈賄容疑で逮捕・勾留されるという衝撃的な展開を見せたことで、昭和初期の犯罪捜査や取調べ、刑事裁判の実情がドラマで描かれていくのではないかと予測される。

ドラマのモデルである三淵（独身時代の姓は武藤）嘉子の父・貞雄は、ドラマと同様銀行員であったが、贈賄容疑で逮捕・勾留された事実はない。だから、この設定は完全にフィクションである。一方、直言が逮捕された事件は、ナレーションで「共亜事件」という名で呼ばれ、直言の勤務先である帝都銀行に続き、関係会社の重役、大蔵省の官僚、現役大臣などが次々と逮捕されたと説明された。これは、1934年に実際に起きた「帝人事件」をモデルにしていることが明らかである。

帝人事件とは、帝国人造絹糸株式会社（帝人）の株式の売買をめぐる疑獄事件である。贈収賄の嫌疑は、帝人の株式を保有していた台湾銀行と帝人の首脳陣、さらには大蔵官僚や時の斎藤実内閣を構成する大臣にまで波及し、内閣は総辞職に追い込まれた。しかし、斎藤内閣の倒壊を狙った政界、軍部、司法界の重鎮などによる陰謀説が浮上し、また、逮捕・勾留された被疑者たちに対する検察の過酷な取調べの実態が明らかとなり、世論からの非難を浴びた。結局、265回にわたる公判を経て、1937年12月、起訴された全員に無罪判決が言い渡され、確定した。

本稿執筆時点で、事件が今後どのように描かれ、直言が無罪となるかどうかはわからないが、お茶の間の視聴者に、当時の日本の刑事司法の実態がつまびらかになることを心から期待したい。なぜなら、それは「遠い昔の歴史上の物語」ではなく、「現代日本の刑事司法の闇」に直結するからだ。

明治の初めまで、刑事裁判で有罪の証拠とされたのは本人の自白のみだった。そして自白獲得のための拷問が公然と行われていた。裁判が証拠によるべきとされたのは1876（明治9）年、拷問が法制度として廃止されたのは1879（明治12）年である。それでも「証拠」の中には当然に自白も含まれたため、捜査や裁判において自白の獲得が極めて重要視される点はその後も変わらなかった。

また、当時の刑事裁判には、ドラマでも解説があったとおり「予審」制度が存在した。予審とは、有罪無罪の判断の場である通常の裁判の前の「下調べ」として、予審判事と呼ばれる裁判官が被告人や証人を尋問する手続きである。当時の検察官は、起訴するか否かを決定する権限しか持たない一方、予審判事は証拠の収集や、被告人の勾留など強大な権限を持っていた。被告人は弁護人の援助も受けられない密室で予審判事の厳しい質問を受け、そこで自白すると「訊問調書」と呼ばれる書面に記録された。これがのちの公判で有力な有罪証拠となったことは言うまでもない。

予審判事の尋問の際に作成される「訊問調書」に対し、捜査機関による被疑者の取調べ段階で警察官や検察官によって作成された自白調書は「聴取書」と呼ばれた。「独白体」という、被疑者がひとり語りしているような文体で書かれた聴取書は、訊問調書とは明確に区別され、原則として裁判の証拠とすることはできないと定められていた。しかし、被疑者が承諾して任意に供述した場合、例外的に証拠とすることができるとされたことで、捜査段階での非公式な記録に過ぎなかった聴取書が、次第に有罪の証拠として裁判で用いられるようになった。予審判事も聴取書を読んで「予習」した上で被告人を問い詰め、「訊問調書」を作成する。公判ではこれらの訊問調書と聴取書が、ともに法廷に提出され、裁判官が自由な裁量で聴取書の任意性を判断するのであるから、聴取書も簡単に有罪証拠として採用された。こうして、自白調書偏重の刑事司法ができ上がっていった。

聴取書が刑事裁判の証拠として用いられることが常態化したことで、警察・検察が自白獲得のために行う過酷な取調べもエスカレートした。大正時代にはこれが「人権蹂躙《じゅうりん》問題」として問題視され、弁護士協会が全国的なキャンペーンを張る中で、帝国議会でもこの問題が取り上げられた。人権蹂躙問題の解決のために、被疑者の取調べに弁護人の立会を認めること、聴取書や訊問調書は証拠から排除することが提案された。しかし、1922（大正11）年に制定された大正刑事訴訟法ではこれらの提案は採用されなかった（ただし、聴取書については「任意性」が認められても原則として証拠とできないことが規定された）。帝人事件はこのような時代に起こった冤罪疑獄事件である。

一方、聴取書の証拠能力を制限する改正に当時の司法省（検察官僚）が反発し、聴取書の証拠能力制限を撤廃して、採否は「裁判所の自由な裁量に委ねるべき」と主張した。また、人権蹂躙と批判された原因は警察に問題があるなどとして、検察の権限強化を主張し始めた。そのような状況のもとで日本は徐々に戦時体制へと進み、思想犯の処罰のため、拷問による自白獲得が公然と行われるようになり、治安維持のために検察官の権限も強化された。そして1942年の戦時刑事特別法で、捜査段階の聴取書も含め、自白調書が無条件に証拠と認められるようになった。刑事司法は、もはや裁判とは名ばかりの、国家による粛清のためのシステムと化したのである。

戦後、日本国憲法が制定され、戦前の刑事手続はすべてリニューアルし、被疑者・被告人の人権を保障する適正な手続きによる刑事司法が実現した、と多くの人が考えているかもしれない。しかし、戦後の混乱期における治安維持の要請から、検察官に戦前の予審判事と同様の強大な権限を与えた状態で当事者主義が採用されたことで、「強すぎる検察」に「有罪は勝ち、無罪は負け」との企業風土が醸成された。検察官が自らの見立てたストーリーに沿った捜査、証拠獲得を強行することで、いくつもの冤罪が生まれた。日本国憲法のもとで、捜査機関の作成した供述調書は原則として証拠から排除されたが（伝聞法則）、特に検察官調書に広範な例外を認めたため、戦前の聴取書と同じ「独白体」による「作文調書」が今もなお、有罪の証拠として採用されている。一部事件に取調べの録音録画が採用されたが、大正時代に提案された「被疑者取調べへの弁護人の立会い」は未だ法制化に至っていない。帝人事件当時の刑事手続は「遠い昔の物語」ではない。さらに、寅子たちが大学で法律を学んだ時代の刑事訴訟法（大正刑訴法）に規定されていた再審に関する規定は、現代もほぼそのままであることを忘れてはならない。女性蔑視と差別が今もなお厳然と残っているのと同じぐらい圧倒的に理不尽な再審制度も、1世紀の時を経てもなお、変わらずにいるのだ。

三淵さんは定年退官のときに赤いベレー帽を被っていた。筆者が「ベレー帽の先輩」を敬愛するのは、「女性初」だからでも「女性の代弁者」だからでもない。救うべき弱者を現状の法制度が救えないのなら、その法制度を変えるために闘い続けた「ヒューマニズム」ゆえである。

第37回 台湾からのエール

『創』24年7月号

５月22日、袴田事件の再審公判が結審し、判決日が９月26日と決まった。検察官は確定一審のときと同様、袴田さんに死刑を求刑したが、56年前とは異なり、誰もが無罪判決を確信している。しかし、ようやくゴールが近づいたとはいえ、袴田事件の再審に43年もの歳月が費やされた事実が消えることはない。死刑確定から証拠開示実現までに30年かかったこと、２０１４年の静岡地裁の再審開始決定に検察官が抗告したことで、再審開始の確定までに９年を要したことに思いを致せば、43年のうち少なくとも39年は再審法の不備に由来することになる。これほどわかりやすい立法事実があるだろうか。

袴田公判結審の６日前にあたる５月16日、再審法改正をめざす国会議員による超党派議連「えん罪被害者のための再審法改正を早期に実現する議員連盟」にも大きな動きがあった。２０１５年、２０１９年の台湾の２度にわたる再審法改正において、当時、立法委員（国会議員にあたる）として中心的な役割を果たした尤美女《ユウメイヌ》弁護士（現在は台湾全国弁護士連合会理事長。日本の日弁連会長にあたる）が来日し、第４回議連総会で講演を行ったのである。これがどれほどエポックメイキングな出来

台湾の元立法委員で台湾全国弁護士連合会の尤美女理事長（左）と筆者

事であるかを理解していただくために、台湾の刑事司法と再審制度の歴史について紹介したい。

台湾では、日本の統治下では刑事特別手続（日本法）が適用されたが、1945年、中華民国に統治されたことにより、1928年に中国大陸で制定された刑事訴訟法が施行された。ただ、この刑訴法も日本の大正刑事訴訟法を参考に作られたものだった。大正刑訴法はドイツ由来の職権主義を基調としており、起訴とともに捜査記録と証拠はすべて裁判所に送致され、審理は広範な裁量をもつ裁判所の主導で進められた。台湾にも、この職権主義の刑事訴訟制度が導入された。

日本では第2次世界大戦後、日本国憲法のもとで現行刑訴法が施行された。通常の刑事裁判では被告人が「当事者」として、対立当事者である検察官とともに主体的に審理にかかわる「当事者主義」が導入された。裁判所の予断を排除するために、公判が開かれるまでは証拠を裁判所の目に触れさせず、起訴状のみを提出する「起訴状一本主義」も採用された。

被告人に当事者の地位を与えたことで、人権保障に厚くなったように見えた現行刑訴法だが、起訴状一本主義を採用したことで、有罪の立証責任を負った検察官が、自らの主張に必要な証拠のみを選りすぐって裁判所に提出するようになった。このため、捜査機関が収集したすべての証拠、とりわけ被告人に有利な無罪方向の証拠の存在を、被告人・弁護人が知ることができなくなるという弊害が生じた。これが今に続く「証拠開示」をめぐる攻防を生んだのである。

一方、台湾では現在もなお、通常審、再審ともに職権主義が基調となっている。もっとも、2002年以降、無罪推定原則が明文化され、検察官に有罪の立証責任を負わせるなど、被告人の権利保障のための改革も進められ（改良的当事者主義）、23年に導入された、日本の裁判員裁判に近似する

「国民法官制度」では、さらに当事者主義を進めて、起訴状一本主義を導入した。

しかし、ここで一つの大きな問題が浮上した。台湾では戦後も職権主義による審理が行われたことで、証拠を含む事件の一件記録はすべて裁判所に提出され、それを弁護人がすべて閲覧・謄写《とうしゃ》することができた（なお、今日では被告人にも閲覧・謄写が認められている）。ところが、当事者主義を徹底し、起訴状一本主義を採用すると、「日本のように」検察官が有罪を立証するために必要な証拠だけを裁判所に提出し、被告人に有利な無罪方向の証拠に被告人側がアクセスすることができなくなると危惧されたのだ。激論が交わされた後、台湾が選択した制度は、起訴状一本主義は採用しつつ、検察官は被告人側にはすべての証拠を事前に一括開示しなければならない、というものだった。かくして、台湾では当事者主義が導入された後も、被告人側にすべての証拠へのアクセスが確保された。

では、二度の改正を経るまでの台湾の再審制度はどのようなものだったのか。

日本では、通常審に当事者主義が導入された現行刑訴法のもとでも、「第四編　再審」の規定は、不利益再審（誤って無罪となった者に改めて有罪判決をするための再審）の廃止を除き、大正刑訴法の規定がほぼそのままスライドされる形となった。他方、台湾では戦後も通常審・再審を問わず基本的にドイツ由来の職権主義の刑事訴訟法が踏襲されたため、ごく最近まで、日本と台湾の再審に関する条文は「瓜二つ」の関係だった（ただし、台湾では不利益再審は廃止されていない）。つまり日本と同じように、台湾においても再審は「開かずの扉」だった。否、改正前の台湾では、条文は同じでも、その判例解釈によって、日本以上に再審のハードルが高かったと言ってよい。

日本の再審請求でもっともよく使われる条文は「無罪を言い渡すべき明らかな証拠をあらたに発見

したとき」という刑訴法435条6号である。ほぼ同じ条文が台湾にもあり、「確実な新証拠が発見されたことにより、有罪判決を受けた人が無罪判決を受けるべきであると認めるに足りる場合」と規定され(台湾刑訴法420条1項6号)、日本と同様、この条文が再審請求で最も多く用いられている。

日本でも「明らかな」＝明白性、「あらたに」＝新規性という二つの要件には解釈の対立があるが、明白性については、最高裁白鳥・財田川決定により「新旧全証拠の総合評価」によって判断すべきとされている。一方、台湾における「確実性」は、新証拠それ自体で判断する「孤立評価」の手法が採られた裁判例が多数であり、日本の白鳥決定以前と同様の高いハードルが課されていた。

それ以上に強烈なのは、台湾における「新規性」の解釈だった。日本におけるそれは、「証拠の未判断資料性」と呼ばれ、その証拠が裁判所にとって初めて目にするものであれば新規性を認めるのが通常である。しかし、台湾における「新規性」の解釈は、「事件当時から存在した証拠で、かつ、裁判所に提出されていないもの」という意味だった。これではDNA再鑑定など、科学の進歩によって真実を明らかにする手法で冤罪を晴らすことができなくなってしまう。このような再審の条文と解釈が、1928年の台湾刑訴法の制定時から87年間改正されることなく、21世紀を迎えた。

ところが2010年代以降、台湾の再審制度は画期的な改革を遂げた。2015年1月、まず420条1項6号の条文が改正され、「新証事実または新証拠が発見され、単独判断、または以前の証拠との総合判断により」有罪判決を受けた者が無罪であると認められる場合に再審が開始されるとされた。判断手法について日本の白鳥・財田川決定の規範を取り込んだのみならず、「確実な」という文言自体を削除したことで、実質的にも再審開始要件を緩和したのである。

さらに、新規性の要件については、条文中に「判決の確定以前にすでに存在し又は成立していたが、調査・斟酌されなかったもの、及び、判決の確定後に存在または成立していた事実、証拠を指す」ことが明記され、科学の進歩による新鑑定などによる再審開始が可能となった。

そして2019年12月、15年改正からわずか5年足らずで、台湾の再審法は再び大改正された。再審請求人の手続保障を大幅に充実させ、弁護士代理人選任権、記録情報獲得権（証拠開示請求権に相当）、意見陳述権を保障し、請求または職権による証拠調べ、公開の法廷での審理などが明文化された。日本の大正刑訴法を「手本」として構築された台湾の再審制度は、今や日本を肩越しに追い抜いたのである。その背景には、民間の冤罪救済団体である台湾イノセンス・プロジェクトの支援による相次ぐ再審無罪と、冤罪を生んだ法や制度への、国民世論の厳しい批判が存在した。

今回、議連の総会で講演した尤弁護士の講演で、台湾における再審法改正のリアルが生々しく語られた。刑事司法改革を求める民間の動きは1990年代から活発化していたが、なかなか法改正に結び付かなかったこと、2012年の刑訴法全面改正のときには、再審についても数多くの改正項目が議案となったが、十数回の討議を重ねても与党国民党と野党民進党との間で溝が埋まらず改正に至らなかったこと、14年に転機が訪れ、再審開始要件の緩和という1項目に限って与野党の合意に至ったため、改正動議を出して、翌年420条1項6号の改正を実現させたこと、しかし行政院（法務省）は最後まで法改正に抵抗したこと。

その後、16年に蔡英文《ツァイインウェン》氏が総統に選出され、民進党政権になると、総統府に「司法改革国是会議」が設置され、冤罪被害の救済が重要課題となったこと、同会議の「刑事訴訟法における再審制度の改正を要請する」との決議を受けて、司法院（日本の最高裁事務総局にあたる）が改正案を作成、行政院の承認を得て立法院に提出するという、いわば立法、行政、司法の協働作業によって19年の大改正が実現したこと。

政情の変化の中で、機を読み、まずは一点突破で活路を開き、しかる後に全面展開を実現させた尤弁護士の体験語りを、会場に参集した日本の国会議員たちは真剣に聞き入っていた。日本の現状とも共通する部分のある、幾多の困難な状況を突破して法改正を実現させた詳細なプロセスを知って、とても勇気づけられた、と率直な感想を述べた議員もいた。

この議連総会には、議連の最高顧問である麻生太郎・自民党副総裁も出席し、尤弁護士と笑顔で記念品を交換した。麻生副総裁が自他ともに認める「台湾通」であることをよく知る尤弁護士は、麻生副総裁と蔡英文前総統のツーショット写真を刷り込んだ台湾の切手をプレゼントし、台湾イノセンス・プロジェクトの初代理事長で、蔡政権では行政院の政務委員（日本の国務大臣）として再審法改正を牽引した羅秉成氏から託されたメッセージを代読した。

最後に尤弁護士は、再審法改正がもたらした最大の成果は、国家権力を担う者の意識の変化であるとして、15年改正の2年後に出された最高裁判例を紹介した。「もしある人が無実にも関わらず、罪を着せられ、不当に取り扱われていたら、国家はすべての力を尽くして、救済しなければならないことこそ、現代的文明、法治主義が発達した国家が持つべき基本理念である」。

台湾からのエールは、日本の国会だけでなく、再審法改正に極めて消極的な行政（法務省）、司法（最高裁）にも向けられている。

第38回

不祥事と報道にもの申す

『創』24年8月号

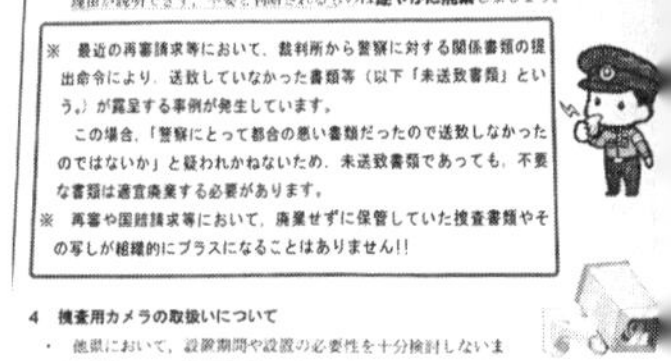
・　事件記録の写しは、送致（付）した事件全てで作成し、保管する必要はありませんので、写しを作成する前に、その必要性を十分検討しましょう。
・　現に保管している事件記録の写しについても、保管の必要性を適宜判断し、保管の理由が説明できず、不要と判断されるものは速やかに廃棄しましょう。

※　最近の再審請求等において、裁判所から警察に対する関係書類の提出命令により、送致していなかった書類等（以下「未送致書類」という。）が露呈する事例が発生しています。
この場合、「警察にとって都合の悪い書類だったので送致しなかったのではないか」と疑われかねないため、未送致書類であっても、不要な書類は適宜廃棄する必要があります。
※　再審や国賠請求等において、廃棄せずに保管していた捜査書類やその写しが組織的にプラスになることはありません!!

4　捜査用カメラの取扱いについて
・　他県において、設置期間や設置の必要性を十分検討しないまま捜査用カメラを[illegible]

鹿児島県警の内部文書「刑事企画課だより」

ここ最近、鹿児島県警の「不祥事」が毎日のように報じられている。しかし、ニュースを見ている一般視聴者は、鹿児島県警にどのような不祥事があったのか、具体的に把握できているだろうか。

現在指摘されている問題は大きく分けて4つある。1つは、23年の10月頃から半年ほどの間に、鹿児島県警の現役警察官やその親族が性犯罪の嫌疑により逮捕される事件が相次いで発覚したことである。13歳未満の女児への強制性交（鹿児島西警察署巡査長）、ストーカー行為（霧島警察署巡査部長）、新型コロナ療養施設内での強制性交（現役警察官の親族が書類送検されたが不起訴）、不同意わいせつ（県警本部公安課警部）、盗撮（枕崎警察署巡査部長）と続き、組織内でのガバナンスの弱さが露呈した。

そして、これらの事件の捜査やマスコミリリースの在り方に不透明さが指摘される中で、今度は告訴・告発をめぐる個人情報の流出や内部文書の情報漏洩という2つ目の問題が発覚し、現役の警察官（曽於警察署巡査長）が地方公務員法違反で、次いで24年3月に鹿児島県警を退職したばかりの前生活安全部長が国家公務員法違反で逮捕、起訴された。しかし、前部長は、勾留理由開示手続において、枕崎警察署の巡査部長による盗撮事件などの不祥事をまとめた文書を北海道のライター・小笠原淳氏に送ったことを明らかにし、「県警職員が行った犯罪行為を県警本部長が隠蔽しようとしたことがあり、一警察官としてどうしても許せなかった」と、公開の法廷で弁明した。

3つ目の問題は、前記の曽於警察署の巡査長による情報漏洩事件の捜査で、鹿児島県警がネットメディア「ハンター」を運営する福岡の男性の自宅を捜索し、男性が提供を拒否した文書のデータが入っているパソコンを押収したことである。押収されたパソコンの中には、小笠原氏が前部長から受け取った「内部文書」を「ハンター」に提供したデータも含まれており、これが前部長の逮捕につながったと考えられる。このような捜索押収は、憲法が保障する報道の自由の根幹である「取材源の秘匿」を脅かす事態であるとして、日本ペンクラブや新聞労連は抗議声明を発出した。

そして、最後の問題である。「ハンター」が提供を受けて公表した「内部文書」の中に、鹿児島県警が、捜査資料(記録や証拠)の廃棄を推奨する内容の文書が存在していたことが明らかとなったのだ。その文書は「刑事企画課だより」という、警察官に周知すべき事項が記載された公文書で、県警本部や警察署内に広く配布されるものである。23(令和5)年10月2日付「刑事企画課だより」には「捜査資料の管理について」という項目があった。しかし、その内実は、捜査資料の「適切な保管」ではなく、「事件記録の写しは、送致(付)した全ての事件で作成し、保管する必要はありませんので、写しを作成する際に、その必要性を十分検討しましょう」「不要と判断されるものは速やかに廃棄しましょう」という、捜査資料の「適切な廃棄」を推奨するものだった。

記事の最後には囲み記事があり、そこでは、「最近の再審請求等において、裁判所から警察に対する関係書類の提出命令により、送致していなかった書類等（以下「未送致書類」という）が露呈する事例が発生しています」「未送致書類であっても、不要な書類は適宜廃棄する必要があります」とした上で、さらに「再審や国賠請求等において、廃棄せずに保管していた捜査書類やその写しが組織的にプラスになることはありません!!」と強調している。囲み記事の欄外には、注意喚起の警笛を鳴らす警察官のイラストまで添えてある。

「ハンター」は23年11月17日、「前代未聞の隠蔽指示」という見出しで「刑事企画課だより」の内容をネット上で報道した。すると鹿児島県警は、4日後の21日、改めて「刑事企画課だより」を発行し、「捜査書類については、必要なものは検察庁に確実に送致するほか、その写し等については適切に保管管理し、保管管理が不要と判断したものは、関係者のプライバシー保護の観点からも、確実に廃棄する必要がある」「国賠請求や再審請求等が提起された場合には、その対応に必要なものは引き続き廃棄せずに保管管理する必要がある」と、10月2日付の記事の内容とはまったく異なるものに「改変」した。

このように、鹿児島県警の不祥事と呼ばれるものの実態は多岐にわたる。性犯罪も、情報漏洩も、ネットメディアに対する捜索押収も、すべて深刻な問題ではある。しかし、刑事事件の証拠となる捜査資料を検察庁に送致せず、あまつさえそれを「組織のために」廃棄することを堂々と勧奨する文書を配布する問題は、他の3つとはまったくレベルが違う。有罪か無罪かの事実認定は証拠に基づいて行うという「証拠裁判主義」は、近代刑事裁判の根本である。捜査を行い証拠を収集した警察が、自らの判断で検察に送る証拠を選別することがまかり通れば、警察が「犯人」と目した被疑者を確実に処罰せんがために、被疑者を犯人とするストーリーと矛盾する証拠をあえて送致しないという事態が招来される。検察官は警察から送られた偏った証拠をもとに起訴の判断をすることになり、さらに裁判所は検察官が有罪立証のために必要なもののみを「厳選」した証拠だけで被告人の有罪無罪を判断することになる。これでは公正・公平な裁判は担保されない。鹿児島県警の「捜査資料廃棄の勧奨」は、刑事司法制度の根幹、ひいては民主国家のありようを根底から揺るがしかねない大問題なのである。

ところが、前述のようにネットメディアが23年11月からこの問題を報じていたのに、マスコミ各社による一連の鹿児島県警の不祥事の報道では、最近になるまでこの問題に言及されることはなかった。「刑事企画課だより」の内容がマスコミで大々的に報じられたのは、24年6月8日付西日本新聞朝刊が1面トップで掲載したのが最初である。同紙は6月11日の朝刊で、前年10月2日付の「刑事企画課だより」が11月21日付で「改変」されたことを報じ、さらに翌12日には、国家公安委員長が記者会見で、2つの「刑事企画課だより」がいずれも鹿児島県警の作成にかかるものであることを認めた旨を報じ、同日付社説で「『適宜廃棄』は冤罪を生む」と題して鹿児島県警の姿勢を厳しく批判した。

この間に、鹿児島県警による捜査資料廃棄勧奨問題の報道は、毎日新聞(6月9日)、NHK(6月10日)、読売新聞、産経新聞、共同通信(6月12日)と徐々に広がったが、朝日新聞が社説でこの問題に言及したのは西日本新聞の報道から9日後の6月17日だった(記事として報じたのは19日)。警察官による性犯罪や情報漏洩は、それ自体がセンセーショナルで耳目を集めやすいが、そこに目を奪われて巨大で根深い問題の本質に切り込むことが遅れてはなるまい。

警察が収集、作成したすべての記録・証拠が検察官に送致されないばかりか、警察に残った未送致記録が廃棄されるという事態は、当然のことながら再審制度との関係で決定的な影響を及ぼす。袴田事件、日野町事件で再審開始の契機となったのは、確定判決では裁判所に提出されていなかったカラー写真やネガフィルムが再審段階で初めて開示されたことだったが、これらの証拠は、いずれも検察に送致されず、警察に保管されていたものである。湖東記念病院事件では、再審公判の段階になって初めて、警察が検察に送致していなかった117点の証拠が開示された。その中に元被告人の西山美香さんに有利な証拠が多数存在したことから、再審無罪判決後の説諭で大西直樹裁判長が「本件再審公判の中で、15年の歳月を経て、初めて開示された証拠が多数ありました。そのうちの一つでも適切に開示されていれば、本件は起訴されなかったかもしれません」と言及したほどである。

これらの「立法事実」から、再審法改正の最重要テーマとして「再審請求手続きにおける証拠開示ルールの整備」が掲げられていることは周知のとおりである。しかし、今回の件は、証拠開示の前提となる証拠の保管に関わる問題であり、ここが蔑《ないがし》ろにされれば証拠開示制度は画餅に帰する。証拠の作成、保管、送致、開示という各プロセスに、明確な法律による規制が必要である。

私が弁護団事務局長を務める大崎事件は、鹿児島県警本部と志布志警察署が捜査を行った事件であり、鹿児島県警による未送致記録の廃棄はまさに「自分事」である。これまでの経緯を振り返れば、第2次再審請求審（鹿児島地裁）の段階で、鹿児島県警は、「証拠は保管していない。過去に存在していたとしてもすべて検察に送致済み」と回答していた。鹿児島地裁はこの回答を鵜呑みにして、証拠開示勧告を行わなかったが、即時抗告審の福岡高裁宮崎支部が書面で証拠開示勧告を行ったところ、213点もの証拠が新たに開示され、うち30点以上は県警本部と志布志警察署に保管されていた。さらに第3次再審段階で、鹿児島地裁が改めて証拠開示勧告を行ったところ、志布志警察署写真室から未開示のネガフィルム18本が新たに開示された。

このように、大崎事件では捜査機関が「存在しない」と明言した証拠が後に開示される事態が繰り返されている。一方、確実に存在することが窺われる証拠の中で、未だ開示されていないものもある。一連の鹿児島県警の姿勢からは、無実を訴える原口アヤ子さんに有利な証拠が意図的に隠されたり、廃棄された疑いを禁じ得ない。弁護団は、アヤ子さんが97歳となった翌日である6月16日、アヤ子さんと面会した直後に記者会見を開き、鹿児島県警、国家公安委員会等に抗議する声明を発出した。

くだんの「刑事企画課だより」が後に改変されたことについて、当初鹿児島県警は「内部から指摘があり、再検討した結果」としていたが、その後「警察庁の指摘が決定打だった」と説明を変えた。いずれであっても、これで幕引きを図って済む問題ではない。

時をほぼ同じくして、6月13日に開催された再審法改正をめざす超党派の議連総会において、法務省の職員が、袴田事件の再審公判で巌さんに死刑を求刑した検察官の「論告要旨」を持参して国会議員にロビイングを行っていたことが発覚した。国会答弁や協議会の場で、あれほど「個別の事件には言及しない」と言っている法務省が、まさに個別事件における一方当事者である検察官の主張を記した書面を国会議員に示した真意は何だったのか。踏み込んだ取材・報道によって大騒ぎになるに違いないとの予想に反し、この事実を報じたのは袴田事件の地元紙・ブロック紙にとどまった（後に2024年9月26日、ＮＨＫが「時論公論」でこの問題に言及した）。

相次ぐ警察、検察の不祥事、法務省の不適切な対応は、翻って刑事司法制度を改革する原動力になりうるものだ。そのことを意識した今後のマスコミの奮起を期待したい。

第39回 住民の声を国会に届ける地方議会

『創』24年9月号

再審法改正議連設立総会

再審法改正の実現をめざす超党派による国会議員連盟が設立されて約4カ月が経過した。入会議員数は設立時の134人から326人に増加した。この間関係各所（法務省、日弁連、最高裁、衆議院法制局、冤罪被害当事者・家族）からのヒアリングを行い、本書第37回で紹介した台湾の尤美女《ユウメイヌ》弁護士（元立法委員）から台湾における再審法改正の実情を学んだ。

これらの活動を経て、6月17日、議連は小泉龍司法務大臣に対し、「大臣のリーダーシップのもとで、過去の再審無罪事件について第三者を交えて検証するなど、迅速かつ積極的に議論を進め、最後の救済制度にふさわしい再審法制を構築し、国内外から一層信頼される刑事司法制度の確立に邁進するよう強く要望する」旨の要望書を提出した。政府に対し、速やかな法改正への検討を求める一方で、「議員立法という選択肢も視野に今後の議論を深めていく覚悟を共有した」との決意を述べている点が注目に値する。

通常国会が閉幕し、議連の活動は一区切りとなったが、9月26日の袴田事件判決までに法改正の世論を一層盛り上げるべく、各地で弁護士会や市民団体の奮闘が続いている。その中でも特に目覚ましい成果を上げているのが、地方議会から国会に対し、再審法改正を求める意見書を採択する動きだ。

ともすると遠い存在に感じられる国政に、選挙以外の方法で国民の声を届ける方法が、日本国憲法16条に定められている「請願権」だ。そしてこの請願権に基づいて発信された地域住民の声を、地方議会が掬《すく》い上げて国会に届ける手段が地方自治法99条に規定されている。「普通地方公共団体の議会は、当該普通地方公共団体の公益に関する事件につき意見書を国会又は関係行政庁に提出することができる」というもので、かつては意見書の宛先が「関係行政庁」のみだったものを、2000年の法改正(議員立法)で、国会に対しても意見書を提出できるようになったという経緯がある。

地方議会に「国会に対し再審法改正を求める意見書を採択せよ」と求める請願→地方議会での請願採択→地方議会から国会に意見書提出というルートを活用し、運動を始めたのは日本国民救援会などの市民団体だった。市民団体からの情報提供や、各自治体のHPなどをもとに日弁連が取りまとめた資料によれば、最初の意見書採択は2019年6月21日、奈良県の広陵町議会と川西町議会だった。同年に再審法改正を求める意見書を採択した地方議会は東京都小金井市、大阪府池田市と吹田市、奈良県内の5市町村議会だった。20年の意見書採択は33議会。そのうちの半数以上にあたる18議会を茨城県内の市町村議会が占めている。

21年の意見書採択は37議会だった。5月17日付の西日本新聞が朝刊1面トップで、国会に再審法改正を求める意見書を49の地方議会が採択したと、この動きを最初に報じた。次いで、10月22日付で袴田事件の地元である静岡新聞が、県下の三島市、下田市を含む62議会が決議を採択したと報じている。

22年には採択議会が100を超えたが、市民団体の活動が活発な地方に偏在する傾向もあった。例えば、松川事件で裁判闘争を展開してきた福島県、再審無罪を勝ち取った布川事件を支援し続けた茨城県、故・冨士茂子さんが没後に再審無罪となった徳島ラジオ商事件の地元、徳島県などで多くの成果が上がった。岩手県では初の県議会での意見書採択も実現したが、なかなか全国に波及せず、意見書採択運動は次第に頭打ちの状況となった。

当時、請願が不採択となった議会では、「刑事訴訟法は刑事司法の根幹にかかわる。このような問題は地方議会になじまず、国会での議論を待つべき」「証拠開示は賛成だが、検察の不服申し立て禁止は三審制を覆すから反対」などの意見が出されたという。また、地方議会に請願を行うにあたっては、議員の紹介により請願書を提出しなければならないとされている(地方自治法124条)が、例えば国民救援会の場合、共産党議員を紹介議員とするケースが多く、「共産党の提案だから反対」と、内容を検討するまでもなく拒絶された議会もあったようだ。

しかし、市民団体による意見書採択運動が暗礁に乗り上げそうになっていた、ちょうどそのタイミングで、22年6月、日弁連に再審法改正実現本部が設置された。設置を伝える6月21日付静岡新聞は、その時点で「岩手県議会と、全国約90の市町村議会」が意見書を可決している旨報じていた。日弁連は、市民団体が先鞭《せんべん》をつけていた意見書採択運動をさらに推進しようと、請願手続のプロセスや資料の準備、議員へのロビイングなどのノウハウを学ぶ一方、各地の弁護士会や弁護士会連合会、弁護士による政治団体である弁護士政治連盟(弁政連)が協働して、各議会における政党・会派の勢力分布や影響力のある議員をリサーチしたり、弁護士会内で地方議員と個人的繋がりのある弁護士に協力を依頼するなどして、これまでとは異なるルートで獲得した紹介議員を介して請願を行った。

弁護士会による「テコ入れ」が功を奏し始めたのは23年になってからである。もちろん3月の袴田事件再審開始確定も大きな追い風となった。11月23日付西日本新聞は、2度目の1面トップ記事で「全国の地方議会の可決は、2年前（21年10月時点）の61から、１６２議会へと2・6倍に増えた」と報じた。その後の12月議会でさらに採択数が急増、23年の意見書採択議会数は98に上り、それまでの4年間に匹敵するほどの数となった。特に北海道では、札幌、函館、釧路、旭川の4弁護士会からなる北海道弁護士会連合会（道弁連）の精力的な取組みによって、22年まではわずかに5市だったのが、23年には35議会で意見書を採択するに至った。特筆すべきは、北海道議会と札幌市議会がそれぞれ全会一致で再審法改正を求める意見書を可決したことだ。自治体数が都道府県の中で桁違いに多い（１８６）ため、北海道内の全議会に占める意見書採択議会の割合は26％にとどまるものの、採択自治体数は本稿執筆時点で48に上り、都道府県別意見書採択数のトップを独走している。

すでに市民団体の請願により、多くの意見書採択議会を獲得していた地域で、市民団体と弁護士会との協働により、さらに上積みが実現したところもある。徳島県では、22年までに10議会で意見書が採択されていたが、さらに9議会を積み増して、24年の6月まで採択率全国トップを誇っていた（全25議会中19議会）。また、長野県でも市民団体の尽力により、22年だけで15議会が意見書を採択していたが、弁護士会も加わってその動きをさらに加速させ、現在までに県議会も含む合計41議会（全78議会中）で意見書が可決され、採択数は北海道に次いで2位となっている。

そして、24年、意見書採択をさらに大幅に加速させる決定的な出来事があった。3月11日の超党派議連の設立である。地方議会が住民の声を国会に届けたことで、国会内に再審法改正の必要性がじわじわと伝わり、これが議連設立にも大きく影響したと考えられるが、逆に議連の存在が地方議会の意見書採択のハードルを下げるという相乗効果をもたらしたのだ。24年の3月議会で46、6月議会では何と65、半年あまりで100を優に超える議会が意見書を採択し、その総数は全国で334議会、都道府県議会レベルでは12道府県議会に達し、全体の4分の1を超えた。

嬉しいことに、わが「新しき故郷」となった京都で、市民団体と弁護士会が大奮闘した結果、27議会中21議会で意見書が可決され、徳島を抜いて採択率トップに躍り出た。20年6月、市民団体が請願を提出した京都府会は、当時あっさりこれを否決、さらに23年12月議会で野党議員からの意見書採択の提案も否決されていた。そこで、明けて3月、国会で超党派の議連が結成された直後に弁護士会の会長はじめ4名の弁護士が京都府会自民党議員団と面談したところ、「今般情勢も変わったので」と自民党から再審法改正を求める意見書の提案を確約。3月22日、3度目の正直で全会一致の採択となった。わずか5日後、これも自民党議員団の提案で京都市会が意見書を採択、そこには「近年ようやく、再審事件やえん罪被害に対する社会的関心が高まり、学生の街・京都市においても様々な大学や高校の学生有志らの独自調査研究も活発化し、2016年に発足したえん罪救済を目的とする団体『イノセンス・プロジェクト・ジャパン』にも多くの研究者や学生が参加しており、23年には市内大学に『刑事司法・誤判救済研究センター』が設置されるなど、京都市は再審・えん罪に関する研究・救済活動の重要拠点ともなっているが、再審・えん罪に関する問題は、国民の誰もが関わり得る重要なテーマと意義を持つものである」という、京都市独自の表現が加えられていた。その後はまさに雪崩《なだれ》のごとく採択ラッシュが続き、6月議会で14議会が意見書を可決した。

まず県議会での採択を目指し、そこから市町村に波及させる戦略を取った弁護士会は京都以外にもある。袴田事件の地元静岡では議連設立直後の24年3月18日に県議会が意見書を可決すると、あとに続けとばかりに、6月議会では20市町議会が意見書を採択した。

三重県と岐阜県では、弁護士会が主催した再審法改正をめざす市民集会に何人もの県議会議員が参加し、これを契機として三重では県議会全体で、岐阜では自民党県議団内で再審法改正の勉強会が開催され、両県ともに全会一致での意見書採択となった。さらに岐阜県では、採択後も引き続き再審法改正の勉強会を実施したい、と議員側から弁護士会に要望されたという。

神奈川県平塚市では、公明党の元市議会議員が、同市出身で、現役時代30以上の無罪判決を出し、一度も上級審で覆らなかったという「伝説の刑事裁判官」木谷明弁護士に感銘を受け、自ら自民党・公明党の現役議員を説得して紹介議員を集め、意見書の採択を実現させ、この動きが周辺の真鶴町、湯河原町、小田原市に波及した。

地方議会での意見書採択ラッシュは、このように、冤罪被害や再審法の問題が全国津津浦浦に浸透してきたことの現れである。しかし、334議会と言っても、全国すべての自治体数(1755)から見ればまだ20%に満たない。過去を紐解《ひもと》けば、クレサラ問題で多重債務に陥っていた被害者を救済する改正貸金業法が成立した際、その原動力となったのは、全国43都道府県、1136市町村議会で採択された地方自治体の意見書だった。

袴田判決と同時期に開会される9月議会で、意見書採択の「ビッグバン」が招来されることを願う。

第40回
付審判決定と抗告

『創』24年10月号

２０２４年8月8日、この国の刑事司法の闇に一筋の光が差すような、画期的な決定が大阪高裁から出された。不動産会社プレサンスコーポレーションの元社長・山岸忍さんが業務上横領の疑いで逮捕・起訴され、その後大阪地裁の無罪判決が確定した「プレサンス元社長冤罪事件」で、山岸さんの関与を認める供述を元部下に強要した大阪地検特捜部の田渕大輔検事を、特別公務員暴行陵虐罪（刑法１９５条１項）で大阪地裁の審判に付する、との付審判決定がされたのである。

これだけではどこが画期的なのか、なかなか伝わりにくいだろう。「付審判請求」という耳慣れない手続きも含め、ここに至る経緯の概要を振り返る。

16年、学校法人M学院の経営権を買収した新理事長が、M学院の土地をプレサンス社に売却した代金の手付金から21億円を横領し、山岸さんから借り入れた18億円の返済に充てた。新理事長の買収、横領について、プレサンス社の元部下や仲介に入った不動産管理会社の役員等との共謀はあったが、山岸さんは18億円を（新理事長個人ではなく）M学院に貸し付けたと認識していたため、これらの経緯

「プレサンス元社長冤罪事件」の山岸忍さん（中央）と弁護団（赤澤竜也氏提供）

をまったく知らなかった。ところが、大阪地検特捜部は、新理事長のM学院に対する業務上横領事件を立件する際、山岸さんが18億円を貸し付ける段階で業務上横領の共謀があったという見立てで関係者を厳しく追及した。プレサンス社の元部下に対する取調べを担当した田渕検事は、19年12月8日の取調べで、弁解しようとする元部下を遮《さえぎ》り、約50分にわたり一方的に元部下を責め立てた。そのうち約15分は、以下のような内容を大声で怒鳴り続けている。

「あなた詰んでるんだから。もう起訴ですよ、あなた。っていうか、有罪ですよ、確実に」「俺たちは人の人生狂わせる権力持ってるから」「検察なめんなよ。命かけてるんだよ、俺たちは。あなたたちみたいに金をかけてるんじゃねえんだ。かけてる天秤《てんびん》の重さが違うんだ」

翌9日の取調べでも、田渕検事は、18億円が新理事長の買収資金であることを山岸さんには説明していなかったと供述する元部下に対し、「端からあなたは社長を騙《だま》しにかかっていったってことになるんだけど、そんなことする？　普通」「あなたはプレサンスの評判を貶《おとし》めた大罪人ですよ」「会社とかから、今回の風評被害とかを受けて、会社が非常な営業損害を受けたとか、株価が下がったとかいうことを受けたとしたら、あなたはその損害を賠償できます？　10億、20億じゃ、すまないですよね。それを背負う覚悟で今、話をしていますか」と畳みかけた。特捜事件は取調べの録音録画が義務付けられているため、これらの取調べはすべて録画され、そのデータが弁護人に開示されている。

このような、刑事のみならず民事責任もちらつかせて脅迫する田渕検事の取調べに屈し、ついに元部下は山岸さんの関与を認める供述を行った。山岸さんは逮捕され、２４８日間も勾留された。

その後、無罪判決が確定したものの、山岸さんは逮捕された段階でプレサンス社の社長を辞任し、創業した会社の株も手放し、個人資産分だけでも75億6168万円の売却損を被ったという。

山岸さんは、自分を冤罪に陥れたのは、田渕検事の元部下に対する、過酷で執拗《しつよう》な人格攻撃を伴う威圧的、侮辱的、脅迫的な取調べが原因であるとして国家賠償請求訴訟を提起した。また、田渕検事の取調べは「検察の職務を行う者が、その職務を行うに当たり、被告人、被疑者に対して暴行又は陵辱若しくは加虐の行為をしたとき」にあたるとして、特別公務員暴行陵虐罪で刑事告発した。

しかし、国賠請求、刑事告発の道のりも平坦ではなかった。国賠請求では、本書第9回で言及した「開示証拠の目的外使用禁止」(刑訴法281条の4)の壁が立ちはだかった。検察官から開示された証拠は、刑事裁判の目的以外に使用することが禁止されており、民事訴訟である国家賠償請求訴訟に証拠として提出することはできないとされている。捜査の違法や損害額の認定にとって不可欠な取調べの録画であっても、これを保有している被告国が提出を拒否した場合、原告である山岸さん側が裁判所に対し、文書提出命令の申立て(民訴法221条)を行って、裁判所が命令を発しなければ民事事件の証拠とすることができないのだ。本件では、原告の申立てを受けた大阪地裁民事部が、原告の求めたすべての録画データについて提出せよとの決定を出したが、これに対して被告国が不服を申し立て、大阪高裁民事部は24年1月、刑事事件の法廷で取り調べられた48分間の動画についてのみ、提出命令を認める決定を出した(後に最高裁は、高裁の決定を取り消し、原告が求めたすべての録画データの提出を命じた)。その中には、前述の取調べシーンは含まれていない。

一方、山岸さんの刑事告発に対し、大阪地検は田渕検事を不起訴処分とした。そこで山岸さんが行ったのが「付審判請求」である。付審判請求とは、公務員による職権濫用罪など一定の犯罪について検察官が不起訴処分にした場合、不起訴となった者を告訴または告発した者は、裁判所に直接、起訴して刑事裁判を行うよう求めることができる制度である。

山岸さんの付審判請求に対し、大阪地裁刑事部は、田渕検事の言動について、特別公務員暴行陵虐罪の嫌疑が認められるとしたものの、不起訴処分は結論において正当であるとして、請求を棄却した。

この決定に対し、山岸さんが大阪高裁刑事部に抗告を申し立てたところ、大阪高裁は地裁の決定を取り消し、田渕検事を審判に付する決定をした。これが冒頭の「画期的な決定」である。田渕検事は特別公務員暴行陵虐罪で起訴されたとみなされ、法廷で裁かれることが決まった。検察官に対する付審判決定は、同制度ができて以来、初めてのことである。

この決定が画期的なのは結論だけではない。決定の中で村越一浩裁判長は、「補論」として、かつて村木厚子さんが無罪となった郵政不正事件を受けて設置された「検察の在り方検討会議」がとりまとめた「検察の再生に向けて」と題する提言に言及した。補論は、同提言が「『密室』における追及的な取調べと供述調書に過度に依存した捜査・公判を続けることは、もはや、時代の流れとかい離したものと言わざるを得ず、（中略）刑事司法が国民の期待に応えられない事態をも招来しかねない」などと指摘したことを引用し、これを契機として取調べの録音録画が導入され、特捜事件については、取調べの全過程の録音録画が義務付けられたことに触れ、「今回の事案が、上記のような経緯を経て導入された録音録画下で起きたものであることを考えると、本件は個人の資質や能力にのみ起因するものと捉えるべきではない。あらためて今、検察における捜査・取調べの運用の在り方について、組織として真剣に検討されるべきである」と踏み込んだ。決定後、記者会見に臨んだ山岸さんの代理人・中村和洋弁護士が「刑事司法の歴史が変わると言っても過言ではない」と述べた意味は、ここにある。

さて、今回の付審判請求においては、大阪地裁の付審判を棄却する決定に対し、山岸さんが抗告し、これを受けた大阪高裁が付審判決定をしたのだが、その決定に対して田渕検事は抗告を行っていない。このことを不思議に思った読者もいるのではないだろうか。

「抗告」とは、裁判所がした決定に対する上訴のことをいう。刑訴法419条に「抗告は、特に即時抗告をすることができる旨の規定がある場合の外、裁判所のした決定に対してこれをすることができる」(これを「通常抗告」という)とあるところ、付審判請求に対する即時抗告を定めた規定はないので、付審判請求に対する棄却決定には通常抗告ができる。山岸さんがした抗告はこれにあたる。一方、付審判決定(起訴を認める決定)については、同420条に「裁判所の管轄又は訴訟手続に関し判決前にした決定に対しては、この法律に特に即時抗告をすることができる旨の規定がある場合を除いては、抗告をすることはできない」とあり、付審判決定はその後裁判に進んで判決がされるから、この条文の「判決前にした決定」にあたるため、通常抗告はできないと考えられている。加えて本件では、山岸さんの抗告に対して高裁がした決定なので、同427条の「抗告裁判所の決定に対しては、抗告をすることはできない」にも抵触するため、田渕検事はこの意味でも抗告できないことになる。

しかし、さらに刑訴法は433条で、「この法律により不服を申し立てることができない決定」に対しては、「最高裁判所に特に抗告をすることができる」と規定している。これを特別抗告といい、憲法違反や判例違反がある場合に限り申立てができる。では、今回の付審判決定が「この法律により不服を申し立てることができない決定」であるとして特別抗告を申し立てることはできたのか。

答えはＮＯである。実は、１９７７年に、今回とほぼ同じ場面で、東京高裁の付審判決定(公務員職権濫用罪)に特別抗告を申し立てた公務員がいた。

60代以上の読者であれば、当時の三木首相に脅迫電話をかけた「鬼頭史郎判事補」(当時)の記憶があるかもしれない。その鬼頭判事補が公務員職権濫用罪で告発され、検察官が不起訴処分としたので、告発者が付審判請求を行った。東京地裁はこれを認めなかったが、告発者の抗告を受けた東京高裁は鬼頭判事補を審判に付する決定をした。これに対し、鬼頭判事補は最高裁に特別抗告を申し立てた。

しかし、最高裁は、「(付審判決定については)審判に付された被告事件の訴訟手続において、その瑕疵《かし》を主張することができるものと解するのが相当であるから、原決定は同法４３３条にいう『この法律により不服を申し立てることができない決定』にはあたらず、本件抗告の申立ては不適法である」として、特別抗告を却下した。つまり、裁判にかけられることになった公務員は、その決定に不服があれば、自らが被告人となる刑事裁判でそのことを主張できるから、抗告を認める必要がないと判断されたのである。この判例ゆえに、田渕検事は付審判の決定に特別抗告できず、ただちに刑事裁判に移行することが確定したのだ。

この理屈は、再審開始決定における検察官の不服申立てにもあてはまると指摘されている。再審開始決定に不服があったとしても、まさに袴田事件でそうしたように、検察官は再審公判で有罪を主張することができるのだから、開始決定そのものに抗告を認める必要はないのだ。

付審判に対する決定への抗告を認めず、そのまま刑事裁判に進むのと同じように、再審開始決定に対する検察官の抗告も禁止して、ただちに再審公判に進む制度とすべきである。

第41回 歴史を変えた1週間（上）

『創』24年11月号

日比谷野音での集会で「FREE HAKAMATA NOW!」のプラカードを掲げる筆者

2024年9月26日。静岡地裁は袴田巖さんに再審無罪判決を言い渡した。判決は袴田さんの犯行着衣とされた「5点の衣類」やそれに関連する布切れのみならず、検察官が作った「自白調書」も「ねつ造された証拠」と断定して、これらを裁判での証拠とすることを認めない（証拠排除）という踏み込んだものだった。しかし、事件から58年、死刑判決が確定してから44年、あまりにも長過ぎる雪冤への闘いの中で、巖さんの精神は破壊されたままだ。判決が言い渡された法廷に、あれほど無罪を待ち望んだ本人が在廷できなかったという事実は、あまりにも残酷で、あまりにも切ない。

司法に携わる者はもちろん、事件当時、警察発表を鵜《う》呑《の》みにして巖さんを犯人視する報道を続けたマスコミも、冤罪や再審の問題を「票にならない」と軽視した国会議員も、しょせんは他人事として痛みを分かち合おうとしなかった市民も、この事実を重く受け止めなければならない。否、受け止めているだけではダメだ。

判決から遡ること1週間前の9月19日、袴田事件のゴールとなるべき「9月26日」を、再審法改正実現のスタートとしなければならないことを市民に伝える狼煙《のろし》を盛大に上げるために、日弁連と再審法改正をめざす市民の会が主催する大イベントが日比谷公園大音楽堂（日比谷野音）で開催された。

発端となったのは、袴田事件の再審公判が結審した5月22日の夜、弁護団、支援者たちが集った打上げ懇親会だった。『獄友』『オレの記念日』など、冤罪被害者やその家族を描いたドキュメンタリー映画を世に問うた金聖雄《キムソンウン》監督と杯を交わしながら「これからもっともっと市民に波及するイベントを企画しなければ」という話になり、周囲の支援者さんも「ライブコンサートとか、エンタメ的な要素が必要だよね」「やっぱり日比谷野音を一杯にするぐらいじゃないと」と盛り上がったことである。

飲みの席での大胆な提案を日弁連主催のイベントとして形にするには、弁護士の発想力や人脈だけでは無理だ、と考えた私は、長年にわたり冤罪救済活動を行ってきた国民救援会の瑞慶覧淳《ずけらんあつし》さん、狭山事件を支援している部落解放同盟の安田聡さん、「それでもボクはやってない」の周防正行監督、そして飲み会で一緒に気炎を上げた金監督に、イベント実行委員会のメンバーとして加わっていただき、6月7日から、日弁連としてのイベント開催に向けた協議を重ねた。

協議を始めた当初は、袴田判決前に多彩なゲストを呼んで、日比谷野音を満員にする大規模なイベントを開催するには準備に最低でも半年が必要という意見や、そもそも日比谷野音を押さえることができるのか、といった消極的な意見が多かった。ところが、打合せの途中で安田さんがおもむろに携帯電話を取り出し、日比谷野音の事務所に電話をかけ、何と判決1週間前の9月19日の野音を押さえることに成功したのである。

会場を押さえた以上は何としてもイベントを実現させなければならない、と前向きになってきた実行委員会に、しかしその後も難題が降りかかった。

会場を押さえた9月19日は、2015年に安全保障関連法が成立したその日であり、「戦争させない・9条壊すな！ 総がかり行動実行委員会」が毎年日比谷野音で大規模集会を開催していた。しかし、今年は我々が先に日比谷野音を予約できてしまったのである。総がかり行動実行委員会からは、会場を譲ってほしいとの要望があったが、こちらも袴田判決1週間前という絶好のチャンスを手放すわけにはいかない。協議の結果、17時から19時までを我々の集会、19時からを総がかり行動実行委員会の集会、と分割開催する一方、舞台設営は同じ業者が最初から最後まで担当することになった。

登壇するゲストの選定も困難を極めたが、結局「ジャーナリスト」「インフルエンサー」「支援者（特に若い世代）」「ミュージシャン」などのカテゴリーを設定し、実行委員がそれぞれの持つ人脈を駆使してオファーをかけた。その結果、古舘伊知郎さん、津田大介さん、安田菜津紀さん、元厚生労働事務次官の村木厚子さん、大川原化工機事件で冤罪被害を受けた大川原正明社長、TBS「報道特集」の特任キャスターで、日本ペンクラブの言論表現委員会の委員長を務める金平茂紀さん、『虎に翼』の法律考証を担当した村上一博・明治大学教授、沖縄の海をバックに世相に斬り込む芸風で知られるYouTuberで芸人の「せやろがいおじさん」など、これまでにない多彩な顔触れが揃った。音楽ライブは、金監督の映画「獄友」の音楽を担当した、小室等さんを中心とする「獄友イノセンスバンド」と、周防監督の全作品で映画音楽を担当した周防義和さんと、同監督の「それでもボクはやってない」のエンディングテーマを歌った歌手のtomo the tomoさんに私が加わった「かもん弓バンド」が出演することになった。

判決を1週間後に控えた袴田ひで子さん、再審法改正の実現をめざす超党派議員連盟から、会長の柴山昌彦衆議院議員と幹事長代理の稲田朋美衆議院議員の登壇も決まり、日弁連史上かつてないほどの大規模イベント「今こそ変えよう！　再審法！～カウントダウン袴田判決～」の開催が実現した。

そして迎えたイベント当日、午後4時半の開場に向けて舞台設営と会場の準備を進めていた日比谷野音の上空に、黒い雲が立ち込め始めた。遠くに雷鳴も聞こえ、無事に開催できるのだろうかと気を揉《も》んだ。午後4時になると登壇するゲストたちが続々と楽屋入りしてきた。総合司会の安田菜津紀さんが涼やかな声で進行の確認をしている。大川原さんと村木さんが談笑しているところに金平さんが加わり、そこに古舘さんがやってきて一人一人と丁寧にあいさつを交わす。後に金平さんは「『報道ステーション』と『報道特集』が一緒に協力するなんて、ここでしかありえないですよ」と会場の笑いを誘っていた。動画上映を予定していたせやろがいおじさんも、急遽会場に駆けつけてくれた。自ら登壇者の選定とオファーにかかわった私にとっても、これほど多彩なゲストが一堂に会したインパクトは強烈で、再審法改正の実現に向けて、大きな化学反応が生じつつあることを肌で感じた。

同じ頃、奇跡が起きていた。楽屋から舞台に出てみたところ、雨と雷鳴が止んでおり、空には薄日が差しているではないか。折しも遠く浜松から袴田ひで子さんが到着したタイミングだった。まさに太陽のような笑顔で楽屋入りしたひで子さんが、雨雲を蹴散らしてくれたのかもしれない。

17時、安田さんの開会宣言でイベントの第一部が始まった。主催者として最初に登壇した日弁連の渕上玲子会長は、「ここ日比谷から全国に、袴田事件の無罪判決と再審法改正の実現に向けた大きな風を吹かせましょう」と力強くあいさつした。

続いて、袴田事件の内容と、ここまでの闘いをダイジェストした金監督によるオリジナルショートムービーが上映された。長年にわたり冤罪被害者とその家族をカメラで追い続けた金監督自身も、ステージ上から熱い思いをコメントした。

次に舞台の中央に進んだひで子さんは、「裁判の決着がつくことは大変嬉しい」とした上で、「47年間、巖が拘置所で頑張った、その頑張りを再審法に、ぜひ、皆様のお力で改正なり、訂正なりをしていただきたいと思います」と訴えた。ひで子さんのボールをキャッチした私は、基調報告で、「来週の判決を、袴田事件の発生から58年間にわたる闘いのゴールにしなければならないが、それを今度は再審法改正のスタートにしなければならない」と宣言した。続いて超党派議連の柴山会長は、「冤罪を許さないという姿勢には与党も野党もない。『メンツ』『法的安定性』というマジックワードは人権侵害という現実の前に一歩引かなければならない」と法改正実現に向けた覚悟を表明した。

第1部の最後は、袴田さんの無罪判決に心を寄せる各界人のリレーメッセージで締めくくった。日本プロボクシング協会袴田巖支援委員会のメンバー（元世界チャンピオンの飯田覚士さんも駆けつけた）、自らが過酷な「人質司法」に晒された大川原社長、さまざまな刑事司法の問題を報じ続けた金平さん、袴田事件をフレッシュな視点で発信するブロガーの中川真緒さんを始め、イノセンスプロジェクトジャパンでボランティア活動を展開する大学生といった若い人たちが次々と思いを吐露した。

第2部の冒頭、ヘッドセットマイクを装着した古舘さんが舞台の隅に座った。活動弁士のように語り始めた次の瞬間、ステージ上のLEDパネル一面に出現した沖縄の青い海をバックに、せやろがいおじさんが怒濤《どとう》のしゃべくりを開始した。袴田巖さんがプロボクサーだったことにちなんで、再審法がボクシングのルールだったらこうなる、という奇想天外な展開に、会場は爆笑の渦に包まれた。

その後は、せやろがいおじさんの引きを鮮やかにまとめた古舘さんの独壇場だった。村木さん、村上教授、津田さん、周防監督という、当代随一の論客の間を縦横に歩き回りながら、再審のみならず、日本の刑事司法、ひいては政治、経済、社会の問題まで鋭くあぶり出す発言を引き出していく。まさに「実況アナ」の真骨頂を見せてもらった。「『人は、遠くのものに、美しく怒ることができる』。ウクライナの問題も冤罪の問題も、遠くで傍観して忘れていく」「検察は（架空の犯罪ストーリーを紡ぎ出す）悪のウォルトディズニー」「冤罪は、心の拉致問題」――。古舘さんの紡いだいくつもの言葉に聴衆は何度も頷《うなず》き、拍手喝さいを送っていた。

トークセッションに途中参戦した稲田朋美議員（鴨志田に連帯してベレー帽姿で登壇）を、古舘さんは「稲田さんとは全然考えが違うと思いますが、今日は仲間ということで」と紹介した。稲田議員は「法の不備の問題には右も左もない。間違いを謙虚に認めることこそ本当の保守。公正・公平なルールを作るという問題は自民党も取り組むべき」と切り返し、再審法改正への強い意欲を見せた。

音楽ライブの最後は、2つのバンドが一緒にステージに立ち、ジョーン・バエズの“We Shall Overcome”を演奏、会場の観客も加わった大合唱となった。そして集会は、会場で心を一つにした全員がプラカードを掲げ、「FREE HAKAMATA」「再審法改正」をコールしてフィナーレを迎えた。この日、日比谷野音に詰め掛けた参加者は2500人以上にのぼった。

1週間後、私は再審法改正の実現に向けた確かな手ごたえを感じつつ、風雲急を告げる静岡の地に向かった。次回は「歴史に残る1日」となった判決当日と、再審無罪判決の内容を詳報したい。

第42回

歴史を変えた1週間(下)

『創』24年12月号

2024年9月26日、再審無罪判決を喜ぶ袴田ひで子さん(中央)と小川秀世弁護士(右)

袴田巖さんに再審無罪判決が言い渡された2024年9月26日、前日から静岡入りしていた日弁連の再審法改正実現本部のメンバーは、朝8時半に静岡県弁護士会館に集合した。判決言渡しの5時間以上前だったが、すでに静岡地裁前には何台ものテレビ中継車が所狭しと並び、裁判所の敷地内では各社が実況中継の準備を進めていた。おびただしい数のマスコミ関係者に加え、長年袴田事件の支援を続けてきたいくつもの支援団体、歴史的判決の場に立ち会おうと傍聴券を求めて朝から列を作った大勢の市民、そしてわれわれ日弁連と静岡県弁護士会のメンバーなどでごった返した地裁前は、異様なまでの熱気に包まれていた。

その中で、われわれ再審法改正実現本部は「ACT for RETRIAL」の幟《のぼり》を立て、「袴田さんの無罪を再審法改正に繋げよう!」とアピールしながら、再審法改正を広報するチラシやパンフを配布した。昼前には静岡市の中心部に移動して、さらに街宣活動を続けた。10年前にこの地で再審開始決定を出した当時の裁判長・村山浩昭弁護士も再審法改正の必要性を訴え、声を振り絞った。

午後1時半、弁護団とひで子さんが横断幕を持って裁判所前を行進し、入廷していった。横断幕を持った列の中には冤罪被害当事者である足利事件の菅家利和さん、東住吉事件の青木恵子さん、湖東記念病院事件の西山美香さん（以上は再審無罪が確定）、狭山事件の石川一雄さん、日野町事件の故・阪原弘さんの長男弘次さん、福井女子中学生殺人事件の前川彰司さん（以上は再審請求中。前川さんには10月23日、2度目の再審開始決定が出され、28日に確定した）の姿もあった。

刑事裁判の判決は、「言渡し」をもって効力が生じる。このため、再審請求に対する決定と異なり、再審公判の場合は判決の言渡しがすべて終わらなければ裁判所から判決書の交付を受けることはできない（なお、本件については、判決当日に交付されたのは判決要旨のみで、判決全文の交付は後日となった）。また、弁護団も判決の言渡しが終わるまで法廷の外に出られないということで、「再審無罪」の旗出しは2時間以上お預けとなることが予想されていた。

ただし、マスコミは裁判所と交渉し、主文読み上げの直後に記者が一報を伝えるために外に出ることや、読み上げが済んだ部分の判決要旨をその都度（5分割にして）マスコミ各社に配布することなどが前もって決められていたという。

午後2時が近づくにつれ、地裁前は立錐の余地もないほどの群衆がひしめいていた。歴史的瞬間が迫っている。1分1秒がとてつもなく長く感じる――。

午後2時3分、裁判所正面の自動ドアが開き、数名の記者が飛び出してきた。口々に「無罪です」「無罪判決です」と叫んでいる。ここまでは誰もが予想した結論である。問題は判決が「捜査機関のねつ造」に言及するかだ。しかし、その答えはすぐにもたらされた。

われわれがマスコミから提供を受けた判決要旨（5分割された最初の一つ）の3頁「当裁判所の判断の骨子」の冒頭部分に、その答えはあった。「当裁判所は、被告人が本件犯行の犯人であることを推認させる証拠価値のある証拠には、三つのねつ造があると認められ、これらを排除した他の証拠によって認められる本件の事実関係によっては、被告人を本件犯行の犯人であるとは認められないと判断した」――。

午後4時半、判決の言渡しが終わり、弁護団とひで子さんがにこやかな表情で裁判所の外に現れ、ようやく「袴田巖さんに無罪判決」の旗が掲げられた。静岡地裁前の興奮は最高潮に達した。

午後5時半から弁護団が開いた判決後の記者会見で、ひで子さんは「『被告人は無罪』と聞いたときには神々《こうごう》しい気持ちになりましたの」「私は涙ってあまり出さない方なんですけど、判決を聞いた途端にね、自然に涙が出てきました」と、待ち望んだ無罪判決を聞いた時の思いを語った。続いて、弁護人が一人ひとり、判決の内容や感想をコメントした。

無罪判決はまず、巖さんの自白調書のうち確定判決で1通だけ証拠として採用された検察官作成の調書について「黙秘権を実質的に侵害し、虚偽自白を誘発するおそれの極めて高い状況下で、捜査機関の連携により、肉体的・精神的苦痛を与えて供述を強制する非人道的取調べによって獲得され」「実質的にねつ造された」ものであると断じた。巖さんの自白については、警察による連日の過酷な取調べを録音したテープが第2次即時抗告審の段階で開示されていた。テープは警察の取調べを録音したものだったが、裁判所は「捜査機関の連携」、つまり検察も警察とグルとなって巖さんから自白を搾り取ったと認定し、確定判決で1通だけ証拠採用されていた検察官調書についても任意性を否定し、証拠から排除した。

次に、死刑判決の中心的な証拠とされた「５点の衣類」についても「本件犯行とは無関係に、捜査機関によって血痕を付けるなどの加工がされ、１号タンク内に隠匿されたもの」と認定し、さらに５点の衣類のうちのズボンの共布とされ、巖さんの実家から押収された端切れについても捜査機関のねつ造であるとした。

その一方で、弁護側の「複数の者による外部犯行」との主張、巖さんの犯人性を否定する事情である「ズボンをはけなかったこと」や「凶器はクリ小刀ではありえない」といった主張は排斥した。さらに本田克也教授によるＤＮＡ鑑定や浜田寿美男教授による供述心理鑑定の証拠価値も認めなかった。

弁護団の会見の後、同じ場所で今度は日弁連が記者会見を行い、再審無罪判決を高く評価し、検察官に控訴断念を迫るとともに、この判決を死刑廃止、再審法改正に繋げるとの決意表明を盛り込んだ会長声明を公表した。渕上玲子会長は、会場からの質問に、「検事総長に直接控訴断念の申入れに行く」と明言した。

翌日（９月27日）、当然ながら在京各紙は全社朝刊一面で袴田事件の無罪判決を報じ、全国各地の新聞社も、再審法改正の必要性に踏み込む社説を展開した。東京・中日新聞は「袴田さんの無罪はゴールではなく、刑事訴訟法の再審規定（再審法）を改正するためのスタートの号砲とすべきである」と宣明した。この言葉は前回紹介した日比谷野音の集会での私の発言とほぼ同じであり、この社説のデジタル版には日比谷野音集会の写真が掲載されていた。また、信濃毎日新聞の社説は、その結びに、日比谷野音集会で上映した「せやろがいおじさん」の動画中のセリフを引用した。「社会に物申す動画を配信するお笑い芸人『せやろがいおじさん』の言葉が核心を言い当てている。〈袴田さんは58年も戦ってきた。もう肩の荷を下ろして、ゆっくり休んでほしい。あとは俺らがどうするかや〉」。

再審無罪判決の熱狂が一段落した後の焦点は、検察官が控訴するか否かに絞られた。判決から1週間経っても検察は態度を明らかにしなかったが、10月8日、事態は急展開を見せた。午後3時過ぎに朝日新聞が「検察官控訴断念」を速報で報じ、その後、被害者遺族と弁護団に検察官から控訴断念が伝えられたことが判明した。翌9日、静岡地検は上訴権放棄の手続を取り、巖さんの再審無罪が確定した。かくして、巖さんは44年ぶりに「確定死刑囚」というあまりにも重い枷《かせ》から解放された。

しかし、無罪判決の確定は「一件落着」とはならなかった。控訴断念にあたり畝本直美検事総長が公表した「談話」が、大炎上したのである。

談話は、「本判決は、消失するはずの赤みが残っていたということは、『5点の衣類』が捜査機関のねつ造であると断定した上、検察官もそれを承知で関与していたことを示唆していますが、何ら具体的な証拠や根拠が示されていません」「判決が『5点の衣類』を捜査機関のねつ造と断じたことには強い不満を抱かざるを得ません」と、判決を強い口調で批判した。その上で、検察官が控訴を断念した理由について次のように釈明した。「本判決は、その理由中に多くの問題を含む到底承服できないものであり、控訴して上級審の判断を仰ぐべき内容であると思われます。しかしながら、再審請求審における司法判断が区々になったことなどにより、袴田さんが、結果として相当な長期間にわたり法的地位が不安定な状況に置かれてきたことにも思いを致し、熟慮を重ねた結果、本判決につき検察が控訴し、その状況が継続することは相当ではないとの判断に至りました」――。

要するに畝本談話は、「袴田さんは犯人であり、再審無罪判決は間違っているが、これまでの裁判所の判断がてんでバラバラだったために袴田さんを相当な長期にわたり不安定な状態に置いてしまったから、このあたりで勘弁してやることにする」と言っているのだ。再審の長期化の原因を裁判所のせいにしているが、再審請求から30年もの間証拠開示に応じず、さらには再審開始決定に即時抗告を行って抵抗したことで審理の長期化を招いたのは、ほかならぬ検察ではないか。

その後、牧原秀樹法務大臣（当時）は、記者会見で「相当の長期間にわたって袴田さんが法的に不安定な地位に置かれたという状況には、私も大変申し訳ないという気持ちを持っている」とコメントした。

また、再審無罪判決の翌日に行われた自民党総裁選挙で新総裁となった石破茂内閣総理大臣は、日本記者クラブでの党首討論で次のように発言した。「今回は、ねつ造とかそういうことを認めているわけではございませんが、いずれにしても高齢な袴田さんがあういう状況におかれた、ということについては、政府として、一定の責任は当然感じなければならないものと考えているところでございます」

法務大臣のコメントは、謝罪の体裁を取っているが、謝罪の対象となっているのは「長期間にわたって袴田さんを法的に不安定な地位においたこと」だけである。石破首相に至っては、ねつ造が認定された再審無罪判決が確定した後にもかかわらず、「ねつ造を認めているわけではない」と公言している。どちらも、拷問に匹敵する違法な取調べや証拠のねつ造といった捜査の問題、著しく長期化した再審の経緯に正面から向き合おうとしていないことは明らかだ。

もはやこのような態度に終始する法務・検察、政府の主導で閣法による迅速な再審法改正の実現は望むべくもない。やはり議員立法で突破口を開かなければ、大崎事件の原口アヤ子さん（97歳）をはじめ高齢化が進む多くの冤罪被害者を命あるうちに救うことはできないだろう。しかし、袴田さんの再審無罪が確定したまさにその日である10月9日、衆議院は解散し、再審法改正をめざす超党派議連もリセットされることを余儀なくされた。

総選挙の結果、与野党の勢力は大きく変化したが、超党派議連の三役（会長、幹事長、事務局長）は無事当選を果たし、これまでの議連と連続性をもった形で活動を再開できる見通しとなった。新人議員も次々と議連に入会し、選挙前の会員数（350名）を超えるというV字回復を遂げている。かくなる上は、2024年内に再審法改正法案をまとめて、25年の通常国会に上程させることが不可欠である。

今、胸に刻むべきは、「巖だけが助かればいいとは思っていません。冤罪に苦しむ人はまだたくさんいます。巖の苦労を無駄にしないためにも、どうか再審法改正をお願いします」という、ひで子さんの言葉である。

2024年９月26日、支援者に再審無罪判決を報告する袴田ひで子さん（右端）と弁護団（日本国民救援会提供）

袴田事件無罪判決後、裁判所前でアピールする筆者

追悼・木谷明弁護士～あとがきにかえて～

２０２４年11月29日、「再審法改正をめざす市民の会」の共同代表で、日弁連再審法改正実現本部のメンバーでもある木谷明弁護士の訃報に接しました。すでに21日に旅立たれていたと知り、心に大きな穴が開いて、そこに北風が吹きすさぶような寂寥《せきりょう》感に捉われました。

私が「木谷明」の名前を知ったのは、司法試験に合格し、司法修習生として研修を受けていた04年のことでした。司法研修所内の書店に平積みされていた、木谷さんの新著『刑事裁判の心―事実認定適正化の方策』を、修習生たちは我先に争うように買っていました。現役時代、30を超える無罪判決を言い渡し、控訴審で無罪の判断が覆されることなくすべて確定させた木谷さんが「伝説の刑事裁判官」と呼ばれていることを、私はそのときに知りました。

当時は「雲の上の人」のような存在だった木谷さんと、私はその後長きにわたり深く関わることとなりました。木谷さんは裁判官を退官後、法政大学法科大学院の教授となられていたのですが、私が初めて指導担当として事務所に迎えた修習生が、木谷さんの教え子でした。かくして、「共通の教え子をもった」というご縁で、私は木谷さんとメールのやりとりをさせていただくようになりました。木谷さんは当時、鹿児島地裁の審理が閉塞状況にあった大崎事件第２次再審のことを気にかけ、ついには、当時同じ事務所だった佐藤博史弁護士とともに志願して弁護団に加入してくれたのでした。

木谷明弁護士（左）と

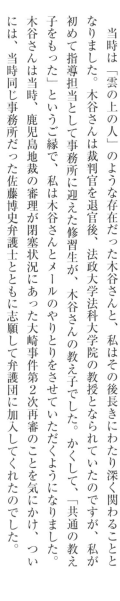

13年2月、木谷さんは、大崎事件の弁護団会議に出席するため、空路鹿児島に飛んできてくれました。そして、証拠開示勧告もせず、鑑定を行った専門家への証人尋問も行わずに審理を終結した鹿児島地裁の中牟田博章裁判長宛てに「原口アヤ子弁護人 木谷明」と記名した上申書を提出しました。「私は、このたび、大崎事件の弁護団から『裁判所が証拠開示の勧告もしないまま、早期幕引きを図ろうとしている』という知らせを受けて、矢も楯もたまらず、また75歳という自分の年齢をも忘れて、弁護団に加入しました」と書かれた上申書は、刑事裁判官がもっとも畏れるべきは冤罪であること、証拠開示や証人尋問を行わないまま判断を下す裁判所が、人生を賭して闘っているアヤ子さんにどのように映るかよくよく考えるように、という内容を、噛んで含めるように切々と書き綴ったものでした。それは、私がこれまで訴訟活動をとおして目にしてきた、おびただしい数の書面の中で最も感動した文章でした（この上申書は「季刊刑事弁護」（現代人文社）78号に収録されています）。

木谷さんの訴えは地裁には届きませんでしたが、即時抗告審の高裁では、証拠開示勧告がされ、鑑定人の証人尋問も行われました。心理学者の尋問を担当することになった私が、長めの髪をカチューシャで止め、気合を入れて尋問に臨もうとしたとき、木谷先生は「鴨志田先生、法廷では『鉢巻き』は禁止されているんじゃないの？」とツッコミを入れてきました。私は即座に「木谷先生、何をおっしゃいます！　これは『鉢巻き』じゃありません。『カチューシャ』です！」と応じ、弁護団一同大爆笑になりました。木谷さんが、尋問を前に緊張していた私を和ませようとしていたことは明らかでした。

第3次再審では、地裁・高裁で再審開始を勝ち取り、ともに勝利の美酒に酔った木谷さんと私でしたが、19年6月、最高裁第一小法廷から「再審開始を取り消し、再審請求を棄却する」旨の決定が弁護団にもたらされた際には、偶然2人とも日弁連人権擁護委員会の再審部会に出席中でした。頭の中が真っ白になり、何も考えられない私の横で、木谷さんは決定文を分析し、直後に行った司法記者クラブでの会見で冷静なコメントを出してくれました。

このように、大崎事件の再審弁護団で苦楽を共にした木谷さんは、私に「文章を書く場所」を与えてくれた大恩人でもあります。17年、岩波書店が錚々《そうそう》たる執筆陣を揃えて社会に問うた渾身《こんしん》の企画「シリーズ刑事司法を考える」全7巻のうち、第5巻の責任編集者だった木谷さんは、その巻の「再審制度の抱える問題」の執筆者として私を推薦してくださいました。思えばその後、本書を含め、多くの著作を世に出すことができたのは、木谷さんからチャンスをいただいたことが契機だったのです。

前述の大崎事件や、恵庭ＯＬ殺人事件の再審弁護団での経験から、木谷さんは再審法改正の必要性を痛感し、法改正に向けた活動にも積極的に取り組みました。「再審法改正をめざす市民の会」の共同代表に就任し、同会の活動でリーダーシップを発揮し続けました。

袴田事件の再審開始が確定した後、『判例時報』が袴田事件の確定審、第1次・第2次再審のすべての判決と決定を1冊に収録した特集号（№２５６６）を刊行しましたが、その冒頭を飾ったのは木谷さんの「袴田事件訴訟をめぐる２つの重大な問題点と今後の課題」と題する論考でした。その中で、木谷さんは「えん罪性が当初からかなりの程度匂っていた本件について、審理に当たる裁判所が巌氏を法的に救済するのに、実に60年近い長期間が必要であった。この事実が突き付けた課題は限りなく重い」と指摘し、しかも袴田事件の各裁判を担当した裁判長たちが「当代一流の刑事裁判官として定評のある方々」だったことを問題視しています。裁判官時代、検察官の有罪主張に対し、被告人の言い分を丁寧に聴き、冤罪を見抜いた、まさに「当代一流の刑事裁判官」と評される木谷さん自身が、どれほど定評のある裁判官でも判断を間違えることがある、という事実を突き付けたことこそ決定的に重要です。だからこそ、個々の裁判官のスキル以前に、冤罪被害者を迅速に救済するための法整備こそが必要不可欠なのだと、木谷さんは声を大にして言いたかったのではないでしょうか。

木谷さんとは、あるときは鹿児島で、またあるときは東京で、何度も「サシ飲み」させていただきました。転倒事故等で夜の会食を控えるようになってからは、木谷さんお気に入りの、渋谷のイタリアンで時々ランチをご一緒しました。父を早くに亡くした私にとって、木谷さんは優しい父親のような存在でした。そして、袴田さんに再審無罪判決が言い渡された9月26日の夜、静岡で弁護団、支援者、実現本部のメンバーが入り乱れての祝勝会で乾杯したのが、木谷さんにお目にかかった最後となりました。

木谷さんは向こうの世界で、先に旅立った布川事件の冤罪当事者・桜井昌司さんと袴田事件の主任弁護人・西嶋勝彦弁護士と合流して、再審法改正実現のニュースが現世から届くのを、今か今かと待っているのではないかと思います。超党派の国会議員による再審法改正議連は、解散総選挙後に60人ほど減少した入会議員数が、瞬《またた》く間にV字回復しました。地方議会の意見書採択数も、18道府県議会を含む４５０を超える勢いとなっています。国会議員が党派を超えて一丸となり、法案を提出できれば、再審法改正は実現するところまで来ました。

来年こそ、木谷さんたちに法改正実現の報告ができるよう、「ベレー鴨」は走り続けます。

２０２４年の年の瀬に

鴨志田　祐美

鴨志田祐美　かもしだ・ゆみ

日本弁護士連合会（日弁連）再審法改正実現本部本部長代行／大崎事件再審弁護団事務局長。1962年鹿児島市生まれ。1985年早大法学部卒業後、会社員、予備校講師を経て、2002年に40歳で司法試験合格。2004年鹿児島県弁護士会登録。2010年弁護士法人えがりて法律事務所設立。2012年鹿児島県弁護士会副会長。2021年京都弁護士会に移籍。現在はKollect京都法律事務所に所属。

再審弁護人のベレー帽日記

2025年1月15日初版第一刷発行

著　者――鴨志田祐美

発行者――篠田博之

発行所――㈲創出版

〒160-0004 東京都新宿区四谷2-13-27 KC四谷ビル4F
［電　話］03-3225-1413
［FAX］03-3225-0898
［H　P］http://www.tsukuru.co.jp/

装　幀――坂根舞（井上則人デザイン事務所）

印刷所――モリモト印刷㈱

ISBN：978-4-904795-87-3

創出版の単行本

ただいまリハビリ中　ガザ虐殺を怒る日々

重信房子　**定価1870円（本体1700円+税）**

元日本赤軍最高幹部としてパレスチナに渡り、その後の投獄を含めて50年ぶりに市民社会に復帰。見るもの聞くもの初めてで、パッケージの開け方から初体験という著者が、どんな生活を送って何を感じたか。この1年間はガザ虐殺に胸を痛める日々が続いている。

街の書店が消えてゆく

『創』編集部編　**定価1650円（本体1500円＋税）**

街の書店がどんどん姿を消している。全国で書店が1軒もない無書店市町村が27.7%と3割近くまで拡大している。これは出版文化に何をもたらすのか。この状況を何とかしようという取り組みを含めて、書店界・出版界の実情を1冊にまとめた！

言論の覚悟　最終章

鈴木邦男　**定価1650円（本体1500円＋税）**

2016年から鈴木邦男さんが亡くなるまでの『創』連載を盛り込んだ「言論の覚悟」シリーズ第4作。憲法や死刑問題など縦横無尽に語り、2018年頃からの闘病についても詳しく記述。『創』4月号の追悼特集に掲載した記事も収録している。

皇室タブー

篠田博之　**定価1650円（本体1500円＋税）**

1961年、右翼少年による刺殺事件が出版界を恐怖に陥れ、小説「風流夢譚」は封印。大江健三郎さんの小説も長期間出版されなかった。皇室を扱った表現がその後も回収や差し替えにあっている現実をたどることで何が見えてくるのか。

パンドラの箱は閉じられたのか

『創』編集部編　**定価1650円（本体1500円＋税）**

裁判で植松聖被告に死刑判決はくだされたが、相模原事件の本質はほとんど解明されていない。丹念な傍聴記や接見報告をもとに、障害者殺傷事件に改めて迫った！　2018年に出版され大きな反響を呼んだ『開けられたパンドラの箱』の続編。

開けられたパンドラの箱

『創』編集部編　**定価1650円（本体1500円＋税）**

2016年7月に障害者施設津久井やまゆり園に植松聖死刑囚が押し入って19人を殺害した凄惨な事件をめぐって、犯行動機や事件の背景にある障害者差別の問題などを、死刑囚本人の手記や被害者家族、精神科医などの話で解明した本。

創出版　〒160-0004　東京都新宿区四谷2-13-27 KC四谷ビル4F　mail : mail@tsukuru.co.jp
TEL : 03-3225-1413　FAX : 03-3225-0898